笑傲牛熊

[美]史丹·温斯坦（Stan Weinstein）著
亦明 译

STAN WEINSTEIN'S
SECRETS
FOR PROFITING IN BULL
AND BEAR MARKETS

中国人民大学出版社
·北京·

图书在版编目（CIP）数据

笑傲牛熊/（美）史丹·温斯坦（Stan Weinstein）著；亦明译. -- 北京：中国人民大学出版社，2021.3
ISBN 978-7-300-28898-7

Ⅰ.①笑… Ⅱ.①史…②亦… Ⅲ.①股票投资-基本知识 Ⅳ.①F830.91

中国版本图书馆 CIP 数据核字（2021）第 017253 号

笑傲牛熊

［美］史丹·温斯坦（Stan Weinstein）　著
亦明　译
Xiao'ao Niuxiong

出版发行	中国人民大学出版社		
社　　址	北京中关村大街 31 号	邮政编码	100080
电　　话	010-62511242（总编室）	010-62511770（质管部）	
	010-82501766（邮购部）	010-62514148（门市部）	
	010-62511173（发行公司）	010-62515275（盗版举报）	
网　　址	http://www.crup.com.cn		
经　　销	新华书店		
印　　刷	北京联兴盛业印刷股份有限公司		
开　　本	890 mm×1240 mm　1/32	版　次	2021 年 3 月第 1 版
印　　张	10.75	印　次	2025 年 9 月第 12 次印刷
字　　数	267 000	定　价	79.00 元

版权所有　　侵权必究　　印装差错　　负责调换

目 录

第1章　一切从这里开始/1

我的投资哲学/4

为什么用技术分析/5

术语界定/11

多种多样的图形/21

解读周线图/24

第2章　读千份盈利预测不如看一眼股票图形/30

第一阶段：底部阶段/31

第二阶段：上涨阶段/33

第三阶段：顶部阶段/35

第四阶段：下跌阶段/37

买的是数字/41

股价阶段测试/43

真实的世界/49

第3章 理想的买入时机/57

怎么买、什么时候买以及买什么/57
投资者的买入方式/58
交易员的买入方式/60
深入分析/63
使用止损买单/64
在限价以内买入/65
应该熟悉的涨跌规律/67
什么不可以买/72
买什么
——自上而下的方法/74
如何执行该策略/75
选择行业/77
运行方式/80

第4章 优化买入过程/97

阻力越小越好/97
成交量的重要性/104
相对强度/110
买股快捷指南/117
关于买入的进一步提示/118
双重底/125
底部越宽越好/129
我的投资戒律/131
不要把所有的鸡蛋放进同一个篮子里/139

第5章　寻找非凡大牛股/142

用三重标准来确认/153

第6章　何时卖出/169

卖出股票时的戒律/172

投资者的卖出方式/183

交易员的卖出方式/196

顺势获利/201

测量涨幅/205

在赔中学会赚/208

卖出的哲学

——保住你的利润/212

第7章　卖空：获利捷径/218

为何卖空如此令人害怕/220

卖空时常见的误区/222

卖空时的其他错误/228

卖空的戒律/230

如何正确操作/231

何时卖空/231

采取有利的步骤/233

下单/240

永远不迟/241

特别的盈利形态/243

测量跌幅/247

用止损买单保护空头仓位/251

交易员如何使用止损买单/255

下跌趋势线/258

降低风险的另一方法/260

第8章 运用最佳长期指标判断牛市和熊市/269

指标1：阶段分析与30周均线/271

指标2：腾落线/277

指标3：动力指数/283

指标4：新高和新低/286

指标5：市场间的相互联系/289

指标6：通用汽车的走势/295

指标7：市息率/299

指标8：与大众观点相反/302

第9章 胜算、结局与获利/307

买基金的乐趣/307

期权：刺激但危险的游戏/316

期货交易/326

第10章 总　结/331

最后的一些建议/334

第 1 章

一切从这里开始

"低买高卖!"这就是致富捷径,对吗?错!这只是年复一年亏钱的普通人所信奉但实际却造成了他们亏损的陈词滥调。

在华尔街,还有其他许多貌似正确的说法,实际上都是错误的。譬如,你得阅读财务报表、看电视里的晚间商业报道才能了解整体经济和主要产业的发展;你需要向那些西装革履的所谓专业人士寻求建议。

这些不是致富的方法,它们不会让你赚钱。但许多投资者却把它们当作了打开财富之门的钥匙。

"低买高卖"是一种陈词滥调,而不是行动的指南。这阻碍了普通投资者掌握"高买高卖"的专业方法,而这就是我要教给你一以贯之去做的方法。

全方位了解财经新闻也不会给你的投资加分多少。在这个计算机普及、即时通信设备发达的世界,在你还没来得及阅读相关报道时,最新的消息就已经对金融市场产生了影响。另外,市场是根据预期而不是当前收益来交易的。为了成功，你得学会利用市场行为本身所提供的诸多线索。本书就是要教你发现这些线索，并把它们变成利润。

最后，听从经纪人和分析师等专业人士的建议也不会有太大帮助。这些专家的建议还不如你对着股票屏幕扔飞镖所得到的决定靠谱（一套飞镖的成本可比咨询这些人的费用要便宜得多）。专家们总是花费大量的时间同其他经纪人和分析师交谈，他们还去参加世界 500 强企业高管们举行的午宴，了解这些公司的经营信息。你只要参加几次这种午宴，便会发觉餐点和信息都已被搁在桌上很久了。

市场上真正的职业投资者与一线的专业交易者不会执着于这些带误导性的方法。他们决策的依据是市场行为，而不是新闻。当抱着陈腐教条的大众还在亏损中挣扎时，真正的职业投资者们却已经赚了大钱。一般投资者抱怨他们在股市上不够幸运，这种说法没道理。这根本就不是运气的问题。他们采用错误的规则参与游戏，如果他们不能学会获胜的规则，就会一直亏损下去。想要盈利，他们就必须坚持正确的方法——恰当地把握市场时机，合理地控制贪婪和恐惧这两个投资的大敌。

本书的全部内容就是——如何获胜！在犯过很多错误之后，我终于学会解读市场提供给我们的非常明显的征兆，并在特定情况下做出策略性的反应。我会教给你一套市场规则，按照这套规则，你将承受更小的风险而获得更多的利润。这套规则不要求你钻研公司的财务报表，或者聆听公司新闻发言人有关提升股东回报的无聊言论。**这套规则只需要你做好两件事：控制自己的贪婪和恐惧；发现并解读市场提供给你的明显征兆。**

这就是我要在本书中教给你的内容，这些内容将使你成为一名成功的投资者。最重要的是，如果你真正掌握了这套规则，你每周只需要花费大约 1 小时来执行它。

第 1 章 一切从这里开始

经过了 25 年的历练，我明白了什么样的投资方法是有效的，什么样的是无效的。我已经将我的知识和经验提炼为一种在市场中可以持续获胜的方法。在过去 15 年里，我主编的杂志《专业价格分析者》(*The Professional Tape Reader*) 成功地预测了每一个牛市和熊市，所采用的就是这种方法。在任何市场上，无论股票、共同基金、期权、股指期货，还是大宗商品市场，这套规则都是适用的。本书后面的内容对这些市场都会提及，但我们的重点是股票市场。

在进一步讲解之前我想强调，本书不是所谓的《一夜致富手册》。每年我都会看见很多类似的书籍，这些书籍绝大多数毫无出版价值。这样的书要么太过简略而缺乏实际操作性；要么太过空谈且理论化，看得让人头疼；更有甚者给了你不可能兑现的承诺。如果你想在下周二下午 4 点以前将 1 万元变成 100 万元，那你现在就可以停止阅读本书了。但是如果你很认真，希望学到无论在牛市还是在熊市都能长期持续盈利的方法，并想在接下来的几年中为自己积累一笔不小的财富，那么本书就最适合不过了。

还有一些事情你必须了解。你和我组成了一个团队。在学习我的方法时，你投入的精力越多，以后从市场中赚得也越多。这与参加教练指导的网球课程类似。看书只是学习的开始，重要的是，你必须实践。我会让你学得轻松，而你只要做好你分内的事，就能学会我的方法。

与其他深奥难懂、只有作者和一些学术人士才能够理解的技术分析类书籍不同，本书仅仅涉及很少的但对于盈利非常重要的深奥内容，其他不太重要的复杂内容都被去掉了。同时，本书按照逻辑顺序进行章节编排，逐步提高你的获利能力。为了帮助你检查对本书方法的了解程度，很多章节末尾附有测验。如果你发现自己对某一章掌握得还不够透彻，就应立即回头加强该部分的学习，直到真正掌握，再继续学习下一章。

➤ 我的投资哲学

接下来，你将具体地学到我分析和打败市场的方法。这肯定不容易，但也不像大多数投资者和交易员所说的那样难。

第一课是一致性。在过去的 25 年里，我始终如一地遵守我的投资方法和投资纪律。这一点非常重要。不要这个星期是基本面分析者，下个星期又成了技术分析者[①]。不要这个月跟踪指标 A，下个月又转向了指标 B。找到一个好的方法，遵守投资纪律，并且坚持用它。如果用它始终不能奏效，才换一种新的方法。但是仍然要严格地遵守投资纪律，不能仅仅因为认为这次情况与以往不同，而放弃一种好的方法。

第二课是技术分析。大多数投资者所不了解的事实是：如果你每天根据新闻上的基本面报道来进行投资操作，是无法持续赚钱的。这样的方法会导致灾难，对大多数新手来说就像一剂毒药。你必须了解市场的反应机制——决定股票价格的是对未来的预期而不是当前的基本面信息。因此，我采用技术分析的方法来解读市场对于已知资讯和未来预期所做出的反应。不要被"技术分析"这个词吓倒，所有的技术分析方法实际上就是对价量关系的研究，并据此对未来趋势做出判断。

在本书里，我会教给你一套新的规则和一门新的市场语言，它们会使得这个市场更容易被预测，更容易帮助投资者赚钱，更让人着迷。技术分析不仅是一门科学，更是一门艺术。就像不是每个拿着画笔的人都能成为毕加索一样，不是每个研究图形的人都能成为约翰·

[①] 基本面分析者依据一些因素来制定买卖的决策，这些因素主要包括宏观经济和行业的状况、具体某个公司的盈利表现等。技术分析者关注市场行为本身，将注意力放在价量关系上以解读市场的供求状况。

迈吉[①]一样的技术分析大师。我会教给你这样的分析方法,对你来说它很新,恰当运用它会使你在市场上更容易获利。你从此便能只赚不赔了?当然不是,这与橄榄球比赛中一个四分卫不可能每次传球都成功是一样的道理。

你不必强求每次投资都成功,但只要坚持使用我的方法,成功的概率会大很多,你会是胜利者。大多数职业投资者都清楚一个秘密:只要你能做到让利润滚动起来并迅速止损,哪怕投资成功率不到50%,你也能够在市场上赚取可观的利润。后面的章节里我会告诉你应该如何正确地应对亏损的情况,这将是你所学习的内容中最有效的提升利润的秘诀。

▶ 为什么用技术分析

现在我们讲具体的内容。先把你脑中预设的关于市场的观念和看法完全扔到一边,准备好重新开始。就像在进行减肥计划时,你首先需要清肠道一样,这里也需要你把既有观念抛开,然后一点点建立新的体系。

如果你是一个坚定的基本面分析者,也不必担心,学习本书不会清除掉你已有的知识体系。当你掌握了技术分析方法后,你就有能力综合这两种方法,更好地通过基本面分析确定买卖时机。

如果你对技术分析方法已经掌握得比较纯熟,你很可能跟我一样,忽视重要的新闻报道,而将注意力完全集中在图形所传递的信息上。这也是为什么每一期《专业价格分析者》的封面都会印有"走势说明了一切"。这不仅是一个有趣的标语,也是一种有效的市场哲学。

[①] 约翰·迈吉(John Magee)因 1948 年著《股市趋势技术分析》(Technical Analysis of Stock Trends)一书,被誉为"技术分析之父"。

简单来说，公司盈利、新产品、管理等所有已知的、被关注的基本面信息都已经综合反映在股价之中。这并不意味着我连悬而未决的并购这样重要的基本面信息都不关心，而是我很早以前就意识到，我们不可能在这些信息引起股价变动之前就发现它们，当我们发现时，已经太晚了。的确，我们会听到传言，但是每一百个传言中至多有一两个是真的，这样的概率无法使我们在市场上持续盈利。你得接受这个事实——除非你违法进行内部交易，否则你不可能在重要信息公布前得到它们。当你在报纸上读到某则消息时，已经来不及根据这一消息做出可以盈利的操作了。但是，请注意，一旦你知道如何解读量价关系和图形，你常常就能跟上内部人士的脚步，即使你并不知道内部消息。

如果股票 XYZ 在过去的几个月内一直以每周 2 万~3 万股的成交量在低位徘徊，突然，它以大成交量（周交易量为 25 万~30 万股）突破上限，也就是技术分析者常说的阻力线（稍后我将定义本书所有技术分析专业术语）。你不必是福尔摩斯也会发现其中必有蹊跷。

现在请看皮德蒙特航空公司和光谱动力公司（见图 1-1 和图 1-2）的股价图形。虽然你尚未受过训练（还得继续往下学习至少 100 页），还无法判断出它们的量价关系变化意味着什么，但凭直接观察也能知道，在 1987 年初与 1987 年中期稍前，在皮德蒙特航空公司和光谱动力公司分别做出重大公告之前的几个月，市场交易已经出现异常。当时我并不知道内情，但通过对量价关系的分析和解读，我在其收购消息和巨额盈利公布前推荐了这两只股票（见图 1-1 和图 1-2 中箭头指示处）。显然，大量的内部知情人士正在购买这两只股票。当你读完本书，回翻到此页你就会更清楚地意识到当时卖掉这些股票——就像成千上万的投资者日复一日所做的一样——是多么的愚蠢！它们正

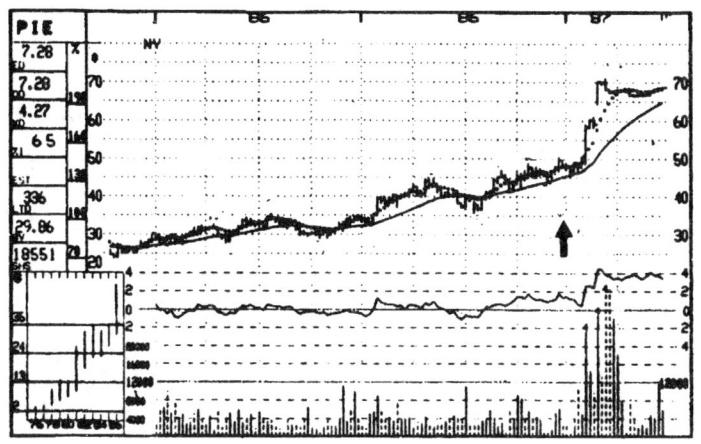

在不断上涨！更重要的是，你会知道为什么当时应该下买单。

图 1-1 皮德蒙特航空公司

资料来源：曼斯菲尔德股票图形①。

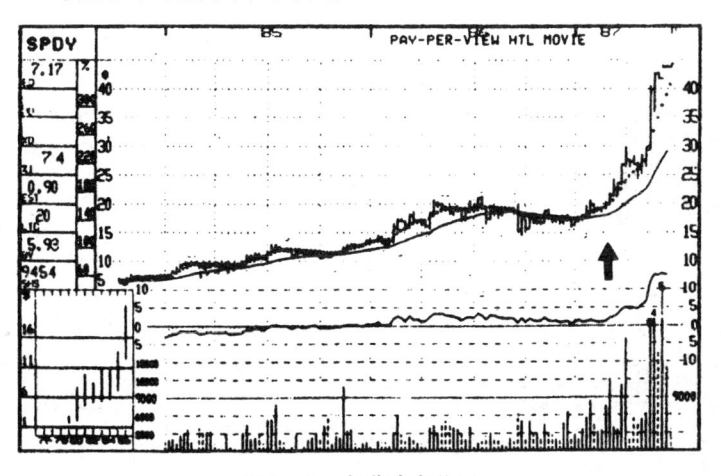

图 1-2 光谱动力公司

而且，并非只有从像并购案这么轰动的基本面消息上才能看出技

---

① 本书中的图形除特别说明外，均来自曼斯菲尔德股票图形，后文不再一一标明。——译者注

分析的好处。请看图1-3和图1-4关于哈拉斯公司和TS工业的股价图。事后来看，1978年是买入哈拉斯股票的合适时机，1986年买入TS工业股票更是明智的。但是，两个有趣的事实应该会使你更能接受技术分析方法。第一，这两只股票都在《专业价格分析者》中被推荐为"买入"（见图1-3和图1-4中箭头指示处）。第二，当被推荐时，这两只股票都缺乏基本面的支持，但股价上涨迅速。当时，哈拉斯过去12个月的每股收益由2.41元[1]下挫到2.38元，之后6个月当它股价翻番时，每股收益进一步下跌到2.16元。TS工业的基本面更差，表现却更惊人。在1986年我们推荐这只股票时，其过去12个月的每股收益仅有37美分——正常但没有吸引力。在15个月后，当股价上涨超过200%时，每股收益却进一步下跌到9美分。疯狂吗？一点也不！一旦你明白了市场运行的真实情况并不是象牙塔里的教科书中所说的那样，你就知道这样的例子遍地都是。并且当你掌握了我的技术分析方法后，就不再会感到迷惑不解，而是会利用这样的机会去获利。

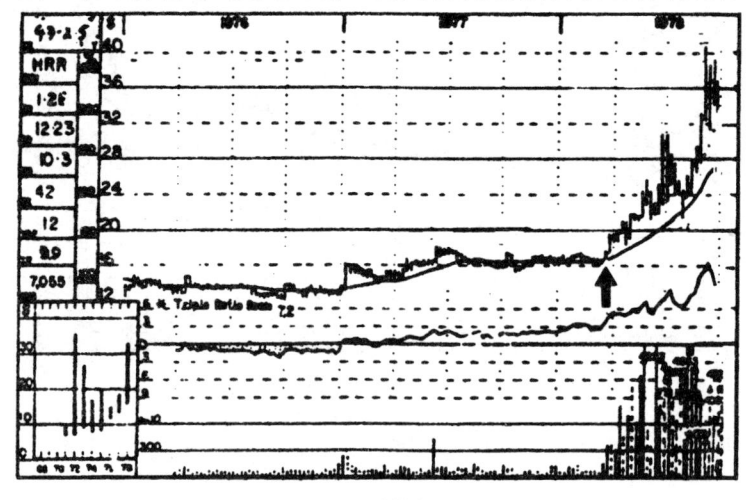

图1-3 哈拉斯公司

[1] 本书中的计价单位"元"其实是"美元"，后文不再一一标明。——译者注

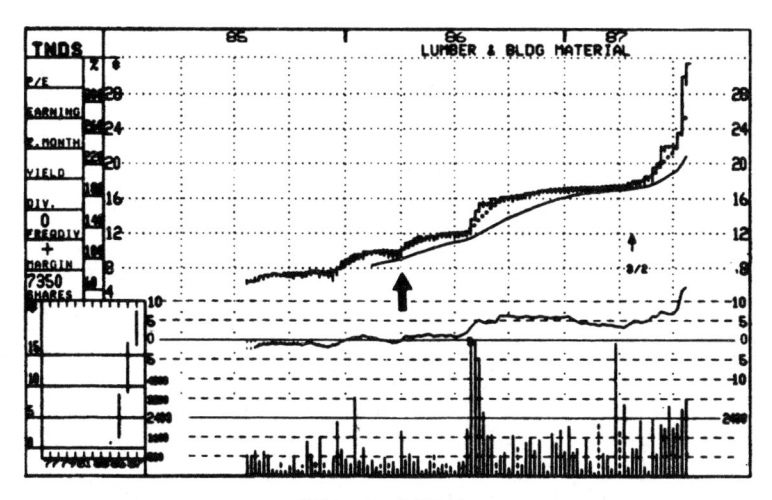

图 1-4 TS 工业

当我们放眼整个市场，这种模式就会在更大的层面上清晰地呈现出来。在 1974 年底，道琼斯工业指数从 1 050 点迅速降至 570 点，市场上悲观气氛非常浓厚，报刊头条都是令人绝望的消息（见图 1-5）。某主流财经报纸刊登了一则标题为"世界大萧条"的报道。这可是一则好消息！更明显的是，某主流新闻周刊刊出一幅漫画：一只大熊撞倒华尔街的楼柱。恐惧继续蔓延，人们觉得市场看起来会进一步跳水——可能跌至 250~300 点！在一片悲观和恐惧中，技术分析指标明确显示：买进。一个新的牛市那时已经萌芽，道琼斯工业指数后来迅速回到 1 000 点以上。

现在你是否得到了一些启发？这也是为什么精明的职业投资者在利空消息中买入，而在利多消息中卖出。股价在可怕的消息笼罩下形成底部；而在盈利大幅增长、股票分割等消息引起大众狂欢时形成顶部。与此相反，普通交易员与投资者在利多消息中，买在顶部附近，而在利空消息中，卖在底部附近。所以，无论是普通公众持续的亏损，还是真正的职业投资者持续的获利，都与运气无关，而与他们所

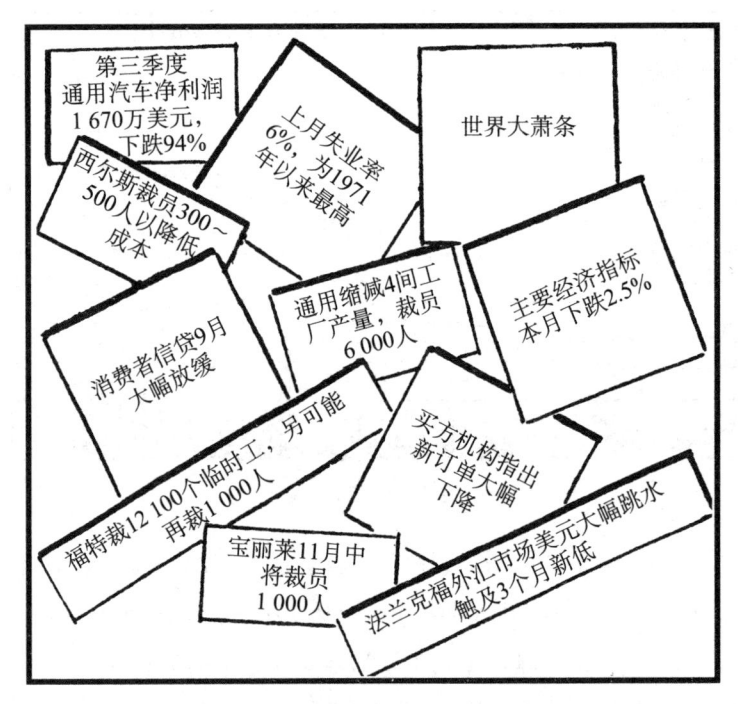

图 1-5 新闻集锦（1974年11月）

遵循的不同游戏规则有关。这与玩牌真的很像：职业扑克牌玩家清楚地知道各种组合出现的概率，拒绝贸然冒险，而新手往往根据自己的预测和感觉行事，最后总是一败涂地。

因此，你的投资哲学应该很简单：

1. 绝不要在没有查看图形的情况下买卖股票。

2. 绝不要在好消息公布时买入股票，尤其是在图形显示消息公布前股价已有明显上涨的情况下。

3. 绝不要在股价暴跌时因为觉得股票便宜而买进。在持续的卖压下，你会发现股票会变得更便宜。

4. 绝不要在下跌趋势中买进股票（接下来我会告诉你，如何明确地定义下跌趋势）。

5. 绝不要持有处于下跌趋势中的个股，不论它的市盈率有多低。几个星期后，当更低的股价出现时，你会发现股价下跌的原因。

6. 始终保持一致性。如果在完全相同的情况下，你有时买进，有时卖出，那么你的交易纪律就有严重问题。

懂得如何阅读图形和技术分析并不是什么高深莫测的科学，但也不是算命。非常简单，它是解读市场健康状况的心电图。医生在为你做诊断之前，会为你拍摄 X 光、验血、做心电图检查。一位称职的技术分析师也会对市场做类似的检查。好了，让我们继续前行，我将带你进入股票市场。

▶ 术语界定

在绘制你未来的致富之路以前，有一些基本术语你必须熟悉。图 1-6 会帮助你更好地理解它们的意思。即使你不是学习专业技术分析出身，你也很可能听说过这些术语，但关于它们确切的含义，你可能还有些迷惑。接下来的快速浏览就能使你清楚地掌握它们。即使你学过技术分析，也看看我是如何定义这些术语的，这样我们可以更好地沟通。这非常重要，因为这些术语是构成我的技术分析方法的一块块积木，在本书中它们会被反复地提及。所以，请花一两分钟把这些定义浏览一遍，确保你清楚每一个术语的含义。如果你在本章的学习上下了工夫，那么后面的内容将十分容易理解。如果你发现对某个术语不是百分百地明白，我建议你之后回到这部分内容把它搞清楚。

我不打算严格按照字母顺序来介绍这些技术用语，因为当你理解了某些术语的定义以后，能够更容易地掌握其他的术语。首先，你需要把图 1-6 中股票 XYZ 的图形学习一下。先看一遍，记住你一开始对它的直观感觉。接下来，一次研读一个定义，好好思考，只研究图形中与定义有关的部分。不要贪多,不要企图一次就记住所有定义,这完全没有必要。慢慢地学习这一部分对你是有意义的。在学习了几章以后,你会觉得自己已经是一个技术分析老手了。下面,我们开始:

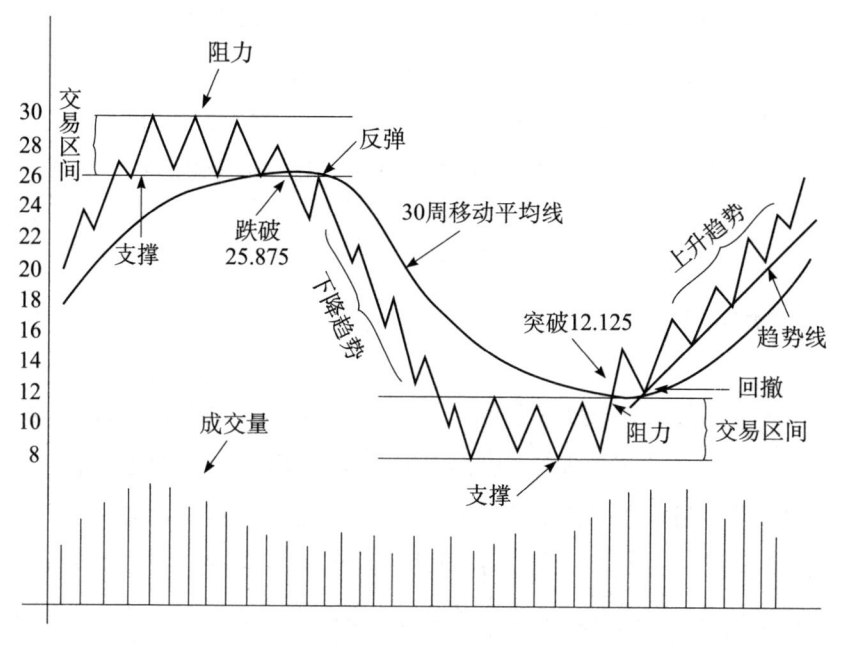

图 1-6 股票 XYZ

支撑。在这个区域,一直下跌的股价开始稳定,接下来反弹并上涨(至少暂时是这样)。它就像一个地板。需要注意的是,不要像许多技术分析者一样,认为所谓的支撑是在某一个点上。实际上,它是一个区域或者说区间。在图 1-6 里,支撑区域最初是在 26～26.5 这个区间,第一次低点在 26,第二次在 26.5,第三次止跌于 26.25,第四次在 26。

请注意,向下突破支撑区域的下限(在本例中是 26)对股价而言具有**非常负面**的含义。一个给定的支撑区域受到冲击的次数越多,冲击持续的时间越长，一旦股价最终跌破支撑区域的下限，就是强烈的下跌信号。还需要注意的是，一旦股价向上突破或向下突破支撑区域，新的支撑区域又会在新的股价水平上形成。在股票 XYZ 的例子中，新的支撑区域在 8～8.5 区间重新形成（见图 1-6）。

阻力。在这个区域，上涨的股价受到阻力，从而有下跌的可能（至少暂时是这样），接着又发生反弹，但未突破该区域。同样，一个给定的阻力区域受到冲击的次数越多（股价多次冲击该阻力区域的上限），冲击持续的时间越长，一旦股价最终向上突破阻力区域的上限，就是强烈的上涨信号。在我们的例子中，在 30 附近形成了第一个阻力区域，在重要的下跌阶段结束以后，新的有效阻力区在 11.5～12 形成。之前，第一次反弹在 12 处受阻，第二次在 11.5 处受阻，接着又在 11.75 处受阻，最终突破这个区域的上限。始终记住，向上突破阻力区域的上限是明显的股价上涨信号。与前面相同，要认识到新的阻力区域随着股价的波动在新的水平上形成。在 XYZ 的例子中，第一个阻力区域形成于 29.5～30，然后又在 11.5～12 形成。

交易区间。这是买方与卖方进行"战斗"的中间区域。当一只股票处于上升通道时，买方力量明显强于卖方，导致股价上涨。而处于下降通道的股票恰好相反，卖方的力量远大于买方，使得股价下跌。在交易区间里，买卖双方力量较为均衡，双方的战斗在支撑区间（图 1-6 中为 8～8.5）与阻力区间（11.5～12）之间进行。请注意图中还有另一个交易区间（26～30）。

移动平均线（MA）。移动平均线是一个非常重要的技术分析工具，它能帮助你同时留意短期波动与长期波动。移动平均线的作用就是让你从无序的日间波动中看清楚长期趋势，从而免受无序波动的影响，尤其是在新的买卖程序加剧了每日震荡的情况下。在这些年里，我发现 10 周移动平均线最适合交易员使用，而 30 周移动平均线最适合长期投资者[1]。在股票交易时，股价低于30周移动平均线的股票**绝不能**买入，尤其当30周均线向下时。而股价高于30周移动平均线的股票**绝不能**卖空，尤其当30周均线正在上升时。对长期投资者来说，买入一只股票的理想时机就是30周移动平均线不再处于下降趋势，股价向上突破阻力区域，同时站上30周移动平均线的时候。对一个准备操作的交易员来说，买入一只股票的理想时机是均线处于升势中，股价已经站在30周移动平均线以上时。理想的进场点是股价在新的交易区间盘整过后，回拉至移动平均线附近，再向上突破阻力区的时候。

向上突破。向上突破指股票的价格移动到阻力区域的上限以上（图1-6中为12）。在这个例子中，股价越过阻力区的上限，我们认为突破在12.125处完成。就像是鸡蛋有不同的品级，向上突破也有不同的含金量。始终要记住两点：(1) 股价在阻力区域盘整的时间越长，最后的向上突破越可靠；(2) 向上突破时的成交量越大，预示着上涨的势头越猛（别着急：在接下来的几章中我会更加详细地讲解这些原则，现在你只需要记住这两条简单的原则就能使你的利润大涨）。

向下突破。向下突破正好与向上突破相反，即股票价格移动到支撑区域的下限以下的时候（在图1-6的例子中为26）。在这个例子中，支撑区域下限被击穿时，向下突破就发生在25.875处。与向上突破不同，向下突破不需要根据交易量的急剧放大来确认，但成交量还是会有某种程度放大。

回撤。股票向上突破交易区间明显上升以后，常常会有一次获利回吐的调整，将股价带回初次向上突破点（本例中为12.125），此时

---

[1] 30周移动平均线的计算方法是将本周五晚上的收盘价与前面29周周五的收盘价加总，把上述值除以30所得到的结果即本周图形所应描绘的点（很明显，某股票的10周移动平均线是本周五的收盘价与前面9个周五的收盘价加总，再除以10）。

是加仓的理想时机（如果回撤伴随着成交量的大幅萎缩就更好了）。相反地，股价向下突破支撑并继续下跌后，常常会反弹逼近向下突破点（本例中为 25.875）。如果此时的成交量很小，该点就是理想的卖空介入点。

趋势线。如果你用一把尺子连接某个股票图形里任意两个低点，你就会得到一条趋势线。但是，一条普通趋势线与一条**重要**趋势线之间的差异非常大！一条重要趋势线至少会碰到三个低点。图 1-7 画的就是一条重要趋势线，这条线被触及了四次，在第五次试探时才被跌破。趋势线被突破时好比警报拉响，因为这意味着趋势方向的改变。股价跌破一条上升的趋势线意味着下跌趋势即将来临，而股价突破一条下降的趋势线则意味着上涨的开始（注意图 1-7，当天际线公司的股价向下突破它的上升趋势线后，出现了迅速跳水）。还有一点也很重要：上升趋势线的斜率越大，以其向下突破来预示股票进入下跌趋势的可靠性就越差。如果你画出了一条非常陡峭的上升趋势线（见图 1-8），一次向下突破击穿它时，可能仅仅意味着一只股票（或一个市场指数）现在涨势放缓——因为此前的涨速不具有可持续性。趋势线越接近水平（见图 1-9），当它被向下突破时，负面意味越强。相反，如果一条下降的趋势线倾斜的角度越大（见图 1-10），以其向上突破来预示进入上涨的可靠性就越差。它可能仅仅意味着（尤其是当股价低于长期移动平均线时）股价跌速放缓。下降趋势线越接近水平（见图 1-11），当它被向上突破击穿时，牛市意味越强。当股价向上突破一条重要趋势线，并在数天之内站上上扬的长期移动平均线时，就释放出了最强烈的多头信号。相反，当股价向下跌破一条重要的趋势线，并在数天之内跌破长期移动平均线时，就释放出了最强烈的空头信号。

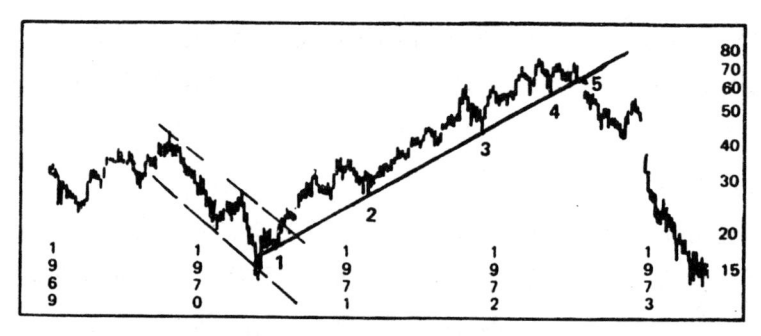

图1-7 天际线公司股价图

资料来源：Data Graph.

图1-8 不太强烈的空头信号

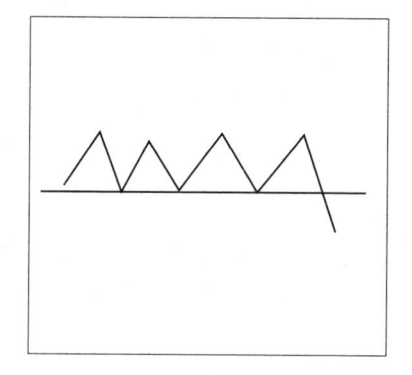

图1-9 强烈的空头信号

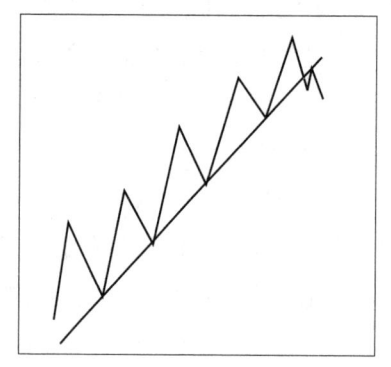

图1-10 不太强烈的多头信号

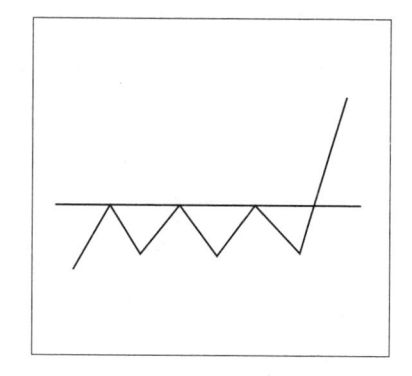

图1-11 强烈的多头信号

上升趋势。上升趋势就是在几周甚至几年的时间里,某只股票的价格(或市场指数)高点越来越高,低点也越来越高(见图1-6)。

下降趋势。下降趋势就是在几周甚至几年的时间里,某只股票的价格(或市场指数)高点越来越低,低点也越来越低(见图1-6)。

其他术语如交易员、投资者、短期和长期等定义就相对比较主观了。对你来说很重要的是要知道当我用这些术语时指的是什么,因为某个人对投资的定义可能是另外一个人对于交易的定义。

交易员。我在本书中提到交易员时所指的并不是那些早上买入、下午卖出的人。我所说的交易员是指那些想抓住2～4个月股价**大幅**变动的人。我认为这是明智的交易。周一买入、周二卖出的人只能使其经纪人变得富有。

投资者。我认为投资期限的上限是12个月。当然这并不意味着你不能持有股票更长时间,但是我不认为在3、4或5年的时间跨度内谈论市场(或股票)有什么意义,因为在这么长的时间里,有太多的变数和太多的周期会发挥影响。

短期。根据我的定义,短期是指1～6周的变动周期。

中期。中期指6周～4个月的变动周期。

长期。我对长期的定义是4～12个月。股价变动的主要趋势是长期的,这也是最重要、最需要关注的。如果你的投资与长期趋势一致,你就能够弥补短期的损失。

相对强度。相对强度指的是某只股票(或某个股票组合)的表现同整个市场的关系。例如,如果股票XYZ价格上涨了10%,同期整个市场指数上涨了20%,那么虽然XYZ的股价上涨了,但它相对强度弱。如果股票XYZ价格下跌了10%,同期市场指数下跌20%,那么尽管XYZ的股价下跌了,但它相对强度较好。计算相对强度的公式很简单,即用某只股票(或某个股票组合)的价格除以整个市场的平均价格（市场指数）。

卖空。卖空是最容易被误解的概念，也是最未被充分利用的技术。专业投资者们常常运用这种手法，但是90%的个人投资者从不尝试。卖空是指当预计股价在未来会下跌时，就对你当时并未持有的股票下卖单。例如，你在20元的价格上卖空股票XYZ，你需要向你的经纪人借入这些股票用以交易。如果股票XYZ的价格如你预料跌至10元，你就在市场上买入股票XYZ偿还给你的经纪人。在这一过程中，每股你就赚了10元。所以，谁说熊市不能获利呢？

我会在适当的时候以整章的篇幅说明卖空。

现在你已经读了每个术语的定义，也了解了它们的基本含义，请回到图1-6再学习一遍。你现在应该能更深刻地理解它们了。如果在接下来的章节中，你忘了某个术语的定义或对它没有百分百的把握，请重新阅读本部分的术语定义。

下一个有意思的概念就是图形。在你学习图形之前，有一个小测试，你可以看看自己对于本书基本要素的理解。测试后面附有答案。

测　试

1. 股票 XYZ 价格从 50 元涨至 60 元，涨幅为 20%。道琼斯工业指数同期涨幅 25%。这是相对强度较好的一个例子。

正确　　　错误

2. 一条趋势线被触碰的次数越多（未被突破），则该趋势线越重要，而它最终被突破时所释放的信号越强。

正确　　　错误

3. 一条上升趋势线越陡峭，它被跌破所预示的意义就越不重要。

正确　　　错误

4. 股价进入交易区间时是多头信号，因为这显示买方力量比卖方强大。

正确　　　错误

5. 某只股票的价格在交易区间内。第一次，跌至 8 元然后反弹，第二次，跌至 8.5 元然后反弹，第三次，跌至 8.25 元然后反弹。整个 8～8.5 元可以被看作支撑区域。

正确　　　错误

6. 阻力区域被触碰的次数越多（未被突破），最终的向上突破多头意味越浓。

正确　　　错误

7. 不管某只股票的基本面有多好，只要其股价在下降的 30 周移动平均线以下，千万不要买入。

正确　　　错误

8. 一只股票的价格伴随着成交量的萎缩向上突破阻力区域，这是合适的买入时机，因为这表示卖方的力量越来越弱。

正确　　　错误

答　案

1. 错误。该股票涨幅不如市场指数，相对强度较差。

2. 正确。

3. 正确。

4. 错误。交易区间是一个买卖双方力量均衡的区间，形势如何发展还不确定。

5. 正确。

6. 正确。

7. 正确。

8. 错误。股价向上突破伴随着成交量的放大才是好的买入时机。成交量萎缩的突破很可能是虚假的，因为缺乏强有力的买方力量推动。

第1章 一切从这里开始

▶ **多种多样的图形**

图形的种类很多，而且可以以不同的时间周期为单位，如以日、周、月等为单位。当我向你介绍所有种类的图形时，我会告诉你对于交易员来说哪一种是最简单、最有效的，对于投资者来说哪一种是最简单、最有效的。两种基本类型的图形是我们应该熟悉的。

一种是线图（line chart）或称条形图（bar chart），它描述在一定时期内股票的交易量以及最高价、最低价和收盘价。另一种图形是点数图（见图1-12），只记录价格的变动，没有时间和交易量。因此，如果某只股票价格在某天内大幅震荡，那么当天就会被记录数次。在未来的几天内，如果该股没有变化（都以相同价格收盘），则不需再记录，因为没有价格变化可供记录。点数图是市场行为的简洁摘要，对于发现重要形态、确认支撑区域（股价停止下跌的地方）和阻力区域（股价停止上涨的地方）非常有用。当分析股票时，我会把点数图和其他图表综合起来用，但我从不单独用它，因为没有成交量和均线这些信息。而且比起线图或者条形图，点数图更不容易掌握，因此在本书中我打算主要讲解条形图。只要合理使用条形图，你会收获可观的利润。

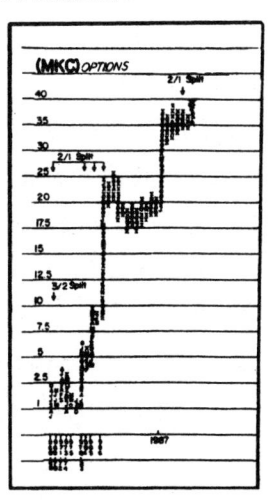

图1-12 点数图

现在我们回到条形图。选择多长的时间区间实际上并没有关系，但为了更好地讲解（见图1-13），假设我们谈的是一天的交易情况（日线图）。如果这一天的最高价是18元、最低价是16.5元、收盘价是17.5元，连接最高价和最低价从而得到一条直线，并在收盘价处

21

划一条水平的短线，就得到了一张条形图。对于成交量，在同一天的图形底部纵轴上标有不同的数值。如果当天的成交量是 25 000 股，那么从 25 000 股的成交量水平向下划线至 0，便得到了交易量线。

周线图与日线图不同的地方仅仅在于把一周（从周一至周五）而非一日的最高价、最低价和收盘价标出来，并且标出这一周的成交量。在更长时间的月线图上，只是把整个月的相关数据（最高价、最低价、收盘价和整个月的成交量）标出来，其他与周线图和日线图是一样的。图1-14、1-15 和 1-16 就是这三种图形的例子。

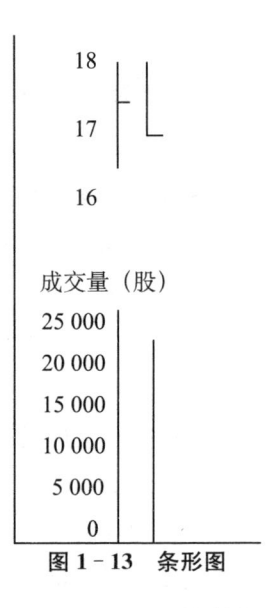

图 1-13 条形图

这三种不同周期的图形各有用处。日线图（见图 1-14）的数据精确度较高，对于短期交易最有用。

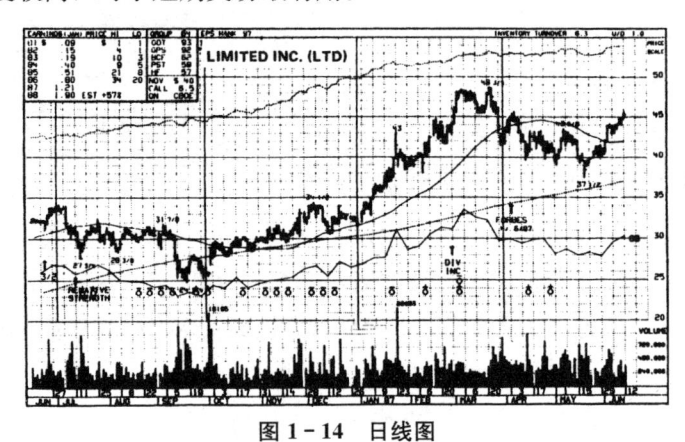

图 1-14 日线图

资料来源：DAILY GRAPHS AND LONG-TERM VALUES.

周线图（见图 1-15）既提供了较好的数据精确度（短线交易员还是应该使用日线图），又对从事中期交易的交易员和投资者了解股

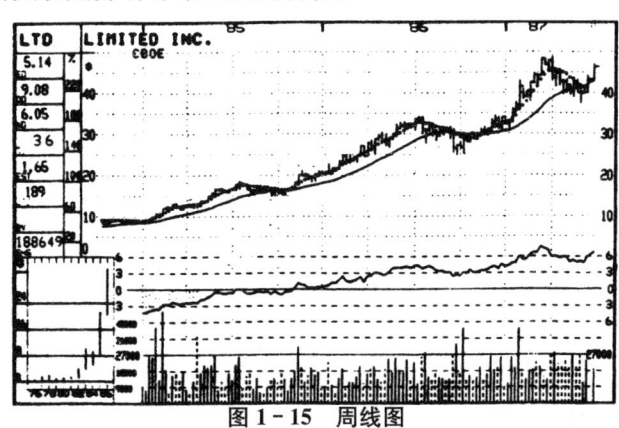

价主要的变动走势有非常重要的价值。

图 1-15 周线图

资料来源：曼斯菲尔德股票图形①。

月线图（见图 1-16）对于需要判断股价在几年中的走势的长期投资者来说，是一个很好的工具。

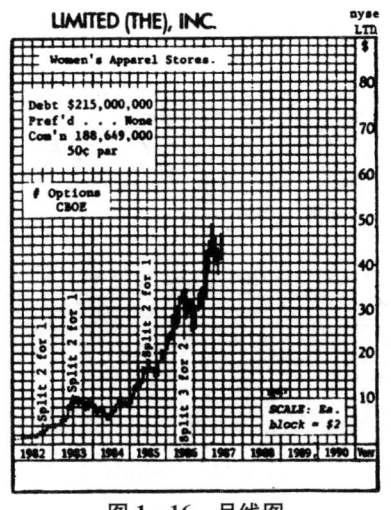

图 1-16 月线图

资料来源：HORSEY。

---

① 本书中的周线图都是曼斯菲尔德周线图。以下不再一一标明。——译者注

本书中，当我们提到图形时，重点会放在周线图上，因为对于投资者来说它是最全面的。不过，请注意，这三种图形都是非常好的工具，都能服务于相应的目的。

▶ **解读周线图**

现在我们开始进入实质性内容，学习周线图（见图 1‐17）。如果你以前没有学过也无须担心——我保证你在很短时间内就可以掌握它。当然，如果你已经学习过技术分析，可以快速浏览接下来这几页。这样，大家都能有大致相当的起点。

不是有关图形的方方面面我都会讲——其中许多内容是很基础的，另有一些让人困惑且用处不大。我们要学的是真正重要并能帮助我们获利的图形要领。

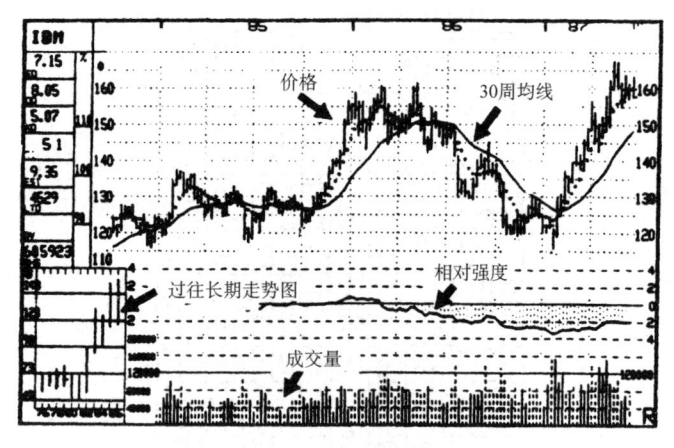

图 1‐17 周线图

1. 首先看标有最高价、最低价和收盘价的条柱。股价是图形中最重要的要素，因为随着时间的积累，股价的变动会形成一定的形态，为我们判断未来股价走势提供线索。

2. 第二个要素是周成交量。价涨量增、价跌量减是积极的信号。就像我们在前面提到，在后面还会多次提到的一样：**向上突破伴随成交量的巨幅放大是非常重要的**。成交量大意味着急迫而强大的买盘将会推动股价进一步上涨。

3. 图形中的第三个要素是 30 周移动平均线。在本书中的周线图上所提供的 30 周均线并非每周数据等权重的简单移动平均线，在这条均线上，离当前的日期越近，数据被赋予的权重越高。这样的处理方法使得移动平均线对近期的变动更加敏感，可以迅速地调整方向。这样加权后的移动平均线的缺陷在于，它会导致更多的"锯齿"信号[①]出现。尽管如此，因为 30 周移动平均线是长期的移动平均线，所以它所包含的信息还是相当有意义的。记住，如果一只股票价格低于 30 周移动平均线，不管根据基本面判断其股价如何便宜，即便其最近经历了大幅下跌，也千万别买入。股价表现给你发出了清晰的信号：这是一个有虫的苹果！根本不要考虑买入。相反，如果一只股票的价格高于其正在上升的 30 周移动平均线，不管其市盈率有多高，都不要对它进行卖空操作。

4. 第四点要注意的是股价在各年中的长期走势。在本书中图形的左下角有各年度的最高价、最低价指标，表明股价的长期走势。这个指标的用处就在于帮助你将目前的股价放在一个历史背景下看待。当 1986 年固特异轮胎公司的股价向上突破至新高（见图 1-18）时，迅速看一眼长期走势图就可以知道这也是几年来的新高。这是一个非常好的形势，股价上涨已经没有了阻力。由于股价打开了新的上涨空间，没有需要解套的卖方，因此股价可以涨得更高。固特异轮胎公司的股价在 1986 年末至 1987 年初的表现正是如此：其股价在向上突破前期高点 37 元后，打开了新的上涨空间，几个月内的涨幅就超过前几年的涨幅。

[①] "锯齿"用于表明一种市场状态，在剧烈的价格变动之后紧接着出现一个反向变动。——译者注

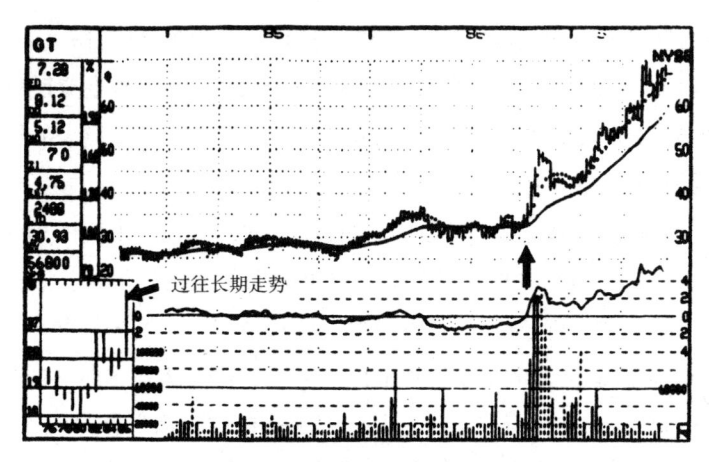

图 1-18　固特异轮胎公司

另一方面，如果股价下跌创出年内新低，就是一个危险的信号了。如果查看长期走势图发现这个价格也是数年来的最低点，那么你应该意识到这是一个明显的熊市信号，应该回避。关于一只股票向下突破，并且下方没有支撑会发生什么，坎贝尔资源公司（见图1-19）给我们提供了一个教科书般的例子。该公司股价跌破7.5元，最终一直下跌至75美分时才发生反弹。

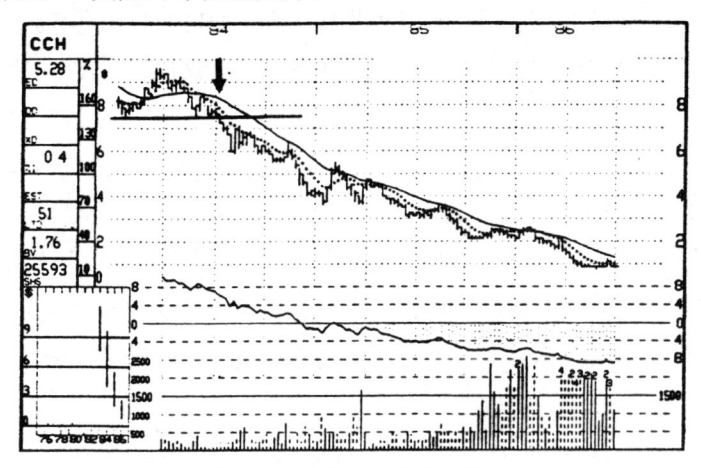

图 1-19　坎贝尔资源公司

5. 最后一点你应该知道的重要内容就是相对强度线。只要这条线是向下倾斜的，即使股价向上突破，也**不能**买入这只股票。下行的相对强度线意味着这只股票的表现不及整个股票市场的平均表现。另外，如果相对强度线向上倾斜，即使股价向下突破，也不要进行卖空操作。另一个运用相对强度线的方法是观察这个指标从负到正的情形。如果此种情形出现，则是一种利好的信号。在阿姆达公司（见图1-20）和纽曼矿业（见图1-21）的例子中［在1986年的夏天，《专业价格分析者》推荐过这两只股票（见图中箭头指示处）］，当股价向上突破时伴随着相对强度线从负到正，买入后大量获利的可能性就大大增加了。

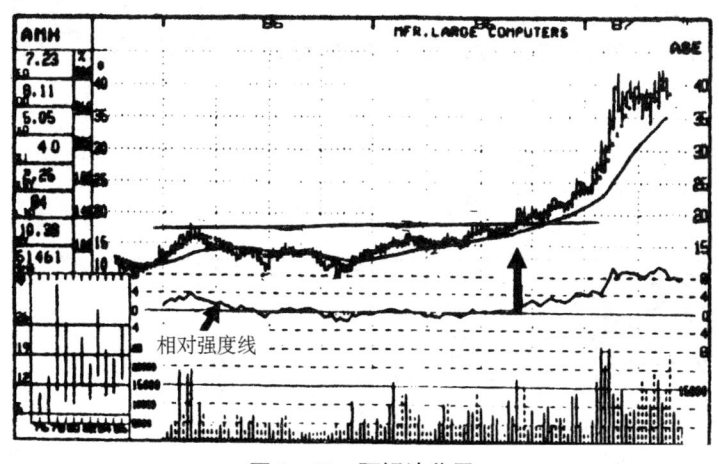

图 1-20　阿姆达公司

相反，当股价向下突破伴随着相对强度线（见图1-22和图1-23）从正到负，你就要当心了！无论根据基本面判断它的股价如何便宜，都必须把它作为熊市情形对待。如图所示的海洋钻井公司和贝茨公司的例子，尽管相对强度线跌至0以前，它们的股价就已经明显下跌了，但当它们的相对强度线跌至0以下后，其股价出现了更大幅度的跳水。

就是这些了，关于图形的分析，有许多可学的，这个主题下有很

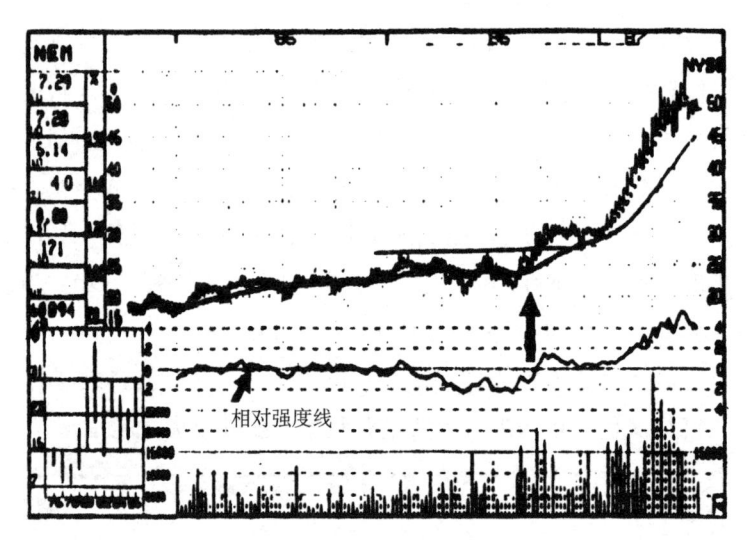

图 1-21　纽曼矿业

多优秀作品，但你通过本书来学习的回报是最高的。用这些简单而重要的工具，你就可以开始描绘未来的财富之路了。

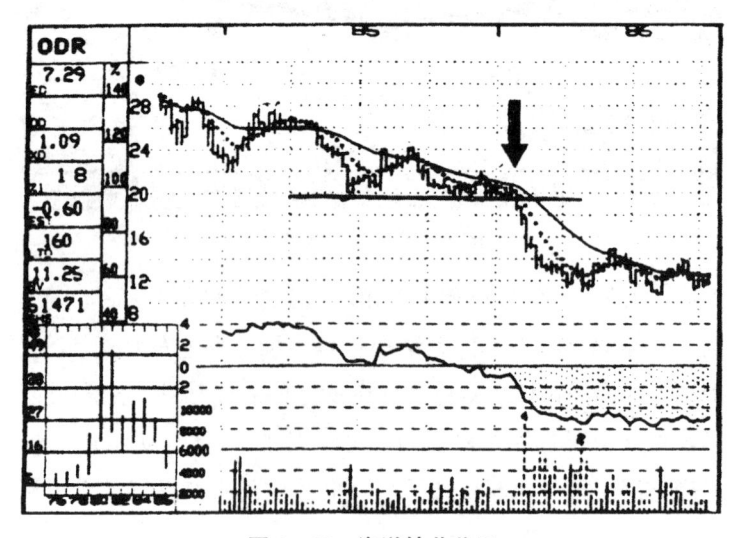

图 1-22　海洋钻井公司

第1章 一切从这里开始

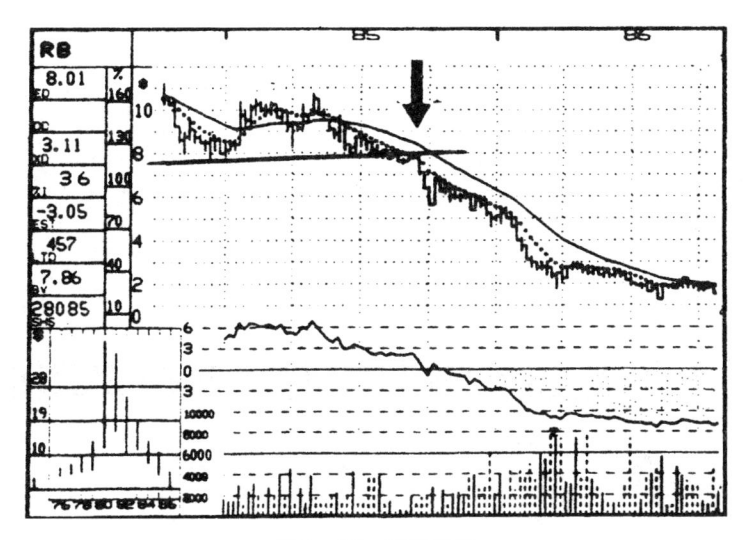

图 1-23 贝茨公司

第2章

读千份盈利预测不如看一眼股票图形

本章的标题是我所确信的。你看看像通用汽车这样的股票，虽然1981年公司盈利增长，但股价却从58元跌到34元；而像格林威治制药公司这样的股票，虽然公司亏损，但1986—1987年其股价却从3元涨至19元！所以，记住："走势说明了一切"是千真万确的，我们要做的就是学会如何正确解读走势。

现在准备开始攻读"技术分析学位"吧。你要学的是如何运用我教给你的方法，让市场看起来不那么神秘莫测并能给你带来利润。请看股价阶段图（见图2-1）。人们常说"一幅图胜过千言万语"，这话不错，图2-1就是一个完美、鲜活的例子！请仔细看图2-1一分钟。从现在起你就要开始学习如何分析股票和市场了。一旦你掌握了这些盈利性的技术，在股票市场、期权市场、共同基金、大宗商品或者其他任何你能说得出名字的市场上，你的操作都会变得更加轻松，而且更具盈利性。你会有能力翻阅任意一本股票图形书籍，并且能够立即发现值得进一步研究和操作的几只股票，同时，不管报纸头条吹得如何天花乱坠，你都能淘汰那些根本不值得考虑的股票。你只需要记住一个最基本的事实：任何一只股票都必然处于如下四个阶段中的一个，关键就在于如何确定某只股票所处的具体阶段。图2-1显示了一个主要周期的四个阶段：(1) 底部阶段；(2) 上涨阶段；(3) 顶部阶段；(4) 下跌阶段。

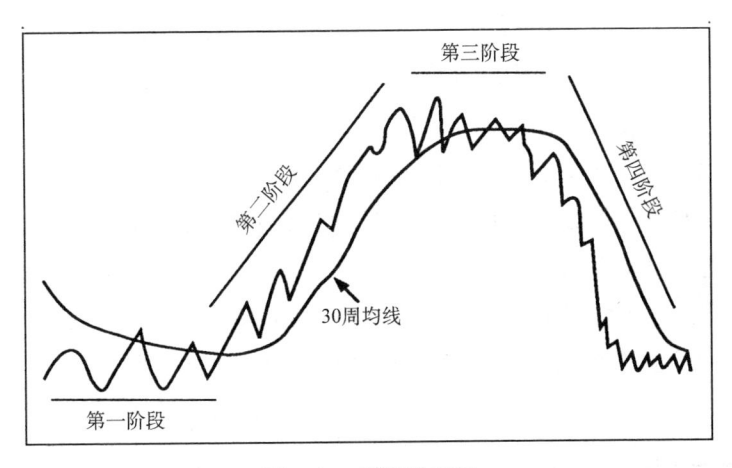

图 2-1 股价阶段图

> ### 第一阶段：底部阶段

股票 XYZ 持续下跌几个月之后，下跌动能终于耗尽，它开始横盘，实际上这是由于买方和卖方的力量逐渐均衡。在此之前卖方力量远强于买方，这也就是股价大幅下跌的原因。横盘时，交易量通常会萎缩直至枯竭，最终形成底部形态。不过在第一阶段后期，交易量通常会开始放大，而价格却基本不变。这意味着悲观的投资者抛售股票已经不会再使股价下跌，因为买方已经开始从卖方手中接手股票并接受了当前的价格，且未要求大的价格折让。这是一个利好的信号。

这个阶段的图形表现是：最初，30周均线停止下降并开始走平。

股票间歇性的涨跌使得股价在均线上下震荡。在这个阶段,价格通常会在交易区间的底部支撑价位和上方阻力价位之间来回震荡。这个阶段可能会持续数月,有时甚至长达数年。

这个阶段是很多市场参与者急于进入、希望抄到股价低点的时候。但是此时买进没有太大的好处。即使你抓住了低点,但你的资金可能会被困在这个阶段很长时间而股价却没什么变化。时间就是金钱。更糟糕的是,很多新手往往不够耐心,在沮丧地等待了数月后,在股价飙升之前将股票卖了出去。

现在学习图 2-2。伯利恒公司股价正处于第一阶段(阴影部分)。注意,在从 22 元大幅下跌至 4.875 元之后,该公司股价开始上涨,并站上了移动平均线。接着,一次小幅下跌又使得其股价稍稍低于均线。第二次上涨伴随着交易量的放大,向上突破了水平的趋势线,同时其均线也开始抬升。当伯利恒的股价超过 9.835 元时,它就已经准备好进入第二阶段了,股价在接下来的几周内涨至 17.25 元。

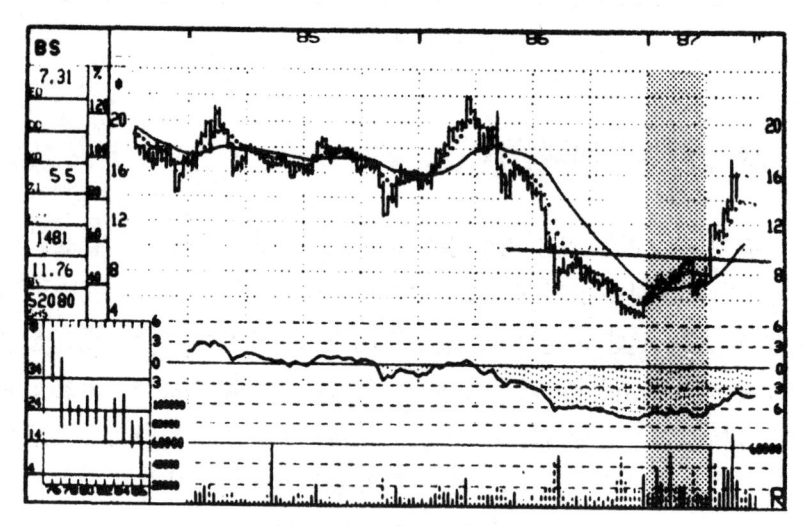

图 2-2 第一阶段(阴影部分)

第二阶段：上涨阶段

理想的买入时机是当一只股票最终脱离底部阶段，进入更有活力的上涨阶段时。股价突破阻力区域上方并站上30周均线，此时成交量应该显著放大。这就是第二阶段上涨阶段的开始。不过，在第二阶段真正具有活力的上涨来临之前，在最初的上涨后至少会有一次回调。这次回调使得股价跌回至突破点附近，这是低风险买入这只股票的第二次良机。不要在意每股几分钱的成本差异，例如，向上突破发生在12.125元，回调时可能跌至12.375或12.625元。回调的幅度越小，向上的力量就越强。特别有意思的是，在向上突破点——最好的买入时机——公布的基本面消息通常都是负面的。除非你的经纪人认同技术分析，否则此时他会建议你不要买进这只股票。

在第二阶段的突破发生后不久，30周均线通常会开始转而上扬。每一次上涨的高点都比前一次的高点还要高，对于买方来说，这感觉太美了。另外，低点也一次比一次高。这一点非常重要！涨势再牛、再强劲，也不可能只涨不跌。图2-3国际纸业的走势证明了我所说的。当1986年初这只股票进入第二阶段之后，股价所有的调整都高于上升的30周均线，并且每次上涨都带领股价创出新高。市场总是很狡猾，这就是为什么多数投资者在市场上经年累月地亏损。股票市场（或其他类似的任何市场）总是不让大多数人赚钱，而给予少数精明的职业投资者丰厚的回报。上涨趋势中也有下跌。只要所有的这些震荡和波动发生在**上升**的30周均线**以上**，就不用担心——一切顺利进行，大额利润正在累积。

令人欣喜的上涨持续了几个月之后，随着基本面的利好消息公布，越来越多迟到的投资者赶上了股价上涨的快车。最终，股价上涨

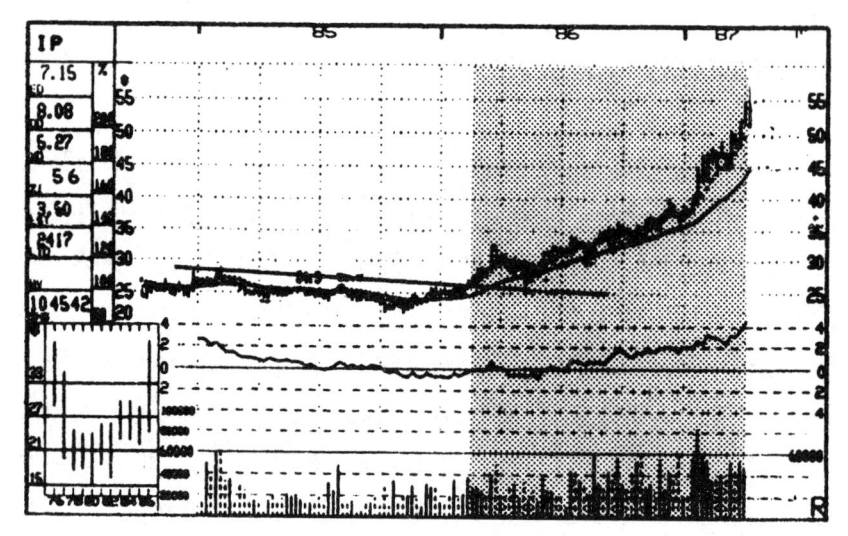

图 2-3 第二阶段（阴影部分）

减缓，离它的移动平均线越来越近。移动平均线的上升斜率也明显减小。在这个时候，"持有"就可以了。尽管仍然处于第二阶段，但股票的交易价格已经远高于支撑水平和均线，投资社区都在谈论它，股票已经超买，不应该再买入了。这时如果买入，你就会承担相当大的风险。

从投资的角度来看（下一章我们会从交易的角度出发），合适的买入时机应该是在最初的突破点，或者最初突破点后紧接着的回调处（见图 1-6 中股票 XYZ 在 12.125 元处）。此时，股价接近于底部阶段，继续下跌的风险很小而上涨的可能性很大。回报/风险比率完全对我们有利。然而几个月后，形势已经明显不同。越接近第二阶段的后期，股价的波动就越不规律，因为先前的买家非常想脱手以保住自己丰厚的利润。而市场的新手们接手这些股票，以为自己发掘了牛股，捡到了便宜。此时，这只股票就成了市场谣言和各种相关报道讨论的对象，同时买卖双方的决定也会受到情绪的较大影响。我已记不清自己见过多少次因为某只股票的买入时机不对，导致整个投资组合严重亏损的情况。要遵守投资纪律！如果你是一个长期投资者，那么仅在第二阶段初期合适的进入点买入（在股票 XYZ 的例子中为 12.125 元附近）。如果你没有在合适的点买入，不要焦虑，继续关注并且坚持只以应该买入的价格买入。一以贯之。要么买对，要么不买。这里需要的只是一点常识。如果你在 12.125 元处未能买入，在 12.875 元处买入不算大错，但在 25 元或 26 元处还要买入就大错特错了！如果你已经错失了一只好股票，不要觉得难受，你可以从市场上的上千只股票中进行挑选，总会有处于合适价位的好股票。就像我们打车一样，虽然你错过了第一辆，但下一辆很快就会到来的。

▶ 第三阶段：顶部阶段

终于，所有的好事都走到了尽头。在股票市场上，这以第三阶段顶部形态出现为标志，这时，上涨的动力消失，股价开始横盘。图形表象背后的实质是买卖双方再次势均力敌。在第二阶段，买方力量要远强于卖方。现在上涨结束了，股价处于均衡状态，此时形成的形态如同第一阶段的镜像。

在第三阶段，成交量通常较大，股价波动剧烈。如果你听过一种说法，说某个股票被"搅拌"（以大成交量横盘），第三阶段就是这样的例子。巨大的成交量是由两方面原因引起的：对买方来说，他们因基本面的利好消息和各种"故事"而兴奋；与此同时，之前低价买入的人急于将获利盘抛售。

下面就来说说所有这些在图形上是怎么表现的。首先，30 周均线的向上斜率变缓继而开始走平。在第二阶段里，股价即使下跌也仍然会在移动平均线之上，而现在股票价格在均线上下震荡。一旦第三阶段的顶部开始形成,交易员就应该带着已获利润离场!而投资者有更多的回旋余地,我建议投资者将一半的仓位出清以锁定利润。因为股价有可能再次向上突破,开始又一个第二阶段上涨,这样你剩下的一半仓位就能在新的第二阶段里赚取再次上涨的利润。但为了保护你剩下那一半仓位的利润,你得在稍低于新的支撑区域底部(见图 1-6 中的 25.875 元)设置一个保护性止损卖单。现在,知道这是一个好的市场策略就可以了。在下一章里,我会告诉你如何正确地设置止损位——一百个投资者中知道如何操作的还不到一个,这是在股票市场成功真正的秘诀之一。

图 2-4 中 ICH 公司的图形完美描述了第三阶段(阴影部分)。注意移动平均线是如何停止上升,股价又是如何跌破均线然后短暂收复的。尽管当时这只股票的市盈率只有 10 倍,并且盈利还在上涨,但明显它已经陷入了困境。一旦股价向下跌破 24 元,第三阶段就结束了,第四阶段登场。在第四阶段,这只股票在接下来的六个月里跌幅超过 50%,这发生在史上最大的牛市中!

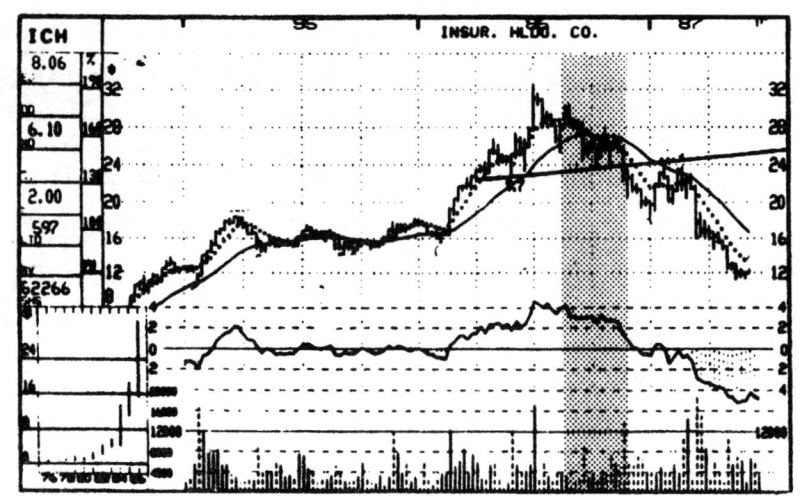

图 2-4 第三阶段(阴影部分)

在第三阶段你必须仔细调整自己的情绪，因为盈利增长、股票分拆等关于股票的利好消息正热火朝天，让人兴奋不已。此时，同以往一样，你仍应该始终相信图形，因为它与你我不同，它不带情绪。通过学会一以贯之地跟随市场留下的图形脚步，我们还可以学会冷静、沉着并认真计算，而此时其他的投资者还反复被贪婪与恐惧综合征折磨着。因此，你要记住：无论基本面信息如何好、利好消息如何可信，你都**绝不**要在这个阶段买入某只股票，因为此时回报/风险比率对你十分不利。

▶ 第四阶段：下跌阶段

在这个阶段，之前维持股价的各种因素，让位给充满疲劳、压力、恐惧的卖方。在图形中是这样表现的：在交易区间震荡运行之后，股价最终跌破支撑区域的下限。股票 XYZ 的图形（见图 1-6）显示支撑区域在 26~26.5 元，阻力区域在 30 元左右，还有一条基本水平的移动平均线。与向上突破需要**明显放大的成交量**来确认不同，第四阶段的向下突破并不一定需要成交量的明显放大来确认。一个成交量放大的向下突破跟着一个成交量萎缩并拉回突破点的反弹是非常危险的信号。我也见过很多股价向下突破进入第四阶段后成交量相对较小的例子，接下来的几个月内股价照样跌得很厉害。因此，向下突破中的成交量放大意味着更加糟糕的情况，但也不要错误地认为成交量不大就比较安全[①]！不管怎么样，你都应该卖出这只股票。如果你的经纪人信奉价值投资，他可能试着说服你不要卖出某只股票，因为它的盈利和其他的基本面都还不错。当第四阶段开始的时候，人们还

---

① 当寻找卖空标的时，放巨量向下突破的更好，因为巨大的成交量意味着卖方十分急迫，通常这种股票下跌得非常快。

常常以为这是股价的一次向下调整。这够傻的。一旦股价向下突破，进入第四阶段，那么它上涨的可能性就非常小了（一旦向下突破发生，股票 XYZ 原来的 26～26.5 元的支撑区域就成为新的顶部，或者说是阻力区域），而下跌的风险很大。

现在，停下来，想一秒钟，然后对自己做个保证。保证自己**绝不会在第四阶段买任何股票**。同时保证自己绝不会持有任何跌入第四阶段的股票。在本书后面的章节里，我会告诉你如何设置止损位以使你的后一个保证很容易做到，这样一来，当你的股票进入第四阶段，卖出就会自动执行，以防你犹豫不决、思考再三。这会是一种机制和纪律。

不要幻想力挽狂澜。在第四阶段里硬撑的代价很大，这样做的人有"受虐倾向"。眼睁睁看着自己辛苦赚来的钱白白流走一点都不可取，也一点都不能塑造强硬的性格。为了学习关于市场这极其重要的一课，你应该听听肯尼·罗杰斯的歌曲《赌徒》。我不是开玩笑，这短短一首歌中所蕴含的市场策略，比华尔街流传的陈词滥调有用得多。想想这些智慧之语：

> 你一定要知道何时拥有，
> 知道何时加注，
> 知道何时离开，
> 知道何时逃跑。

无论你玩的是扑克牌还是股票市场，学会根据概率来参与游戏以及采用专业技巧是十分重要的。

如果在阅读本书之后，你没有学会其他的市场操作方法，只学会了不在第四阶段买入或持有股票，我能够百分之百地保证你的平均投资收益率会大大提高。当你看见下一年的个人所得税申报表，你会怀疑是会计搞错了。当然，不要错误地理解我的意思——要想成为真正的市场大赢家,你还有很多东西要学习,但不要在第四阶段买入或持有股票这个策略太重要了,所以我要再三强调。

"市场分析师"肯尼·罗杰斯接着告诉我们:

> 每个赌徒都明白生存的秘诀是
> 要知道扔什么牌,
> 留什么牌,
> 因为每手牌都可能赢,
> 每手牌都可能输。

这个观点也是正确的。多年来我见过许多投资组合,其中上涨的股票多于下跌的股票,但最终这些投资组合却损失惨重。新手们在赚了点小钱之后就迅速卖出了上涨的股票,而守着那些下跌的第四阶段的股票。然而,成熟的投资者会稳拿第二阶段的股票,"吃到"所有涨幅才离开,同时迅速抛出有问题的股票。因此,"知道扔什么牌,留什么牌"非常关键。

回想一下你自己的投资经历。有多少次你持有的股票应该在50元卖出,而你却一直看着它跌至47元、45元甚至40元?你的经纪人是如何握着你的手向你信誓旦旦地保证这只股票还值50元的?遗憾的是,这是在误导你。你的经纪人可能还会跟你说:如果这只股票在50元买入是合算的,在40元买入就更加合算。于是,你没有卖出。而且还错上加错在40元加仓了,这可是危险而糟糕的策略。你告诉自己只要股价回到45元,就能够解套。几个月后,这只40元的"便宜"股票跌到25元,下跌背后的基本面利空消息此时众所周知了。第一阶段底部开始形成时,你承受着巨额亏损将所有的股票卖出。

上面的故事是不是听起来很熟悉?这样的噩梦不会再发生在你身上了,股价下跌时,你不会再任由摆布,期望底部早日到来。相反,你可以掌控这种情形，抛掉任何有可能进入第四阶段的股票——无论你此时是盈利、保本，还是亏损。请记住，市场有自己的运行机制，它不知道也不关心你是在什么价位买入的。所以当你判断某只股票即将下跌时，果断地跟它说再见！否则你的盈利就会消失，你的小损失会扩大成巨额亏损。

我们回到图1-6的股票XYZ。请注意它首先在25.875元处向下突破，然后跌至23元，这是第一波下跌。接着，由于想以"折扣价"买入的投资者觉得此时的价格比之前便宜而进行买入，所以股价一次或几次反弹至突破点附近。从那以后，真正的下跌趋势开始了，移动平均线也开始下降。从回报/风险比率的角度看，这是整个股票周期中最危险的时候。当你想到自己不会再陷入这样的困境，并且盈利能力更强时，那将多么令人兴奋。当你打开行情软件，你会发现这只股票仍在大量交易——还有人在买入。很高兴那不会是你。

在第四阶段，每一次下跌都创出新低，而每一次超卖后的反弹都低于前一次的高点。这是典型的下跌趋势。更糟糕的是，所有的这些负面表现都发生在下降的移动平均线的下方。遗憾的是，正是在这个阶段，初学者以为股票已经跌得差不多了，以捡便宜的心态去买入。然而，捕捉下落中的火星注定会将自己灼伤！

请看图2-5中利维兹家具公司20世纪70年代初期以后的走势。你会发现在第四阶段（阴影部分），初学者妄图抄底，结果让其辛苦挣来的资金遭受了毁灭性打击。为了不掉入这样的陷阱，你应该学习图形并解读它提供的信息，它让你在追求大额利润的过程中保持冷静，遵守纪律。

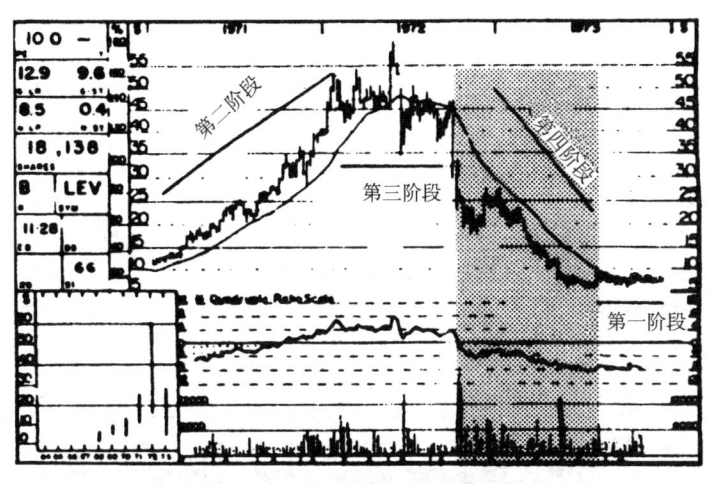

第 2 章 读千份盈利预测不如看一眼股票图形

图 2-5 第四阶段（阴影部分）

> 买的是数字

现在你理解了阶段分析的概念。研读图 2-6 至图 2-9 所示的四个图形，每个图形聚焦于一个阶段，确保你同意我对图形阶段的划分（记住：移动平均线是个股技术分析的重要起点）。

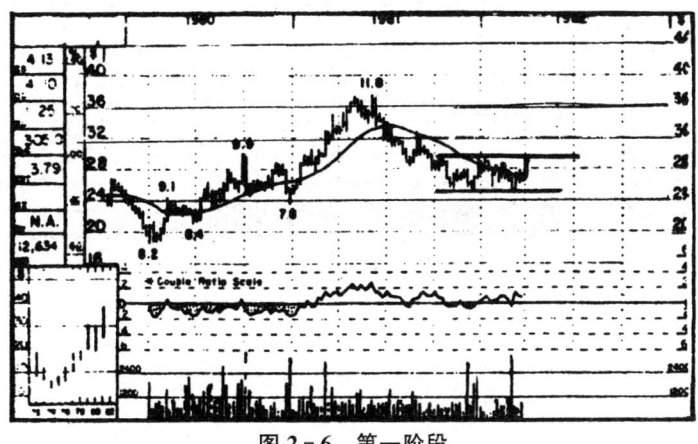

图 2-6 第一阶段

41

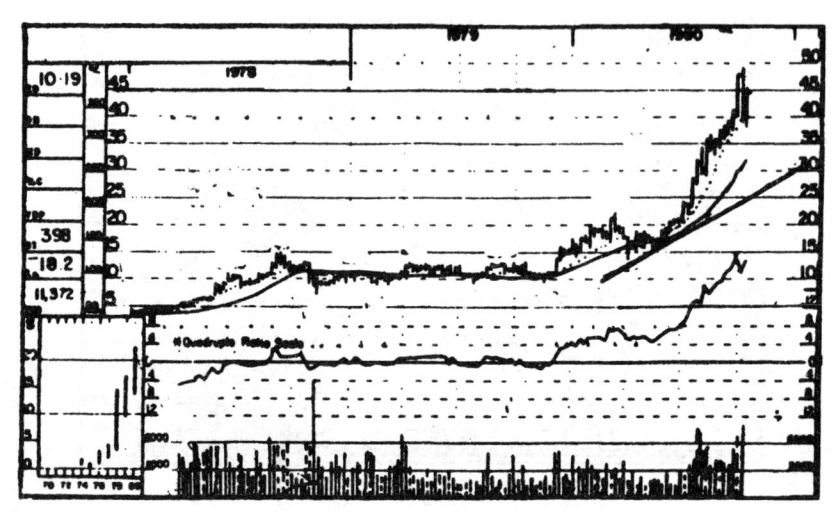

图 2-7 第二阶段

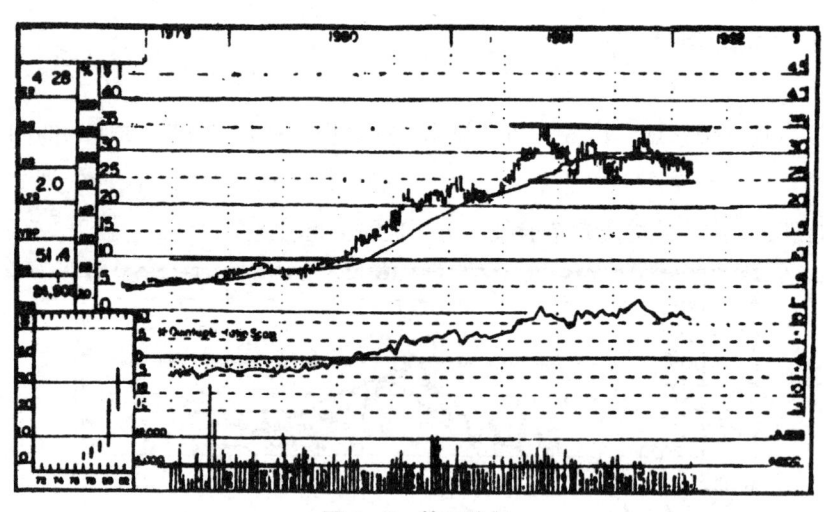

图 2-8 第三阶段

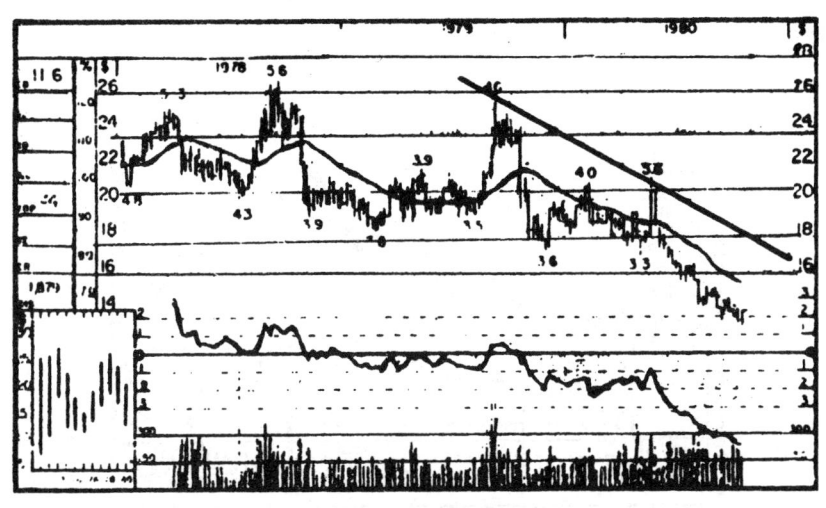

图 2-9 第四阶段

▶ 股价阶段测试

下面有一个小测试。仔细观察下面的股票图形,说出每个图形当期处于哪个阶段。研究它们直到你与答案中的判断一致,因为只有现在清楚地理解我的方法,才能保证你未来获利。答案在这些图形后面。

43

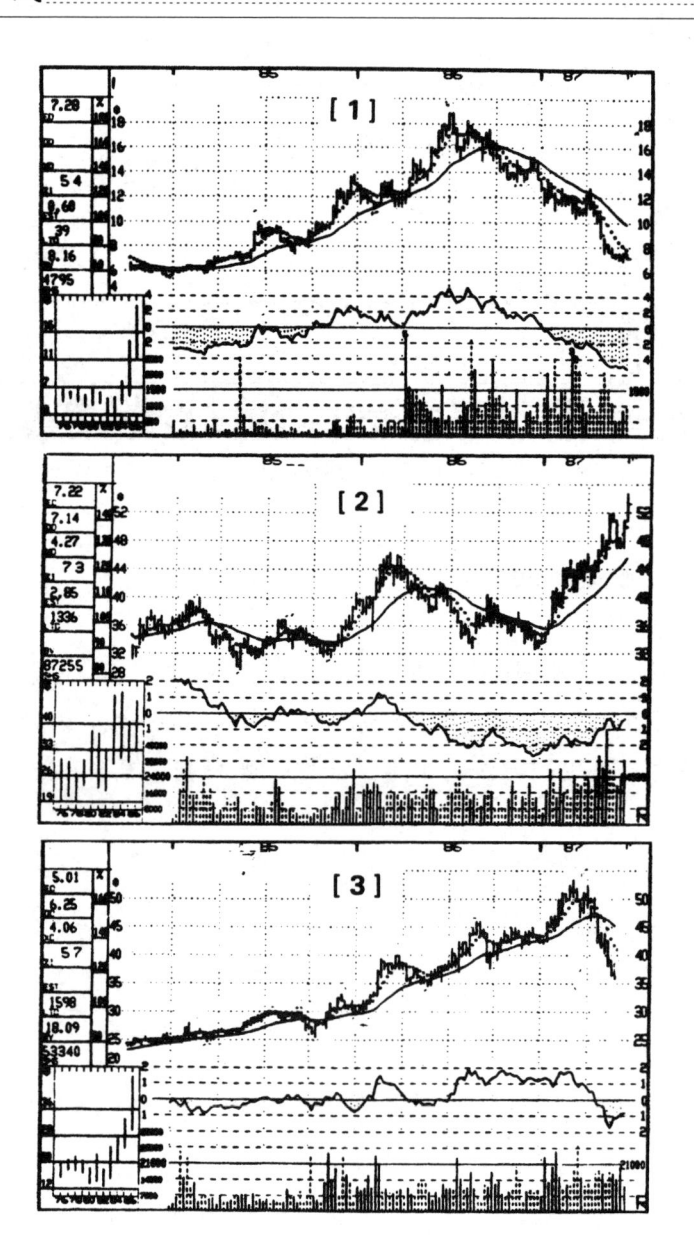

笑傲牛熊

测 试

[1]

[2]

[3]

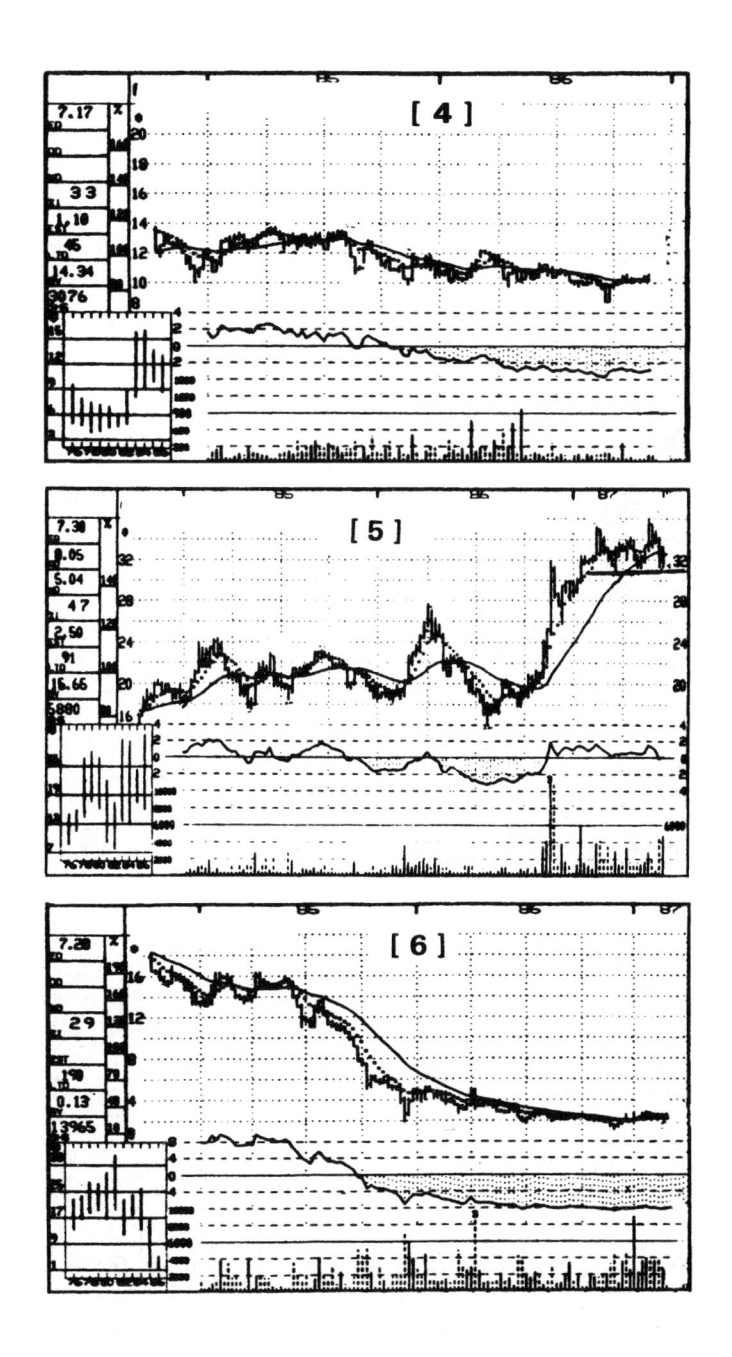

第2章 读千份盈利预测不如看一眼股票图形

[4]

[5]

[6]

45

[7]

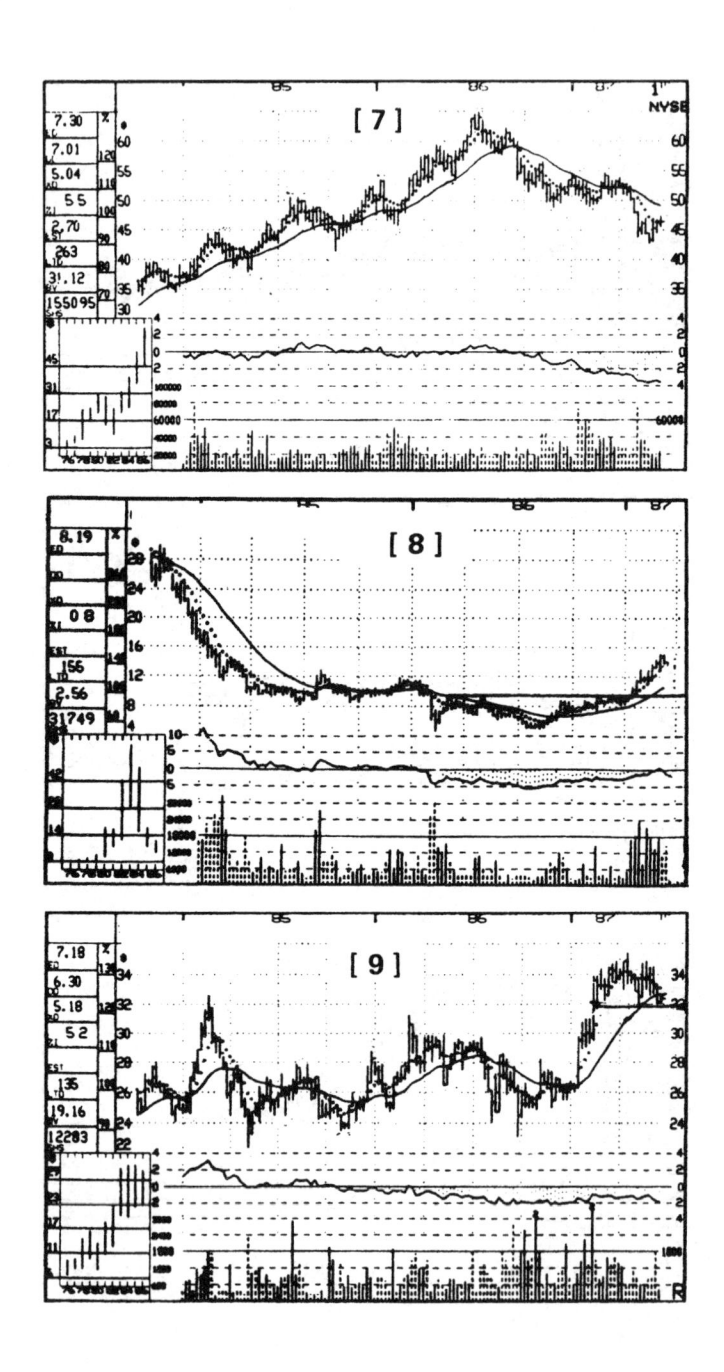

[8]

[9]

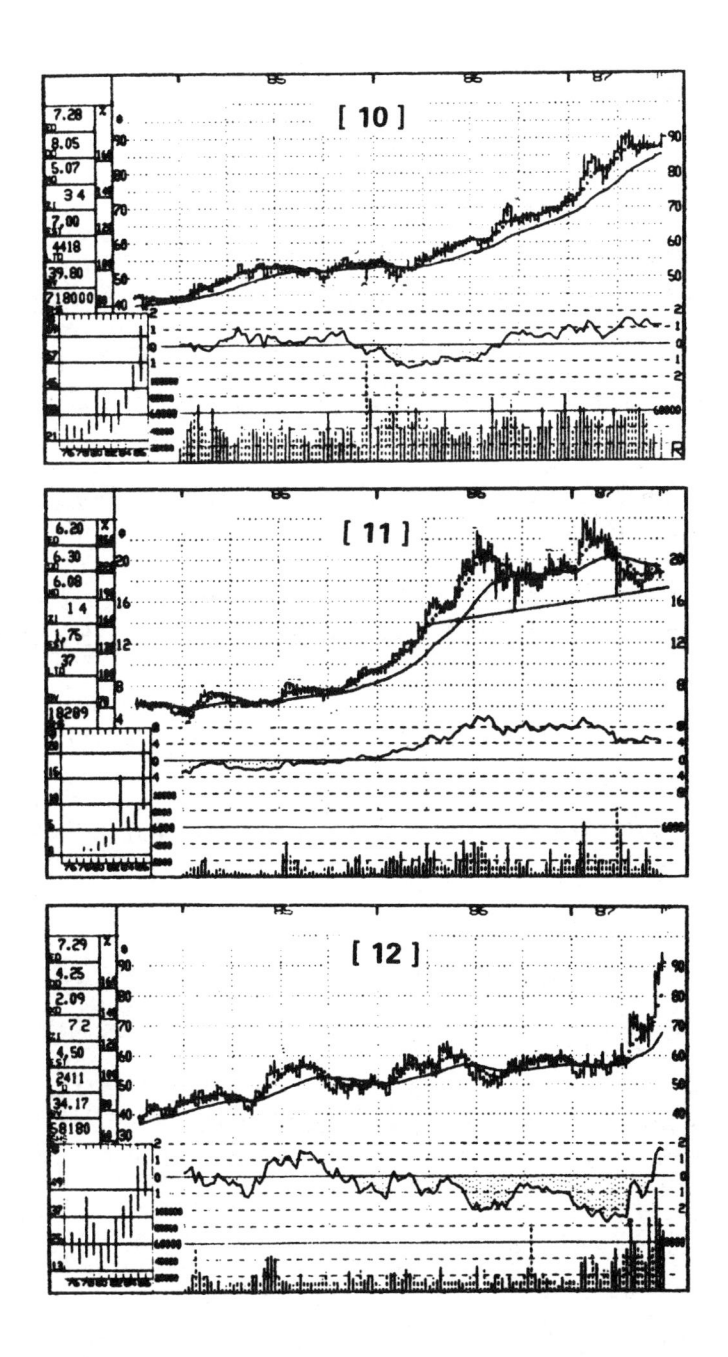

第 2 章 读千份盈利预测不如看一眼股票图形

[10]

[11]

[12]

47

答　案

1. 第四阶段。移动平均线下降，股价位于其下方。

2. 第二阶段。移动平均线上升，股价位于其上方。

3. 第四阶段。移动平均线下降，股价位于其下方。

4. 第一阶段。移动平均线走平，股价位于阻力位下方的底部区域。

5. 第三阶段。移动平均线走平，第二阶段大幅上涨后股价围绕均线上下震荡。

6. 第一阶段。移动平均线走平，股价位于阻力位下方的底部区域。发生于第四阶段的大幅下跌之后。

7. 第四阶段。移动平均线下降，股价位于其下方。

8. 第二阶段。股价向上突破重要的阻力位：9元。第一阶段完成。股价站上抬升的均线。

9. 第三阶段。在第二阶段大幅上涨后，移动平均线趋向水平，股价围绕均线上下震荡。

10. 第二阶段。股价位于移动平均线上方，这样的情形持续时间超过1年，移动平均线是上升的。

11. 第三阶段。这幅图形十分诡异，因为潜在的顶部很大，筑顶时间长达一年。然而，移动平均线依然保持水平，股价围绕其上下震荡。此外，股价始终在它主要的支撑区域以上，所以还没有进入第四阶段。

12. 第二阶段。股价远高于上升的移动平均线。

真实的世界

现在你对股价图形分析已经有一些了解了,我们来看看现实生活中在第二阶段大幅上涨和第四阶段灾难性下跌的例子,以此来说明这个方法并非"纸上谈兵"。事实胜于雄辩。虽然没有什么预测市场的方法是万无一失的,但结果可能好到令你难以置信!

在接下来的章节中,我会教你如何按计划在一些不利的情况下将负面结果降到最小。请看图 2-10 至图 2-13 这四幅图形。应该按照《专业价格分析者》的推荐在它们进入第二阶段时买入这些股票——那时它们都刚刚向上突破且处于第一阶段底部(见图中箭头处)。

施泰力住房公司(见图 2-10)的股价在 1975 年初站上 10 元时,筑好了第一阶段底部。接着其移动平均线开始上升,股价也一路上涨、上涨,逐渐抬升。在那以后 6 个月里,股价上涨到 24 元,其间所有的回调都高于上升的移动平均线,年涨幅高达 280%!

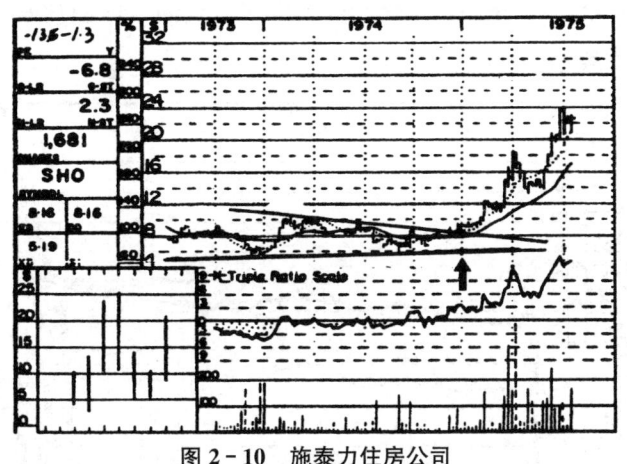

图 2-10 施泰力住房公司

ARA 服务公司的图形(见图 2-11)显示,在 1982 年当它以巨额成交量向上突破 30 元的时候，出现了跟施泰力住房公司同样的上涨模式。在后来 9 个月里，其股价上涨到 55 元左右，年化收益率高达 100%。同样，所有的回调都没跌破上升的移动平均线。

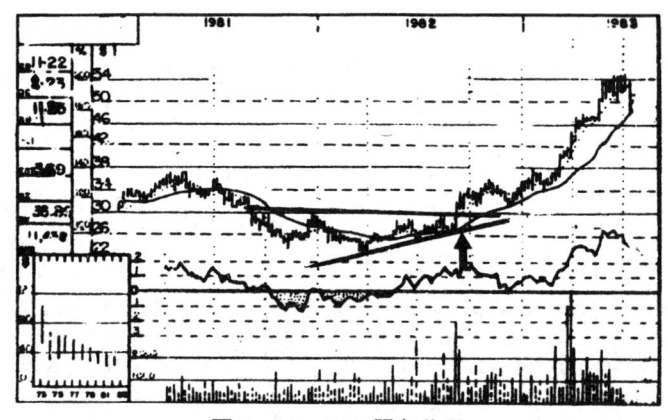

图 2－11　ARA 服务公司

特雷克斯公司（见图 2－12）股价向上突破 10 元时也伴随着巨额的成交量。毫不意外地，这只股票在其后 3 个月里的年化收益率达到了惊人的 689%。我们再一次注意到它所有的向下回调都明显高于上升的 30 周移动平均线。

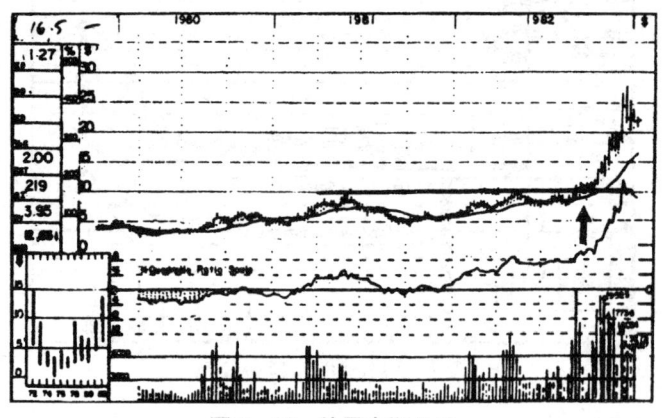

图 2－12　特雷克斯公司

最后一个关于第二阶段上涨的例子是《专业价格分析者》于1986年末推荐的麦克玻利斯公司（见图2-13），当它以巨额成交量向上突破19.5元后，短期内年化收益率就达到了250%。这只股票是四个例子中唯一不是在股价突破第一阶段并进入第二阶段时被推荐的。事实上，这只股票在1986年初就向上突破10元附近的阻力区域进入了第二阶段。接着，它看起来很像要形成一个第三阶段顶部（在15元附近的支撑区域与19.5元附近的阻力区域之间）。结果，当它以大成交量站上19.5元时，它迎来第二次突破的成功。这种情况相对比较少见——看似要形成第三阶段顶部，但最后再次进入第二阶段。这是一种强有力的形态，对交易员来说十分有利可图。所以，长期投资者大多在底部附近买进，此时风险极低，而交易员则要留心本例这种情况，因为它们通常非常强劲而快速！

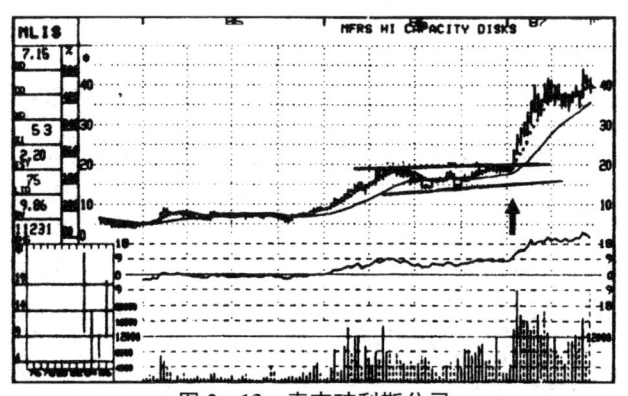

图2-13 麦克玻利斯公司

下面再来看另外几只股票（见图2-14至图2-17），如果当它们完成第三阶段进入第四阶段时你没有将它们卖出，就会极大拖累你的投资组合。令人欣慰的是，这四只股票在它们进入第四阶段时，都被《专业价格分析者》列为"卖出"。

回望1973年，雅芳是在那个时代所谓的"只管买进"的股票之一。许多聪明而懒惰的资金管理者说服他们自己：对于这些始终上涨的股票他们所需要做的唯一决定就是何时买入。千万不要相信这样的童话。世界上没有一项投资是买入以后不用管的，无论是股票、黄金、房地产、珠宝，或是商品期货。所有的投资都有周期性，一旦你在下降过程中（第四阶段）还持有它们，你会在财务和情绪上受到双重打击。当雅芳的股票结束了第三阶段进入第四阶段以后，它的每股盈利是 2.26 元；当它以每股不到 80 元的价格交易时，每股盈利为 2.30 元（滞后 12 个月）。如果你掉进了持有陷阱并相信股价最终会反弹回来，那我告诉你，此后的 14 年这只股票从未接近过当年 140 元的高点或 120 元的向下突破点，14 年后仍然在 30 多元处挣扎。

请看图 2-14 雅芳的股票图形，你会发现它和你应该熟悉的某些描述是完全吻合的。股价向下突破支撑区域，跌向 110 元。接着，反弹至 120 元出头的突破点附近。之后，真正的第四阶段登场，下一年里每一次的反弹都被下降的移动平均线压制，在这个阶段，数百万股的买入全是受危险的"猜底"驱动的（因为股价在 80 元时似乎很"便宜"，接着 70 元，然后 60 元）。如果你学习我的方法，并严格执行，这样的事情就再也不会发生在你身上。

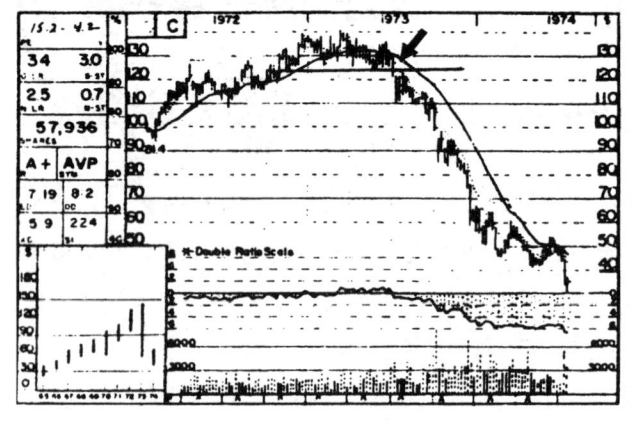

图 2-14　雅芳公司

第 2 章　读千份盈利预测不如看一眼股票图形

当有线电视节目开始大受欢迎时，提词器公司（见图 2-15）成为那个时代的又一只明星股票。尽管其基本面令人振奋，但当其股价跌破移动平均线和重要的趋势线以后，提词器公司股票就明显地完成了顶部的构筑。股价开始急速跌至 30 元，接着又反弹至突破点。之后，提词器公司遭遇了报复性的跳水，一路下跌。所有的反弹都止于或低于移动平均线，跌幅超过 90%。

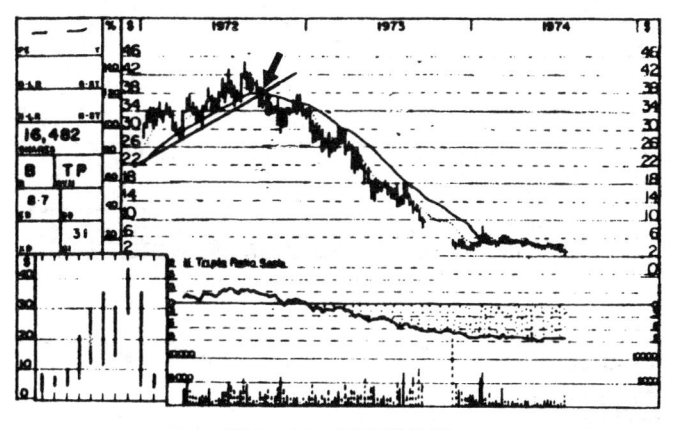

图 2-15　提词器公司

就像一句谚语所说："万变不离其宗。"这样的危险形势同样出现在 1986 年末。这一次，两只新秀——艾迪公司（见图 2-16）和艾多光电公司（见图 2-17）——在之前的超级牛市中一飞冲天。就好像是为了证明基本面分析的局限性一样，在艾多光电股票大跌前几天，一家较大的经纪公司还对这只股票给予了"买入"的推荐。之后的情形再一次像你预计的那样。在这两个例子中，当第三阶段的顶部构筑完成以后都出现了明显的卖出信号：先是股价快速下跌，接着有一次反弹，其后卖压轰鸣而至，使得所有超卖后的反弹都没有站上移动平均线。我敢说，类似的情形在未来还会一再发生。这些曾经迷人的股票将会轰轰烈烈地下降，而打算抄底和捡便宜的人这时会去抓住他们

53

以为的"大机会"。而你的投资策略非常清晰：卖出以避免第四阶段的下跌。在某些情况下你甚至可以进行卖空操作——我们以后会谈到——当公众的损失增大并抱怨他们运气不佳的时候。

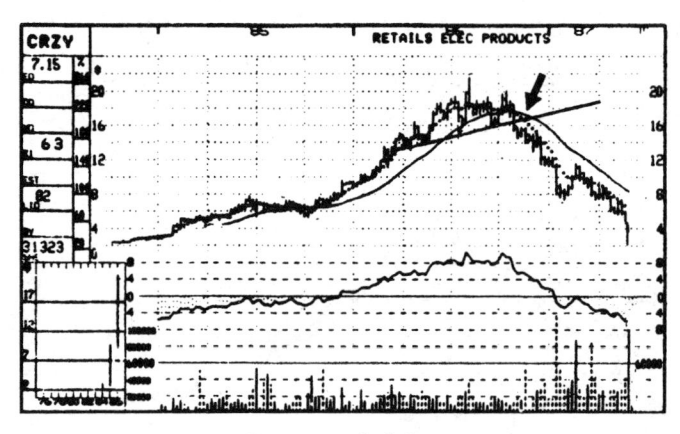

图 2-16　艾迪公司

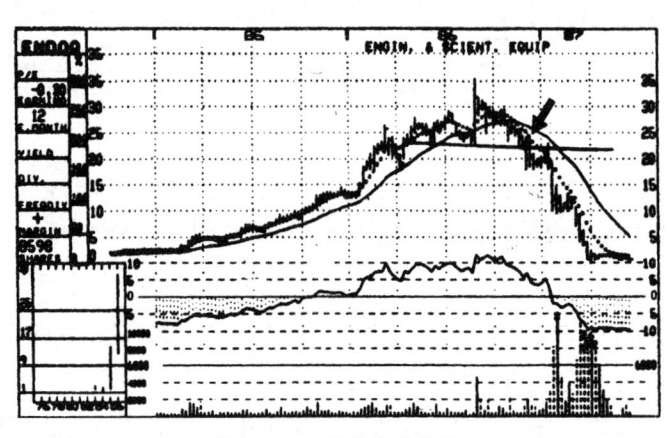

图 2-17　艾多光电公司

你是否有了全面的了解？通过让市场消化已知和预期的所有相关基本面信息，跟随市场的判断而不是你读到的新闻报道或券商报告，你的平均收益率就会显著提高。

在我的研讨会上经常出现的问题是："你的这种方法能否运用到

其他领域,像大宗商品或者共同基金?"答案很简单——当然可以!以供求关系为基础进行交易的任何领域,都可以进行图形分析并用完全相同的形式进行解释。不过需要注意:在大宗商品市场或股指期货市场,其时间框架将大幅缩短,第二阶段的上涨可能在几周内就完成了,而不需要几个月。所以你需要一条较短期的移动平均线。

现在请看现货黄金周线图(见图2-18)和它的30周移动平均线。在1983年,黄金从第三阶段顶部下跌(向下的箭头)至第四阶段,在这一过程中,人们无休止地谈论通货膨胀,并觉得金价会涨到每盎司1 000~2 000元。在接下来的几个月里,黄金价格下跌至300元以下。1985年,当通货膨胀下降至很低水平,公众期望黄金价格进一步降到150~200元再买入时,底部形成了,移动平均线停止了下降。当黄金价格向上突破平缓的下降的趋势线时(向上的箭头),一个新的黄金牛市来临了,在这个牛市中,黄金价格涨至近500元!

图2-18 金价走势

最后,如果你打算做共同基金的申购赎回,这个方法也是很有用的,特别是对于投资于无佣金和低佣金的行业基金很有帮助。行业基金是你应该掌握的一种投资工具，我们在后面会详细讲到。现在，请看图2-19。你可以看到，如果当杰纳斯基金进入第二阶段时就买入它的话，获利是相当容易的。1982年9月，这只基金结束第一阶段底部之后价格在3.5元左右（见箭头），正向上突破其下降趋势线。

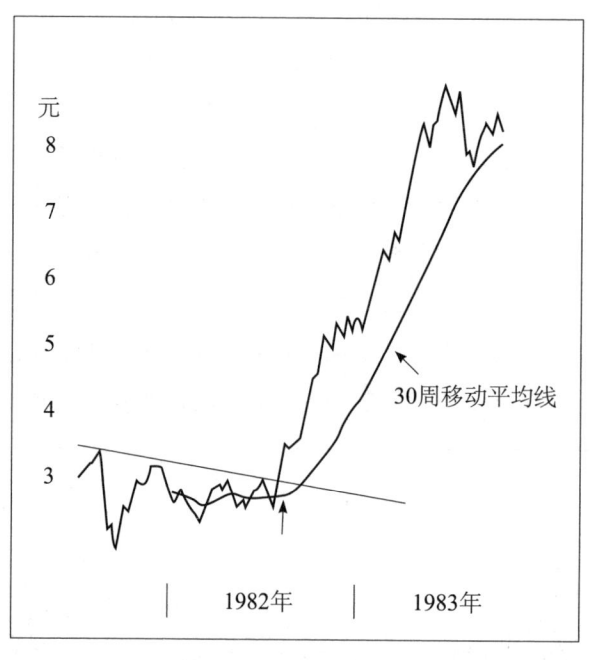

图2-19　杰纳斯基金

无论你对基本面的价值分析多么热衷，我都希望你能明白技术分析方法的价值。随着接下来各章节内容的深入，你会更有信心和能力去运用这种方法。所以，继续阅读、消化、思考。以后在你听到某人轻易贬低技术分析时，一笑而过，不用争辩。投资者之间的分歧是非常重要的。如果每个人都使用技术分析方法，对涨跌都有一样的看法，那么市场第二天就无法运行了。另外，如果我们想要在市场上获得可观的利润，我们需要"无知的大多数"。

第3章

理想的买入时机

▶ **怎么买、什么时候买以及买什么**

在前两章中,你实际学到的比你自己意识到的还要多。你现在能够看着自己的投资组合并对照图形,分辨出优劣。你不会再盲目地听从经纪人的建议,而能够快速地看出你的投资组合中,哪些股票盈利概率高,哪些很可能会给你带来损失。知识就是力量,你现在正在变成大力士的过程中。但你仍有一些重要内容有待学习,现在地基已经打牢,你能轻易地分辨处于第二阶段的牛股和处于第四阶段的熊股。

下一步就是要构建建筑物的其余部分,找准理想的买入时机。另外,知道如何实施买入操作与知道买什么股票同样至关重要。尤其是在一个喧嚣的大牛市中,当你浏览股票图形的时候,你会发现有上百只符合买入条件的股票,这时学习如何精选出具有超级上涨潜力的A$^+$型股票,同时剔除掉普通的股票,就非常非常重要了。

在本章后面部分,我们会解决"买什么"这个问题。实际上知道

"买什么"比知道"什么时候买"要困难得多。但在此之前你需要掌握基础知识，即清楚地知道在何处进场。当你发现某只股票的图形有大幅上涨趋势时，会出现一个买入的完美时机，这个完美时机就是我们马上要讨论的焦点。

▶ 投资者的买入方式

对于投资者来说，买入一只股票有两个合适的时机，这两个买入时机的中心位置都在股价向上突破点附近。第一个买入点，就是股价初次突破第一阶段并进入第二阶段的时候。第二个，也是更安全的买入点，就是当推动首次突破的狂热的买方力量耗尽，股价回抽至突破点附近的时候。在回抽时买入的好处在于你可以评价和判断你看到的情况。成交量是否明显放大？股价是否远离了突破点？成交量在回抽时是否萎缩？或者股票 XYZ 只是稍微突破了阻力区域，接着又回落至阻力区域以下？——这种状况多半值得警惕。一旦你从这些方面审视，你就会清楚你关注的股票潜力是 A^+ 还是 C^-。

那么，哪种策略最好呢？你应该等待并且只在回抽时买入吗？不！如果你一味等待这种低风险买入时机，你就可能错过那种超级大牛股。这些不回抽的股票像火箭升空一样强势上涨。它们才将成为真正的大牛股，我们当然不希望自己被留在发射台上。如果你是一名长期投资者，可以折中处理，在首次突破点附近买入拟持仓数量的一半，至于另一半，如果你认同这只股票在向上突破后的表现的话，就可以在股价回抽至突破点附近时再买入。不过，如果你是一名想买入这只股票的交易员，你就可以在首次突破点买入拟持仓数量的全部。股价的首次上涨对交易员来说就是一次本垒打。在迅速卖出获利以后，你可以在回抽时重新买入，期待第二次好的击球。

图 3-1 形象地显示了整个过程。A 点是首次买入的理想时机，对投资者尤其如此。在这个点上，风险非常低，因为你的买入价格只比底部支撑略高。同样重要的是，在此点买入后上涨的潜力巨大，因为整个第二阶段的上涨即将开始。这时买入唯一的不足在于还需要一些时间来积攒第二阶段充足的上涨动力。与生活中的其他事情一样，没有免费的午餐，这是一种成本收益的权衡。你的投资有着非常不错的回报/风险比率，但常常需要以耐心作为代价。在大约25%的例子中，其上涨是短暂的。对于投资者来说，这不是什么大事，却会让交易员"发疯"。因此投资者在第二阶段早期的买入要比交易员多得多。

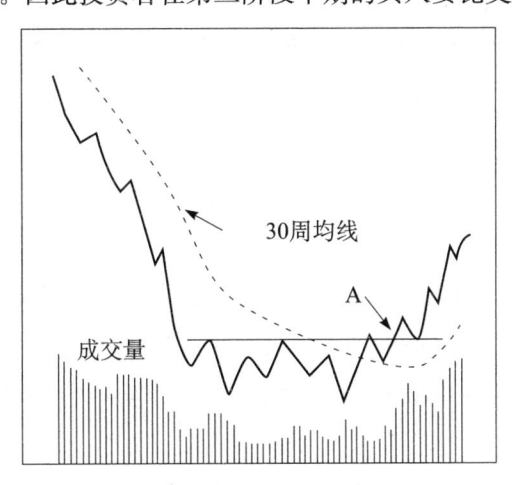

图 3-1 投资者的理想买点

以上是理论。现在我们来看看现实生活中的例子。1987年初，墨西哥基金在3.25元处向上突破（见图3-2中的箭头）。在几天里价格迅速上涨35%，与此同时，成交量也开始放大。首次爆发的买入使股价暂时摸高到4.375元。两周以后，价格回落至3.375元——非常接近最初的突破点。同时成交量也明显萎缩，这时你应该将剩余一半仓位买入。此后，上涨动力积攒完毕，放出巨量，在接下来的9个月里价格飙升至14元，投资者迅速获得了330%的投资回报。

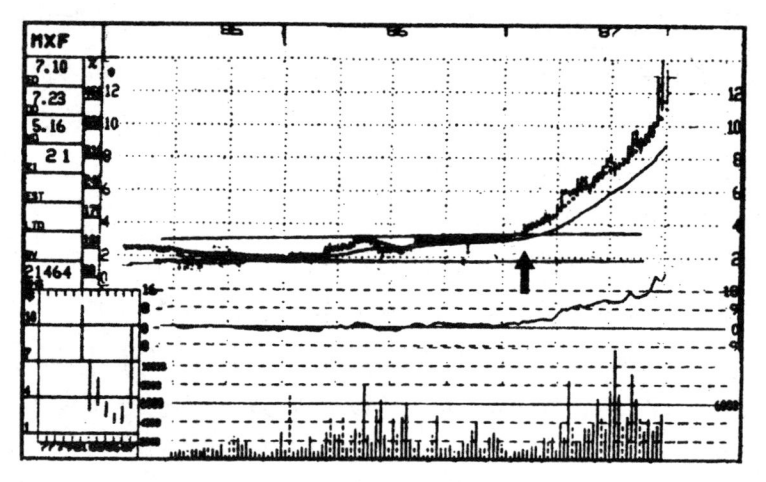

图 3-2 墨西哥基金

➤ 交易员的买入方式

对于一次新的买入来说，还有另一个非常有利可图的买点，如果第二阶段上涨过程进行顺利，当股价回落至移动平均线附近并横盘整理，接着重新向上突破其阻力区域顶部时，这个买点就出现了（见图3-3中点A）。这时的买入称为**追加买入**。同样，这里也涉及风险和收益的权衡。在这个例子中，再次快速上涨的概率非常大，但也有着较大的风险——此时第二阶段已经开始了一段时间，假突破的可能性增大。这种类型的买入更适合交易员而非投资者。不过，当整个市场非常强势，没有多少首次突破机会的时候，投资者也应该买入一些第二阶段末期的股票。在一个较大的牛市初期，许多股票都是第一次向上突破它们的底部（例如，在1982年第三季度，上千只股票都首次突破了第一阶段底部），投资者可选择的机会较多，因此完全没有必要进行追加买入。到了牛市的后期——如在1986—1987年——还处

第 3 章　理想的买入时机

于第二阶段初期的股票所剩无几，但追加买入的机会却大量出现。这时，即使是投资者也应该进行一部分追加买入。

图 3-3 显示了这种买入究竟是怎样的。移动平均线必须有清晰的上升趋势，这非常重要！马拉松选手需要在最后冲刺前保存体力，第二阶段上涨的股票也是如此。如果某只股票的移动平均线开始上下波动和走平，你就不能买入。即使它延续了趋势向上突破，也不可能具有你所希望的那种动力。相反，应该寻找类似图 3-3 这样动力充足的个股。

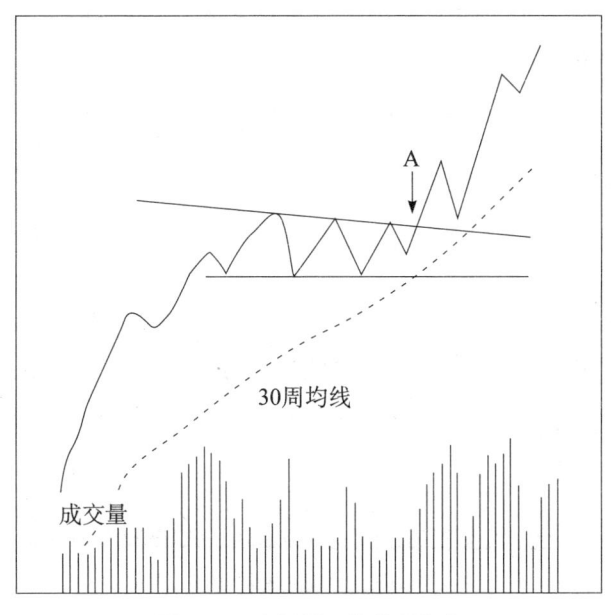

图 3-3　交易员理想的买入点

斯威夫特能源为我所讲的内容提供了教科书般的例子。在形成了一个长达数年的底部阶段之后，1986 年初斯威夫特能源的股价在 2.125 元处向上突破（见图 3-4 中箭头 A）。在接下来 6 个月里，这只股票强劲地上涨至 5.375 元，收益率超过 150%。普通投资者以及某些技术分析人员开始嚷嚷股价太高了。这是错误的。在其后的5个月里，其30周移动平均线不断上升，这只股票也开始横盘整理，巩固了其巨大的盈利。1987年2月，斯威夫特的股票在5.5元处向上突破了新的横盘整理区域（阻力区域，见图3-4中点B），并在接下来的4个月里火箭般迅速上涨超过240%。毫不意外的是，它再也没有回调至5.5元这一突破点附近（当它刚进入第二阶段时，曾经回调至2.125元——第一次的突破点附近）。80%的股票在首次突破后都会出现明显的回抽，但二次突破后回抽的不到50%，尤其当这只股票会成为龙头股时。因此，对于这种类型的向上突破，正确的策略就是当它突破重要阻力区域时，全仓买入。

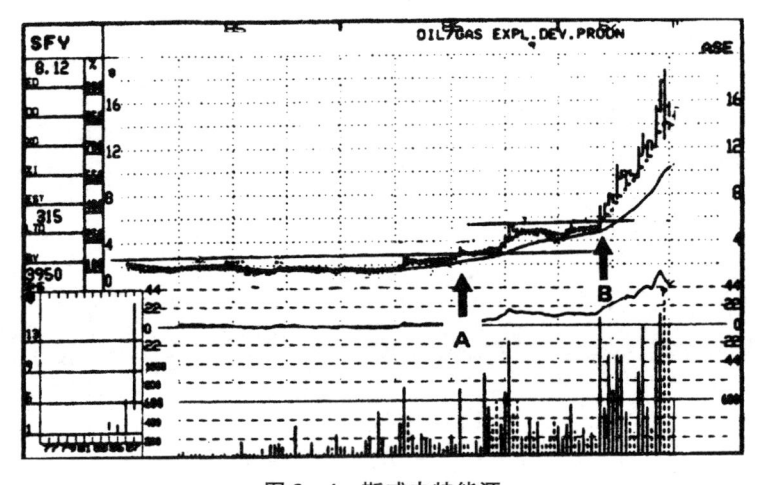

图3-4 斯威夫特能源

虽无正式规则，但以经验而言，我认为，长期投资者75%～80%的仓位应该在第二阶段初期买入，剩余仓位则在二次突破时买入。对于交易员来说则相反，应该在第二阶段中股价在移动平均线附近横盘整理之后，再次向上突破时买入仓位的80%，剩余部分在第二阶段初期买入。

深入分析

现在让我们慢慢审视某一只股票经由第一阶段底部进入第二阶段的过程，这样关于何时买入你就会十分清楚。请看图3-5，注意股票XYZ是如何在8元附近的支撑区域和12元附近的阻力区域之间运行的。整个底部阶段，股价都在30周均线附近运行，此时的均线不再呈陡峭的下跌状而是开始走平。它一旦向上突破12元的阻力区域，买入这只股票的最佳时机就到来了。记住：底部越大，上涨潜力就越大。

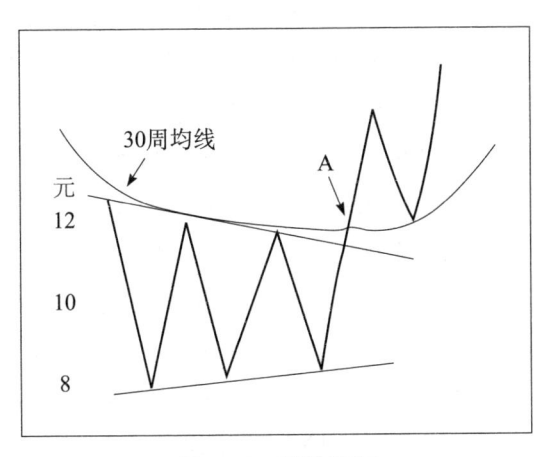

图3-5 股票XYZ

但是，如果激动人心的向上突破发生时（见图3-5中点A），你正在工作或是休假，怎么办呢？当晚上你拿起晚报发现这一点时会懊恼不已。XYZ昨日收盘价为11.5元，今日收盘价为14元，上涨2.5元，但你却错过了它。你应该做的不是第二天不惜一切代价买入，也不用给你的投资顾问打几十个电话追问情况。事实上，这样的处理方法反而会伤害你。首先，这些做法会导致你做出情绪性的决定，这是万万不可的。我发现自己这些年最赚钱的决策总是在深夜或是周末做出的。这不是巧合。在这样的时间里你可以冷静分析图形所给出的信息，而不会受到来回震荡的大盘指数或是经纪人电话的影响。其次，平时应该将重点放在你的工作上，这非常重要。一个好的、轻松的投资方式可以使你压力更小、获利更多。另外，也不要低估成熟心态的重要性，因为即使在最好的环境中，市场的压力仍然很大。

➤ 使用止损买单

从现在开始，无论何时，只要你想在突破点附近买入个股，请使用止损买单。有的读者已经知道那是什么，但是不会用；少数有经验的玩家用过它。大多数人不仅没用过，连那是什么都不十分清楚。现在，一切即将改变。学习适当使用这项专业技巧，是你将要掌握的另一个成功投资秘诀。从现在起你将会非常频繁地用到这个指令。在以后的章节中，我会告诉你如何使用与它原理相似的止损卖单来保护你的盈利并在一笔投资没有成功时将损失减至最小。

止损买单的作用就是告诉专业人士你想买入股票 XYZ。但是，至关重要的是，**仅在**这只股票向上突破某一水平时才买入。在我们理想的股价周期图中（见图 1-6），只有在股票显示出足够强劲的动力，向上突破 12 元附近的阻力区域时，我们才买入。设置一道在 12.125 元处 1 000 股的止损买单，如果 XYZ 没能突破 12 元，是不会发生买入行为的。一旦它越过了 12 元这个关键价位，"立即以市价买入 1 000 股 XYZ"的指令就会发生，而你不需要一直盯着这只股票。你甚至可能都不知道你的指令是什么时候被执行的。但请注意，它**不一定会成**交于 12.125 元，而可能会以 12.125 元、12.25 元甚至 12.375 元的价格被买进；但在大多数情况下，它会非常接近你的理想价格。然而，如果这只股票是在场外交易，就不允许设置止损买单或止损卖单。这时，你必须与经纪人打交道，让他帮你监控，一旦股价突破阻力区，就为你买进。

使用止损买单对我们学习的市场策略来说很重要。在结束这个话题之前，还有一些重要的提高技巧要掌握。在市场或生活中，没有一件事是单方面的。止损买单会帮你盈利，但也得注意一些潜在的风险。这种指令存在的一个问题是你可能执行得很差。虽然可能五十次中只会发生一次，但坏事发生一次也太多。

下面就来说说如何确保这种事情不会发生在你身上。假设股票 XYZ 昨天收盘价是 11.625 元。通过分析图形，你认为它很可能要向上突破 12 元附近的阻力区域了。第二天早晨开盘前你给经纪人打电话，下达了一道在 12.125 元处以止损买单买入 1 000 股 XYZ 的指令。遗憾的是，就在开盘前这只股票的利好消息公布了，开盘价就是 15 元。现在，你不是在理想的 12.125 元处进入，而是骄傲地以 15 元一股的价格成了 XYZ 公司的股东。虽然成交了，但此时的价格已经不是理想的买入点了。此时的回报/风险比率远远低于在 12.125 元处买入的比率。正是由于这种潜在的缺点，一些交易员和投资者试图解决这个问题。他们使用了限价止损买单，这意味着只能以你的理想价格（此处为 12.125 元）买入，而其他价格都成交不了。我发觉这样的委托单更不好，因为它所造成的问题比它解决的问题更多。当股价突破时，你根本没有机会买进，因为它快速穿越 12.125 元，而你的买单永远无法成交。这种情况不是每五十次中发生一次，而是每四次中就可能发生一次。

> ## 在限价以内买入

怎么办呢？有一种类似的限价止损买单，很少有人知道。它综合了最佳的止损概念，在你理想的买入价上方一些的位置设定限价。当股价穿越12元，如果想买进，我们在12.125元处设止损买单，同时在突破点上方0.25点处设限价——本例为12.375元。因此我们委托单的条件是：买入1 000股XYZ，12.125元止损——12.375元限价。这下你买入该股便不会有任何问题。如果该股成交量很低，你就需要将买入的限价范围扩展至突破点以上0.5元，即买入1 000股XYZ，12.125元止损——12.625元限价。这样，你就可以放松心情了，不用再担心有可能以高得吓人的价格成交。

另一个潜在的问题就是当你在周一或周二输入指令时，股票并未立刻突破，接着在周三，你非常忙而忘记了输入指令。结果：墨菲定律起作用了——有可能出错的事情，就一定会出错，这只股票开始向上突破。你的委托单没有下，这只股票从你面前一骑绝尘。每一个市场老手都有类似经历。有句古老的市场谚语说："市场会如你希望的那样变化，但不会在你希望的时候。"这是千真万确的。在市场上浸淫多年之后，我坚信奥图定律："墨菲是个乐观的人！"因此，任何能够减少市场上潜在不利因素的工具都是有价值的！这就是下一项技术令人难以置信的原因，它很简单但却非常实用。

假设你复盘时发现了两到三只股票具有潜在上涨形态，如果它们突破，你就想买入。你只需要按照以下步骤操作：对三只股票设置一个**撤单前有效**的限价止损买单。这意味着你和其他专业投资者一样有了一个常设指令，这个指令直到你撤单前或是成交后才结束。要注意的是你需要对成交情况给予关注，如果你忘记了这个指令，那就是你的责任了。当两三个星期以后你发现自己买入了2 000股XYZ的股票你会非常吃惊。现在，你的买单应是：买入1 000股XYZ，12.125元止损——12.375元限价，撤单前有效。

使用撤单前有效的限价止损买单会帮助你形成几方面的好习惯。

首先，你不用每天紧盯着市场行情，可以更专注于本职工作。其次，你会做出更好的、更冷静的决策，因为这些决策和日间疯狂的市场行为无关。一天之中的大幅波动常常使你不安和恐慌，从而被震荡出局；或是市场突然的强劲表现使得你不顾一切冲上去买入，因为感到市场似乎突然要扔下你飙升。不要以这种方法操作。学习如何以有纪律且轻松的方式适当地买入股票是至关重要的。运用我的阶段分析方法，并与撤单前有效的限价买入指令结合，一切都会自动完成，这就是我们想要的。经过这些年，我明显地发现我的投资系统越是"机械"化、越少受到主观判断和情绪的影响，其盈利能力就越强。有意思的是，这个微妙但重要的事实得到了数十位华尔街职业投资家的肯定。我与他们交谈过，他们经过艰难的探索得到了同样的结论。

为什么会这样？很简单。因为我们都是普通人，恐惧和贪婪这两种可怕的情绪对我们有相当大的影响。恐惧使得你惊慌并在底部卖出，而贪婪又驱使你在顶部附近买入。这两者就是公众摇摆心理背后的驱动因素。为了不受"恐惧—贪婪综合征"的影响，应在每个周末抽出时间不受情绪影响地研究图形。你真的只需要一个小时就足够了，当然，你花费的时间越多越好。列一个清单，把你从许多图形里挑选出来的具有很好上涨潜力的股票记录下来。然后，每个晚上跟踪和研究这几只股票的图形，以及你投资组合中的其他问题。这种简单的练习会帮助你形成更加敏锐的市场感觉。当你根据你的可盈利的操作计划认真执行时，你会感到轻松和自信，不会感到不堪重负。

➤ 应该熟悉的涨跌规律

在进入"买什么"这个具体问题之前，我们来熟悉一些市场规律。它们令人难以置信地重复发生，所以你应该了解。它们会使你在辨别何时应该更激进，何时应该更小心时具有特别的优势。对于交易员来说，了解这些规律尤其重要，即使是投资者，通过关注这样的规律也能明显提高平均收益率。据我所知，技术分析者中几乎没有人像亚瑟·美林和耶鲁·赫希一样在这个领域研究得这么深入。美林的著作《华尔街的价格行为》和赫希的著作《不要在周一卖出股票》都是关于这个主题非常好的书籍。在下面几页，由于得到了这两位作者的允许，我将会大量引用他们超棒的数据，这样你就能更好地理解这些重复发生的市场规律。

我们要谈的第一个循环规律是最重要的。不论交易员还是投资者，都应该十分熟悉它——为期四年的总统选举循环（见图3-6）。

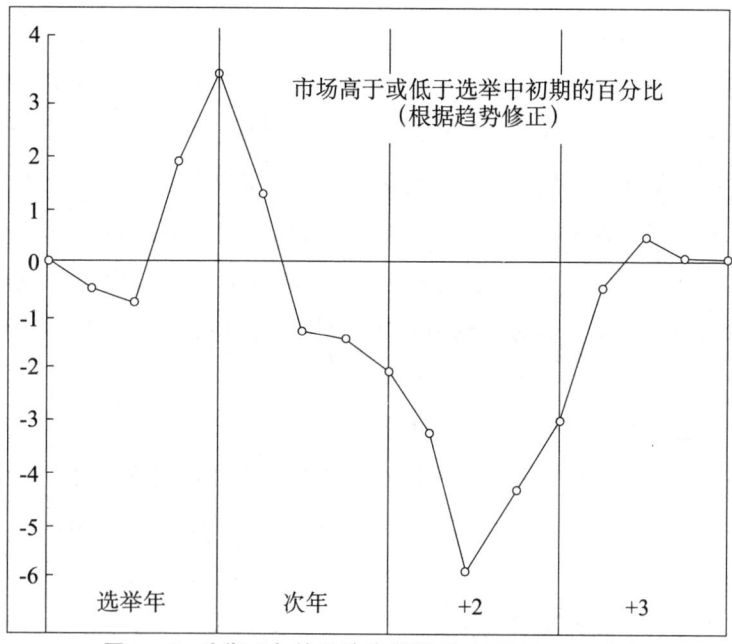

图3-6 为期四年的总统选举循环（1886—1983年）

资料来源：亚瑟·美林：《华尔街的价格行为》。

许多投资者错误地认为最好等到在选举之后再买入股票。他们的理由是华尔街更喜欢促进商业发展的共和党总统，如果选出了一位民主党总统，市场就会下跌。从以下两方面来说，这个观点都是错误的。第一，在整个20世纪里，在民主党总统当政期间的道琼斯工业指数要比在共和党总统当政期间上涨得更多，尽管其中的一些上涨是由于民主党执政时期更高的通货膨胀引起的。第二，也是更重要的一点，无论谁当选为总统，选举结束后的一年对于市场来说通常都是灾难。熊市出现的频率相当高。因此毫不奇怪，1969年、1973年、1977年和1981年，这些选举后的第一年都是显见的熊市（当然也有例外——1985年是牛市）。从历史上看，在选举后的第二年里熊市继续的概率很高，通常会持续到第二年的中期，直到底部形成（如1982年8月）。第二年剩下的时间会是牛市。总统任期的第三年是整个周期中市场最好的时候（直到1987年8月都没有例外）。第四年，又是一个选举年，市场行情起伏不定，通常上半年表现不佳而下半年上涨强劲。

在过去的100多年中，这个四年的循环周期表现出令人难以置信的规律性，似乎市场的大戏是由政治家们在谱写剧本。毕竟，任何一位总统都想获得连任，所以在连任选举开始的前两年里刺激经济合乎情理。而当他们成功地被选为总统后，通常会立即处理棘手的事情，这样在下一次刺激之前经济有足够的时间增长。因此，你应该紧盯市场指标，尤其是在选举后，这相当重要。

根据历史数据可以看出，不同年份中同一月份的市场表现同样存在规律。根据美林的数据，在过去80多年里，12月一直是表现最好的月份。这个结果是他简单地统计每个月中道琼斯工业指数是否上涨而得出的。在历史上的12月里，道琼斯工业指数上涨的概率为68%。

此外，图3-7显示，每年11月、12月和次年1月这三个月是一个市场年度中涨势最好的90天。这说明年末上涨不是神话。7月和8月也会出现明显上涨,这也支持了"夏季上涨综合征"这一说法。同时,2月、5月、6月和9月的市场表现非常不好,除非图形和指标都表现得非常强劲,否则这几个月对投资者来说是比较清闲的。所有的这些事实推翻了马克·吐温的论断,他说:"对股票投机来说,10月是特别危险的月份之一。其他的月份分别是:7月、1月、9月、4月、11月、5月、3月、6月、12月、8月和2月。"

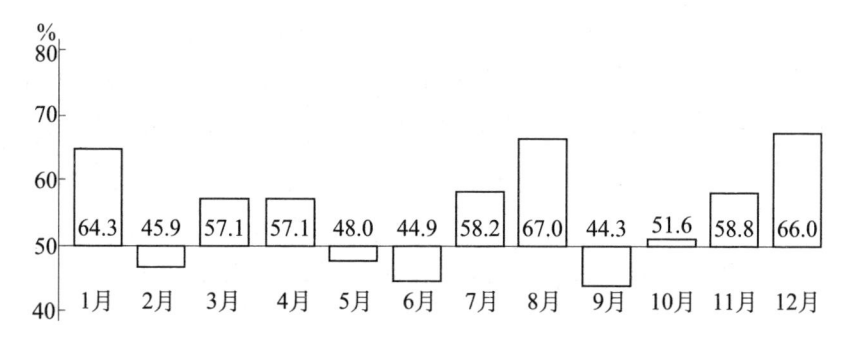

月份	百分比
1月	64.3
2月	45.9
3月	57.1
4月	57.1
5月	48.0
6月	44.9
7月	58.2
8月	67.0
9月	44.3
10月	51.6
11月	58.8
12月	66.0

图3-7　1897—1983年道指在各月上涨次数占总统计次数的百分比

资料来源:亚瑟·美林:《华尔街的价格行为》。

耶鲁·赫希在他的书中做了一些有趣的研究,这些研究是根据1950年以来标准普尔综合指数上涨或下跌的百分比而得来的。总的来说他的结论与美林的研究结果类似,但也有一些值得注意的不同之处。他的研究同样认为从头年11月至次年1月是很可能上涨的阶段,不过上涨最多的月份是11月,12月以微弱差距排在第二。此外,受益于近年来美国个人退休账户的买入,4月市场的表现也相当不错。表现较差的月份仍然是2月、5月、6月和9月。

现在让我们在显微镜下近距离观察一周内的每一天。同样,现实和臆测再次发生碰撞。普通投资者认为在经过一个愉快的周末之后,市场在周一会上涨。他们总听到这种说法,所以他们认为周五市场会跌，原因是交易员周末之前卖掉股票就不用担心周末出台的消息对股价造成不利影响。这简直大错特错！赫希的数据（见图3-8）显示，周一是一周内表现最糟糕的，而周五是表现最好的。在熊市里，周一尤其可怕，这也是"忧伤的星期一"的来由。历史上著名的1987年10月508点的暴跌就发生在星期一，这并不令人惊讶。对交易员来说，明白熊市中周一常常会有大幅下跌非常重要，但是周二成交量经常很低，特别是当周二开盘后的60～90分钟延续了周一的跌势时。但即使是在牛市里，周一也肯定没有什么值得兴奋的表现。

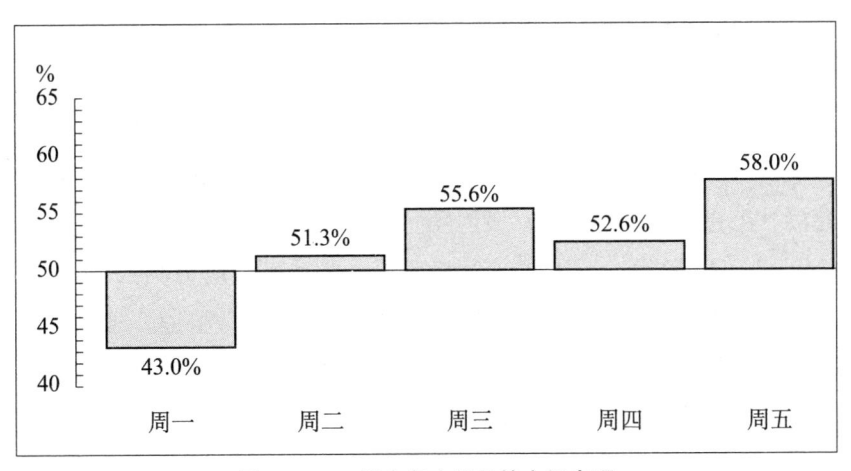

图3-8 一周中各交易日的市场表现

注：(1) 统计区间是1952年6月至1985年6月。
(2) 统计对象是标准普尔综合指数比前一天收盘高的次数。
(3) 如果周一是假期，则其后的那个周二包含在周一的数据中。
(4) 如果周五是假期，则之前的那个周四包含在周五的数据中。

最后，需要澄清一个关于假期的误区。美林在他的书中写道，报刊的头条经常是这样的："尽管假期来临，但市场依然上涨——与通常在长假之前卖出股票不同，这次市场仍在上涨。"这也是错误的！事实恰好相反。在假期前一天通常都是上涨的。在大约68%的这种日子里，整个市场都是上涨的。

当然，如果一个很好的向上突破发生在周一，或者 5 月，仍然应该买入。不过，当你对自己的投资组合做调整时，了解我为你提炼出来的这些重要规律还是值得的。学习这些内容有利于知道何时应该积极大胆，何时应该小心谨慎，并且能够使你对买入卖出时机把握得更加精准。花时间熟悉这些规律——你所花的时间会给你带来盈利——是值得的。

➤ **什么不可以买**

在进入接下来非常重要的问题"买什么"之前，我要确定你明白什么不可以买。初学技术分析的人甚至一些不应犯错的专业人士经常犯的一个错误就是，在某只股票向上突破其底部区域，但其股价还低于下降的 30 周均线时就买入这只股票。这并不是应该买入的股票，因为它还没有做好持续上涨的准备。在大多数情况下，这只股票会有几周的短暂上涨，接着可能就停滞不前。最好的情况就是伴随着移动平均线走平，这只股票会经历另一个底部阶段。而最坏的情况就是它向下突破交易区间的底部，开始一次新的快速下跌。

下面有 1973—1974 年熊市的两个例子，可以很好地说明我的意思。西联汇款公司的股票在 1972 年大幅下跌，从 68 元跌至 44 元。这时，想要抄底的买家进入市场买入这只股票。接下来的几个星期里，貌似一个底部开始形成（见图 3-9）。这只股票注定会下跌，因为在那个"貌似"的底部形成的过程中，30 周均线始终在下降。另一个关键的事实是，从交易区间向上突破的位置（见图 3-9 中点 A）位于其均线以下。尽管其后股价突破了均线，但最初的突破点发生在均线以下，这是一个十分危险的信号。更危险的信号是这只股票的移动平均线从来没有停止其下降的趋势。这种形态的股票无论看上去多么便宜都绝对不能买入。

现在请仔细看这幅图。在接下来的一年半里，股价跌至看上去很便宜的 45 元，进而跌至更加便宜的 8.5 元！

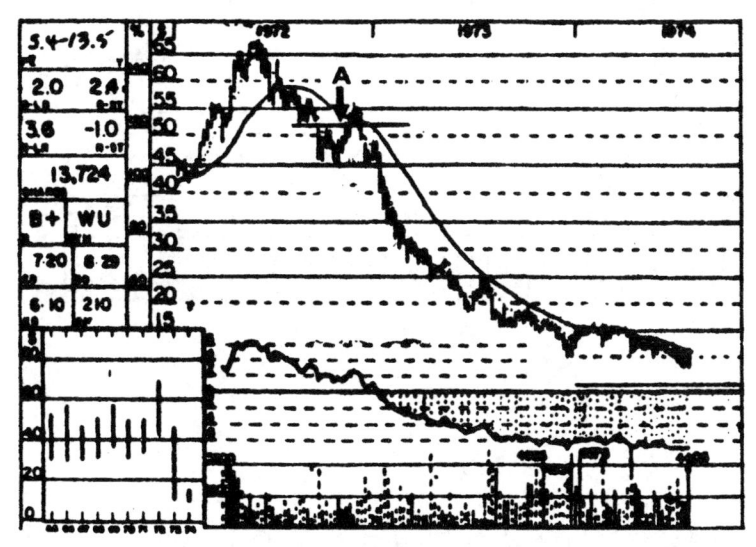

图 3-9　西联汇款公司

研究康隆集团，你会发现相同的形态再度出现。当股价由 45 元急跌到 22 元时，这只股票看上去很便宜。交易区间在 27 元到 22 元间逐步形成。股价在交易区间内上下震荡，均线继续下降（见图 3-10）。当康隆集团的股价向上突破 27 元（见图 3-10 中点 A）时，你根本不应考虑买入它，因为其向上突破点发生在均线以下，并且其股价从没有站上过均线。此外，这只股票的均线一直在无情地下降。不管是在 27 元处还是 22 元处买入都不合算，这点是可以预计的。6 个月之后，它的交易价格是 4.125 元！

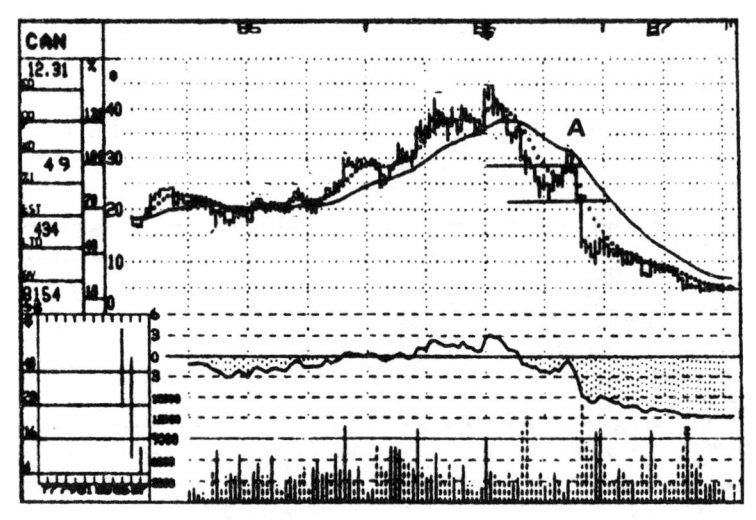

图 3-10　康隆集团

▶ 买什么

——自上而下的方法

与**什么时候**买同样重要的是**买什么**。实际上，这是一个复杂得多的决定。一旦你消化了本节的知识，买什么就有章可循了。

事实上这一方法分为三步，我称其为"自上而下"。我的意思是你应该先看大的问题——整体市场表现如何；后看小的问题——什么股票看起来是最佳选择。处于这两个问题中间的问题是——哪一个行业（或类别）技术面最好。因此，筛选过程是按照下面的步骤进行的：

1. 市场趋势如何？如果市场趋势不好，即使你发现某些个股出现突破，也要十分谨慎。当大势不利于你，你成功的概率会相当低。

2. 哪些行业的技术面最佳？这个问题的重要性怎么强调都不过分。因为我的研究不断证明：如果从图形上看两只股票都有很好的上涨潜力，但一只选自强势行业，而另一只选自弱势行业，最终这两只股票的表现会大相径庭。选自强势行业的那只股票通常都能快速地上涨50%～

75%，而选自弱势行业的那只股票可能只勉强上涨5%～10%。

3. 一旦你确认整个市场趋势良好而且某一行业的股票在技术上表现最为抢眼，最后一步就是瞄准并买入这个行业里面从图形上看最好的一到两只个股。

如果你遵循以上三个步骤，你会发现当市场强劲上涨时，你手里的大多是那些表现最好的股票，而当整个市场走熊时，你已经卖出股票，持有大量的现金。

▶ 如何执行该策略

上面讲的都是理论，是可以指导你成功的理论。现在你必须学习如何执行它。跟通常一样，得从分析市场本身开始。要从技术上确定市场的强弱，你不能仅仅根据6点新闻播报中道琼斯工业指数是涨了30点还是跌了40点来做出判断。可惜的是，许多投资者就是这样做的。这种粗浅的方法必然会使你在市场中赔钱，主要有以下两方面的重要原因：第一，日复一日的变动情况常常会掩盖市场的真实趋势。你经常会错把市场的短期波动当作其主要趋势。第二，即使你运气不错，看出了主要趋势，但此时市场的潜流又经常已经向相反的方向运动了。

我的意思可以通过一个绝佳的例子来理解，参见图3-11。从1982年初期至8月中旬的低点，整个市场趋势都是下降的。然而，在同一时间，纽约证券交易所里具有上涨形态的股票所占百分比已经在缓慢但明显地提高。每周我都要计算纽约证券交易所中处于第一和第二阶段的股票占股票总数的百分比——与道琼斯工业指数相对应。这好比对纽约证券交易所中所有的1 500多只股票做"民意调查"。一个更快捷的方法就是对标准普尔指数的成分股进行同样的计算。这个百分比仅仅是《专业价格分析者》中组成我的"判断依据"的50个技术指标之一，也仅仅是我在 1982 年 7 月做出市场转牛的判断时所依据的众多关键指标中的一个。一个月后，历史上的一个大牛市拉开了帷幕。当时大多数人都预测股价会进一步下跌，而我的大部分技术指标都显示一个新的大牛市正要出现。当时市场是**必须**转向的吗？当然不是。就像我们所知道的那样，市场往往与人们的预期相反，并不是如预期般运行。然而，当你根据这个上涨股票占比指标进行判断，你就会以超过 80％的概率得到正确的结论。对于预测未来趋势来说，这一准确率已相当高！

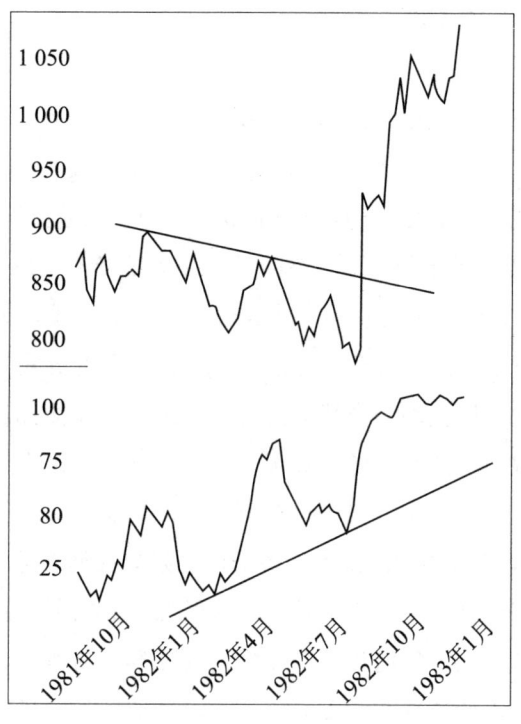

图 3-11　道琼斯工业指数（1981—1983 年）

注：本图上半部分为 1981—1983 年的道琼斯工业指数，下半部分为纽约证券交易所处于第一阶段和第二阶段股票数量占全部股票数量的比率。

资料来源：《专业价格分析者》。

判断市场的方法就是让这些值得信赖的指标不带感情地为你做出决定。我会在后面教给你关于这些指标的知识,这里我不打算展开。现在我们假设市场趋势是上升的。在你学完第8章以后,你就有能力发现下一个重要的市场拐点了!

选择行业

查看了市场指标,确认了整个市场具备上涨趋势之后,就应该着手下一步。聚焦于未来几个月内上涨潜力最大和下跌风险最小的一到两个行业。这一步不仅重要,而且极其紧要!在多年观察和学习市场周期之后,我深信行业分析与市场时机判断同等重要,在某些时候,甚至更加重要。例如,在1977年,股票市场呈现出分化,大盘蓝筹股经历了普遍下跌,而二线股票却表现良好。

我们应该从哪儿开始分析行业呢?十分确定的是,不是通过阅读基本面资料。1982年当我判定活动房屋行业将会转向上涨时,整个行业的盈利状况不佳,但它却成了1982—1983年上涨中的明星。几乎在同一时间(1981年初),由于每桶石油价格上涨至38元,石油类股票的股价被认为会冲上天。有报道说由于严重短缺,石油价格将会上涨至100元一桶。然而,石油类股票的图形描述的却是另一个故事。第三阶段顶部的主要特征正在大多数石油类股票以及整个石油板块的图形中形成(见图3-12)。因此,对于石油类股票,合理的投资策略应该是开始锁定利润,而不是听从乐观的基本面分析者做出的上涨判断。后来的事实是,石油类股票在其后几年中大幅下跌。

下一步的学习从研究图形本身开始。为了学习,我们将浏览标准普尔各行业的周线图。行业图形与个股图形唯一的不同在于行业图形上不显示成交量。除了成交量,其他的内容都完全一样,你可以从图

3-13 和图 3-14 中看出。

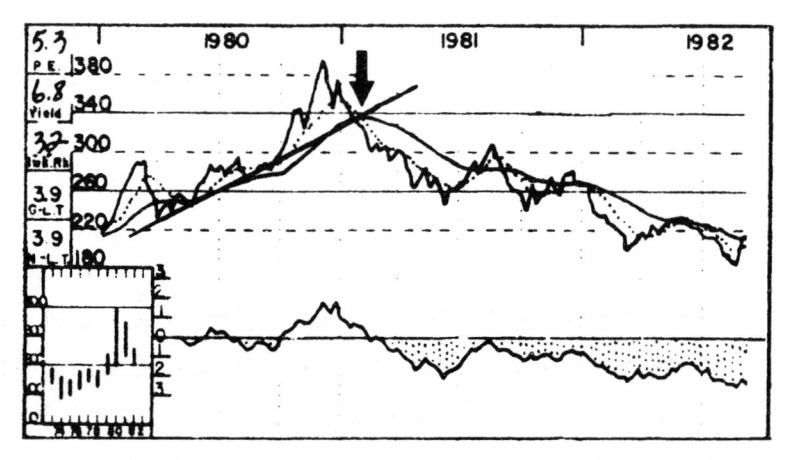

图 3-12 石油行业

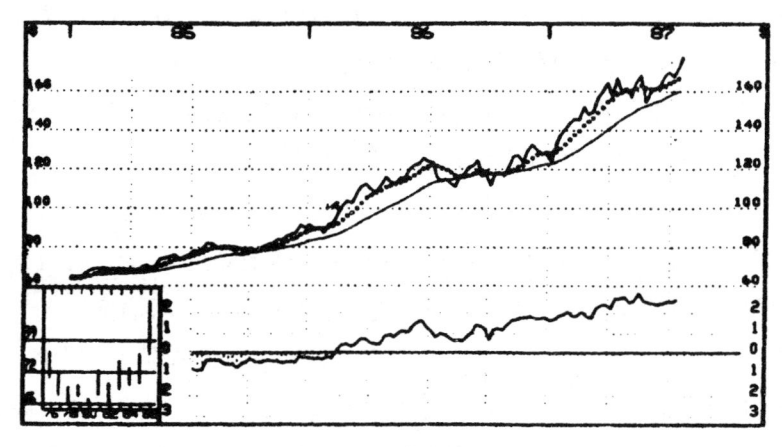

图 3-13 化工行业

首先，确认这个行业目前处于哪个阶段。图 3-13 显示，在 1987 年，化工行业处于强劲上涨的第二阶段，而同时，公共电力行业（见图 3-14）处于下降的第四阶段。因此，在 1987 年上半年，无论化工行业内某只股票的图形看起来多么弱势，我也不会考虑卖空它。如果你持有一只强势行业的股票，当它跌破支撑走熊时，你应该抛售，但是不应该卖空它。同理，在1987年3月，无论公共电力行业里的某只股票表现如何抢眼，我也不会考虑买入它。这说明了另一个道理：即使市场普遍上涨，但如果你选择了错误的行业，仍然很容易赔钱。

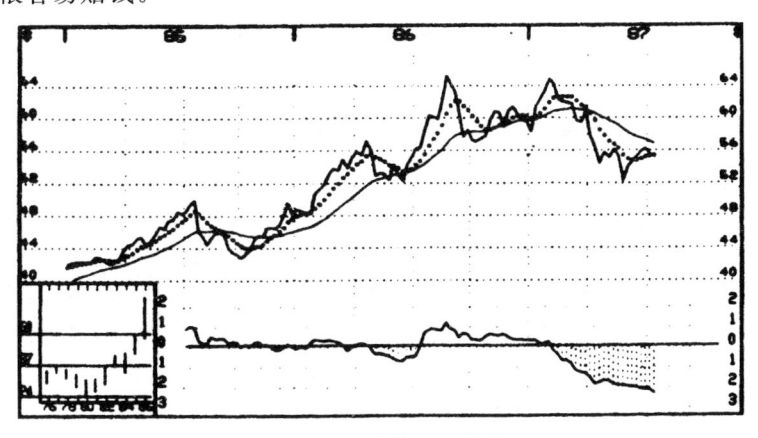

图3-14 公共电力行业

在分析行业时，标准与分析股票相同。投资者应该主要买入突破第一阶段底部形态的行业，而交易员应该寻找第二阶段横盘后突破的行业。但行业分析与股票分析有一个不同点。如果一只股票处于已经成型的第二阶段上涨趋势中，并远远高于其支撑区域，投资者通常不应该急于买入。但对于已经处于第二阶段的某个行业来说，如果你从中发现了某只初次突破其第一阶段的股票，是应该买入的。同样，如果一名交易员发现了某只股票已经经历了第二阶段横盘，有进一步上涨迹象，而其所在的行业才刚进入第二阶段，这名交易员应该买入这只股票。研究行业时，最重要的因素就是看这个行业是不是健康的，也就是说，该行业不能处于第三或第四阶段。综上所述，对于投资者来说，最佳投资机会就是当某只股票初次突破后位于第二阶段初期，同时这只股票所在的行业也处于相同阶段时。对于交易员来说，理想的投资机会就是当某只股票在第二阶段再次向上突破，而其所在的板块也表现出类似形态时。

另一种选择行业的办法是浏览行业中的个股图形。当你浏览图形的时候，如果发现某个行业里面的几只股票突然上涨（或者下跌），这就是明显的信号。根据行业划分，将形态最好的几个行业列入清单。如果你发现有六个行业的图形都具有上涨的趋势，而你挑选的最有潜力的个股来自其中的一到两个行业，这就透露出重要信息了。虽然六个行业都有可能上涨，但同时拥有几只最佳个股形态的行业将会是表现最好的。

这个方法也能以另一种方式帮助你做出正确操作。有的时候，标准普尔的行业图形会被特定板块中某只股票所出现的大幅上涨或下跌所扭曲。通过使用这种交叉扫描的方法，当某只股票有被收购的利好或面临某种特殊的利空时，你就不会对其一无所知。

▶ 运行方式

1978年是个不错的年份，当时我注意到博彩业股票的图形表现出不同寻常的上涨力量，同时酒店和休闲行业（见图3-15）从技术上也表现出强劲的上涨力量。（标准普尔没有单独划分博彩业，所以你只能监控酒店和休闲行业。）除此以外，它们各自的相对强度线也极强。更明显的是没有一只博彩业的股票图形表现弱势。当时有这么多可以买入的股票供选择，我感觉自己就像在糖果店里的小孩，不知道该选择哪一个才好。一般来说，很少见到上涨或下跌的力量会如此广泛地影响到某个行业里的每一只股票，当这种情况确实发生时，不要忽视市场给出的明显信号。从1978年3月下旬起，我就开始了博彩业股票推荐的狂欢活动。在接下来的两周内，我推荐了百丽公司（见图3-16，见图中买入点的箭头）、恺撒世界公司（见图

3-17，见图中买入点的箭头）、哈拉斯公司、假日饭店和花花公子。这几只股票在接下来的几个月内，上涨幅度在105%～560%，盈利丰厚。

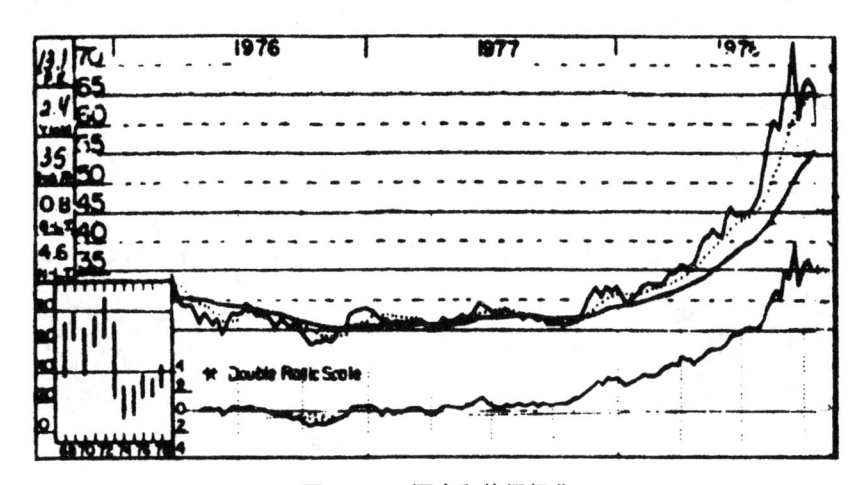

图3-15 酒店和休闲行业

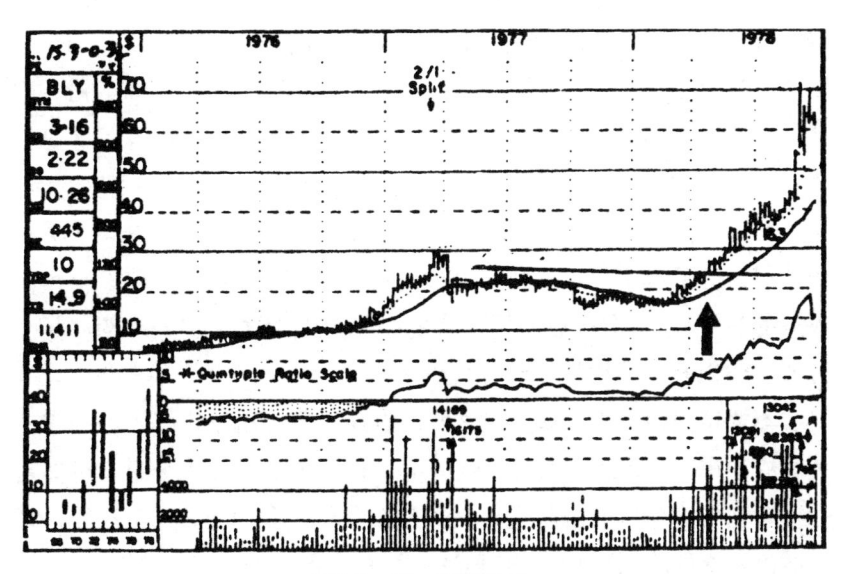

图3-16 百丽公司

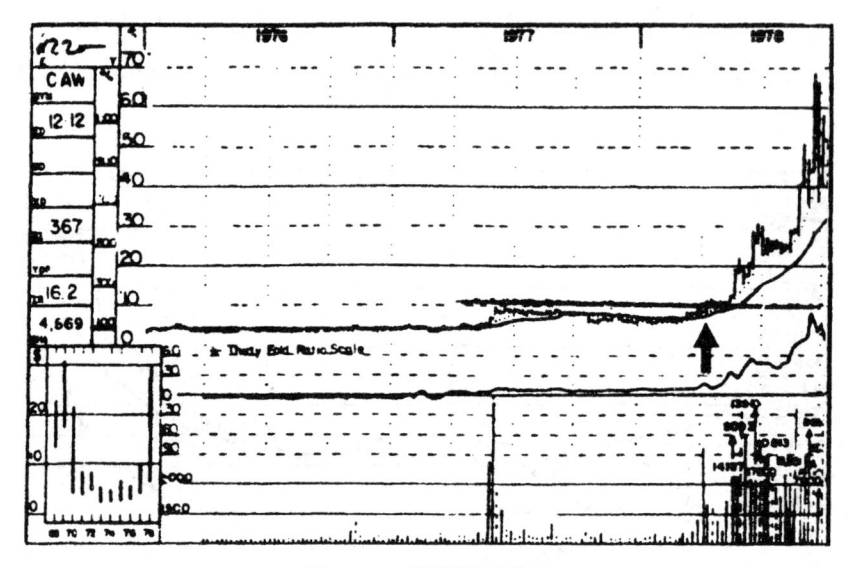

图 3-17　恺撒世界公司

在 1982 年夏天，活动房屋行业（见图 3-18）也出现了一两波上涨。行业图形显示整个行业向上突破了牢固的第一阶段底部。相对强度线也是上升的，并且所有活动房屋行业的股票看上去都不错。因此，在 6 月上旬至 8 月中旬之间，《专业价格分析者》推荐了 8 只活动房屋行业的股票——马车夫房车公司（见图 3-19）、弗利特伍德房车公司（见图 3-20）、橡木住房公司、菲利浦公司、红人公司、天际线公司、温尼巴格房车公司和捷迈公司（见图 3-19、图 3-20 中买入点的箭头）。这个行业在接下来的一年里上演了上涨的神话，整个行业一路飙升，平均收益率高达 260%。

不要错误地以为这些股票之所以表现优异是由于市场正好处于一个新的牛市。牛市肯定会好一些，但如果你不通过技术分析，可能就会掉入基本面分析的陷阱里，买入类似华纳公司（见图 3-21）这样的低市盈率的股票。华纳绝对是一家好公司，在 1982 年夏天当市场正进入新的牛市时，它最近 12 个月的盈利相当不错，达到每股 4.35

元，市盈率才略高于 11 倍。如果你在 1982 年买入了它而没有买入活动房屋行业的股票，一年以后你遭受的就是 60% 的损失，而不是获得 260% 的盈利！

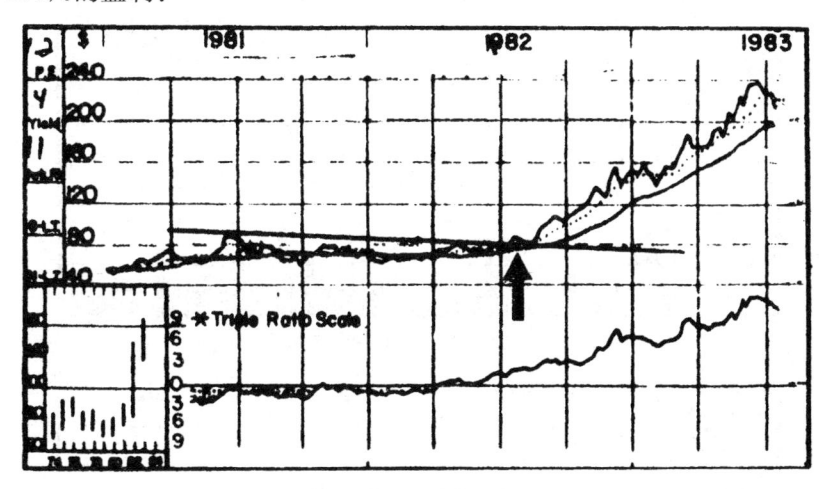

图 3-18　活动房屋行业

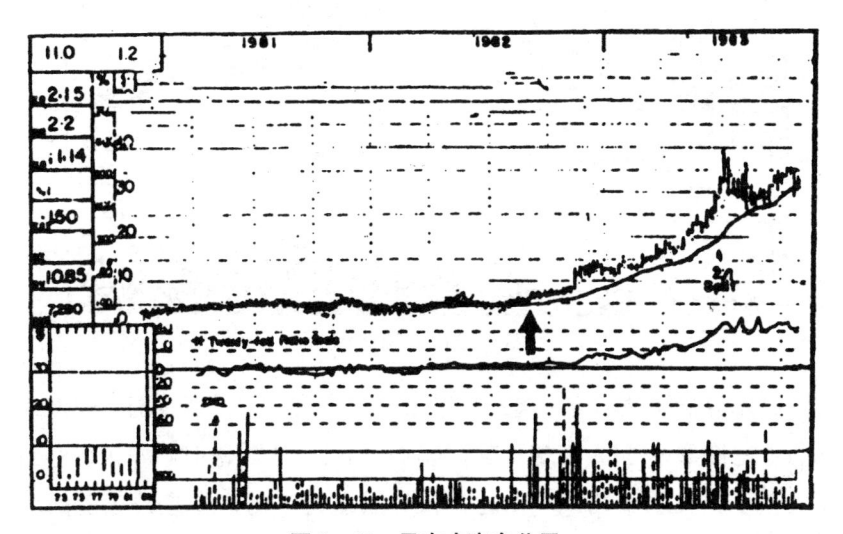

图 3-19　马车夫房车公司

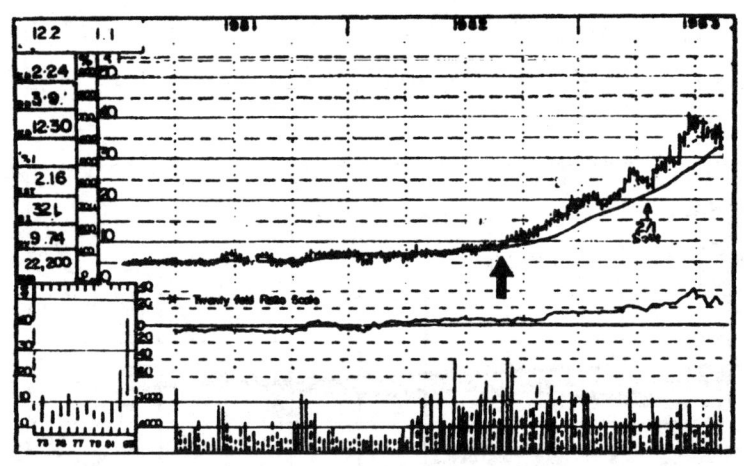

图 3-20 弗利特伍德房车公司

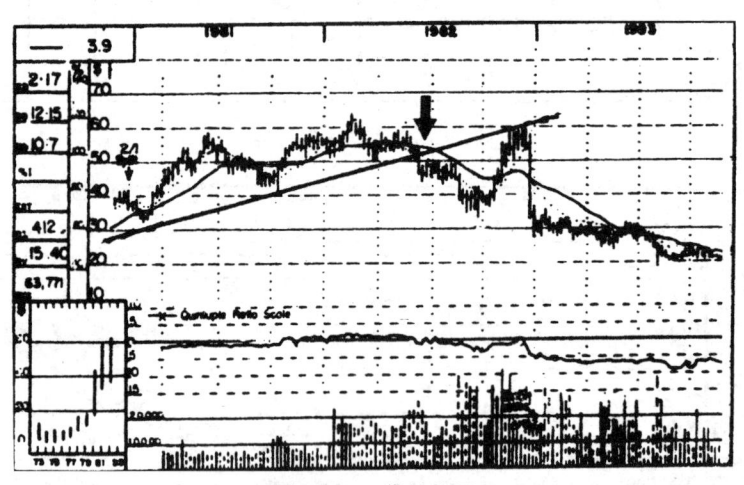

图 3-21 华纳公司

技术分析能预示应远离某只股票吗？当然可以！请看图 3-22 娱乐行业的图形。1982 年夏天当活动房屋行业向上突破时，娱乐行业向下突破了其移动平均线。而且，相对强度线走弱，最终跌至负的区域。最后，行业内的个股表现涨跌各异，有些股票表现尚可，而另外一些股票，如华纳公司，却十分糟糕。请注意，在那个夏天，当其他大多数的行业和股票正在进入第二阶段时，华纳已经下跌至第四阶段。1982 年在其第一次明显下跌之后，更多的麻烦还在后面。在 1982 年末，由于卖空引起的快速反弹使得股价从 30 多元回到了 60 元。然而，这次反弹在下降趋势线的压制下最终失败（就像支撑区域一样，一旦被突破，就会成为新的反弹阻力区域；同样的道理，上升的趋势线一旦被跌破，就会成为日后反弹的阻力线）。因此，当华纳的股价大幅下跌，跌至 20 元时，那些搜罗便宜货的买家就受到了严厉的惩罚。

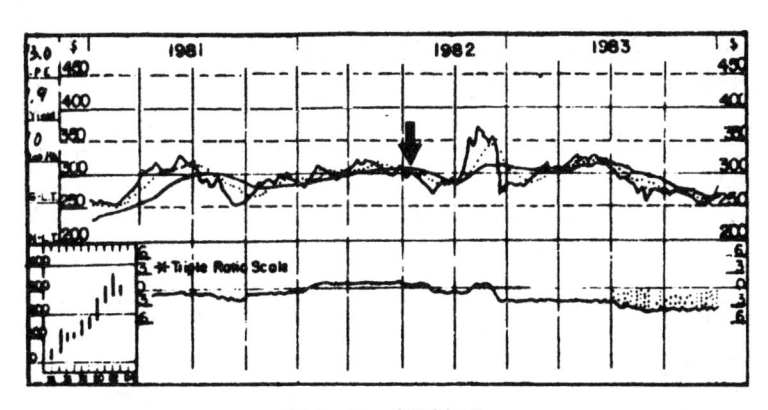

图 3-22 娱乐行业

游戏永不改变。图 3-23 和图 3-24 显示了一个行业和一只个股的图形，它们都获得了不错的收益。从 1986 年 8 月开始，我判断石油行业开始转牛。整个行业向上突破了重要的阻力区域，相对强度线漂亮地上升并且进入了正的区域。最后，这个行业里绝大多数的股票都呈现出极为明显的买入信号。而当时原油价格将近 10 元一桶，市场上还有人担心其价格会跌至 6~8 元一桶，这些图形极其精准地预见到了未来。一年后，不仅石油类股票的股价上涨很多，而且原油价格也涨至近 22 元一桶。这与 1981 年初期石油问题被高度关注但在技术上石油类股票表现不佳时的情形恰好相反。这也是一个在操作上与大众观点相反的突出范例。因此，毫不奇怪，1986年《专业价格分析者》推荐的石油、石油开采、石油设备等与石油相关的十多只股票表现喜人，其中美国石油天然气公司（见图3-24）等几只股票表现特别优异。

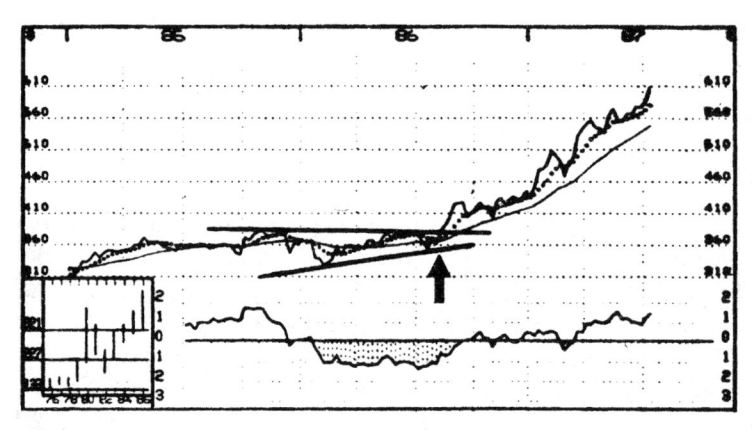

图3-23 石油行业

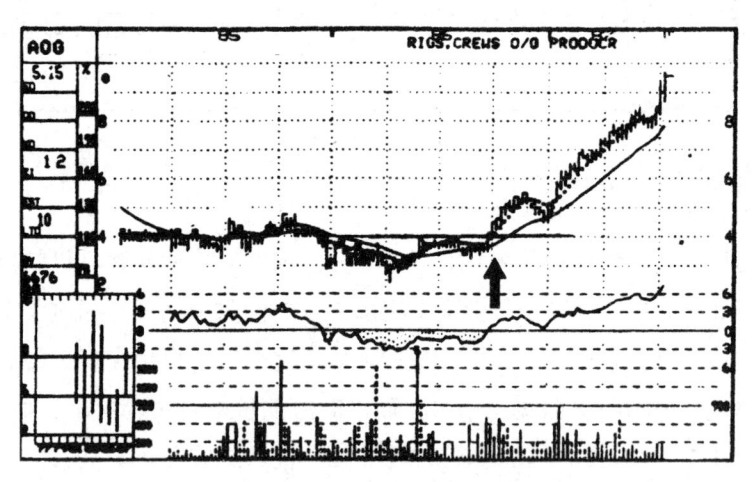

图3-24 美国石油天然气公司

接着，在1986年的12月，计算机行业的股票突然迅速上涨，并且处于可以激进买入的区间。整个计算机行业结束了第二阶段30周均线附近的横向盘整（见图 3-25），然后向上突破重要的阻力区。此外，相对强度线的走势健康，始终位于正的区域并达到新高。一个利好信号是：长期走势的背景图显示，计算机行业指数达到了历史高点。最后，这个行业内的好几只个股已经开始了强有力的向上突破。康柏公司（见图 3-26）、麦克波利斯和坦德姆是当时《专业价格分析者》所推荐的该行业中的三只股票。整个计算机行业的强劲表现使得这三只股票都成了大赢家。

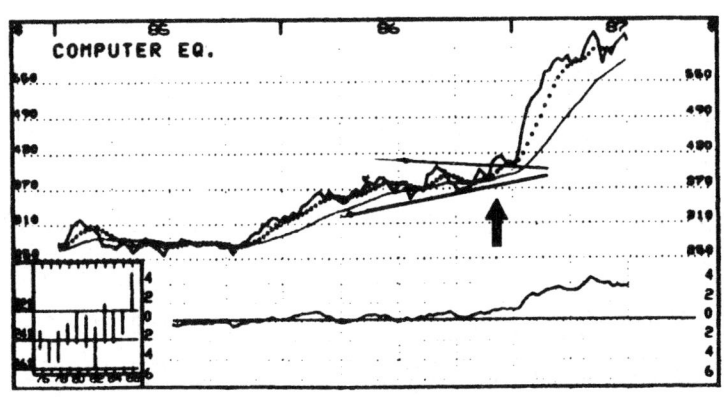

图 3-25 计算机行业

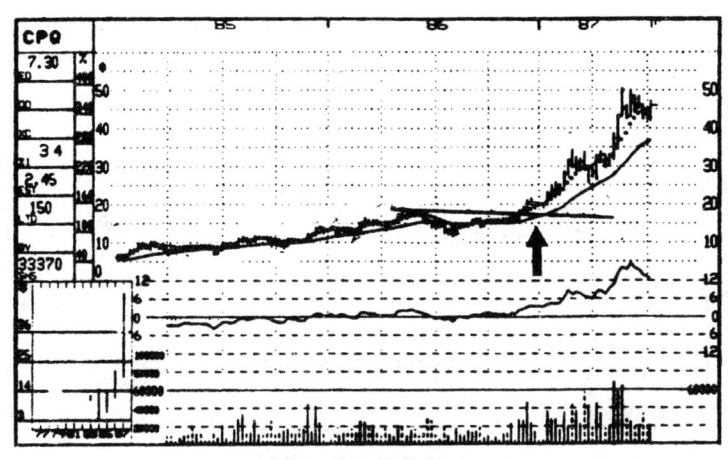

图 3-26 康柏公司

当所有这些重要指标都显示利好时，请立即跑向（而不是走向）你的电脑，尽你所能快速地下买单。每年都有几个行业在上涨或下跌方面远比其他行业突出。通过以上步骤，你就能让自己始终立于潮流之先，同时，你还能避免遭受残酷的下跌。如果整个市场陷入熊市，你还可以卖空弱势行业里表现最糟糕的那些股票来盈利。不要低估行业分析的重要性。我见过无数的例子，虽然个股图形看上去很好，但最后表现平平。当我查看其所在行业图形时发现，其行业图形不好。另外，我也见过很多个股图形一般，最后却成为大牛股的例子，究其原因就是该股所在行业正在强劲地上涨。我还见过很多例子，尽管整个市场行情很好，但在弱势行业里的那些股票却惨不忍睹。因此千万不要认为在一个牛市里所有股票最终都会上涨。

下面的例子能够很好地说明我所讲的情况。尽管从1986年底至1987年夏天，道琼斯工业指数上涨超过了600点，房地产投资信托行业的表现却很糟糕（见图3-27）。洛马斯·内特尔顿抵押贷款公司的股票同这个行业里的其他许多股票一样，在1987年前6个月大盘快速上涨的时候却大幅下跌（见图3-28）。这时在操作上就出现了常见的基本面陷阱：市盈率现在非常低，并且这是一家好公司，怎么能错

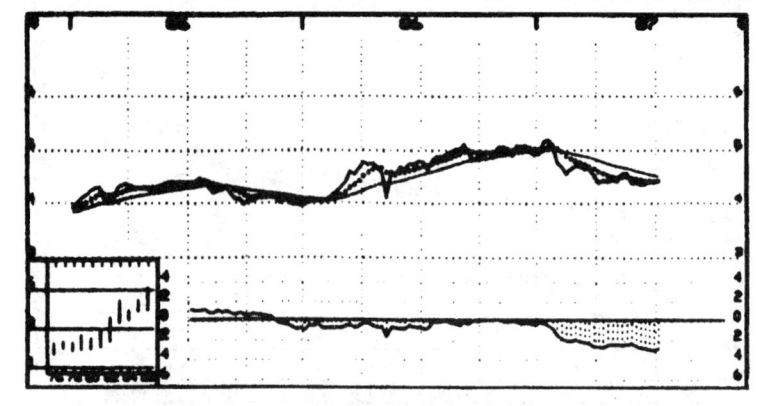

图3-27 房地产投资信托行业

过这样的股票呢？但现在你不会再上当了：很简单——因为这个行业表现不佳，并且个股形态在新年伊始就处于危险的第三阶段。一旦股价跌破 29.5 元的支撑，它就进入了更糟糕的第四阶段。最后，相对强度线也很差。从这些不利的指标就很容易知道为什么当道琼斯工业指数大幅上涨时，这只股票却下跌超过 30%。

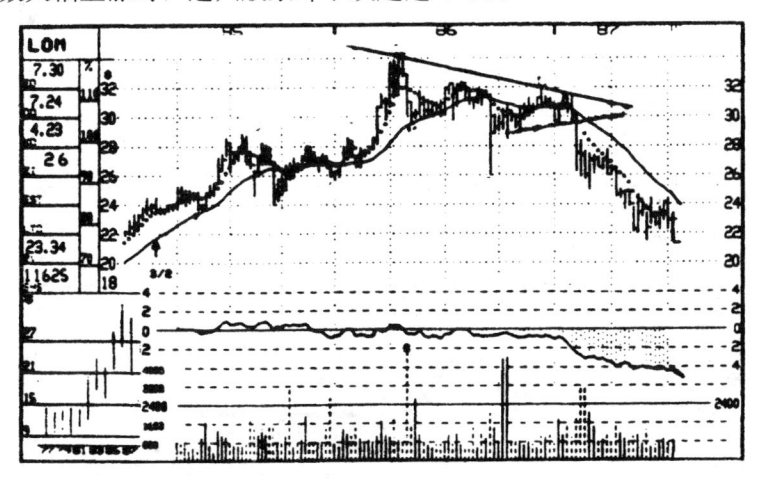

图 3-28　洛马斯·内特尔顿抵押贷款公司

1987 年经纪行业的图形表现（见图 3-29）可以作为另一个例子来说明板块对个股的负面影响。前述洛马斯·内特尔顿抵押贷款公司是在表现不佳的行业里的一只熊股，而麦当劳投资公司（见图 3-30）的股价表现相对还不错，然后在 1987 年初出现了一个向上的假突破（点 A）。像这样的走势在一个表现不佳的行业里是非常正常的。这只股票没有迅速上涨，反而像科里根公司一样在历史上著名的大牛市中下跌，这些都是可以预见的。教训显而易见。不要自以为精明，企图在弱势行业里选出大牛股。不要尝试证明自己是一个市场天才。让所谓的天才亏钱，而你需要做的只是单纯地从 A$^+$ 行业中选出 A$^+$ 的股票，然后享受搭便车的愉悦以及丰厚的回报！

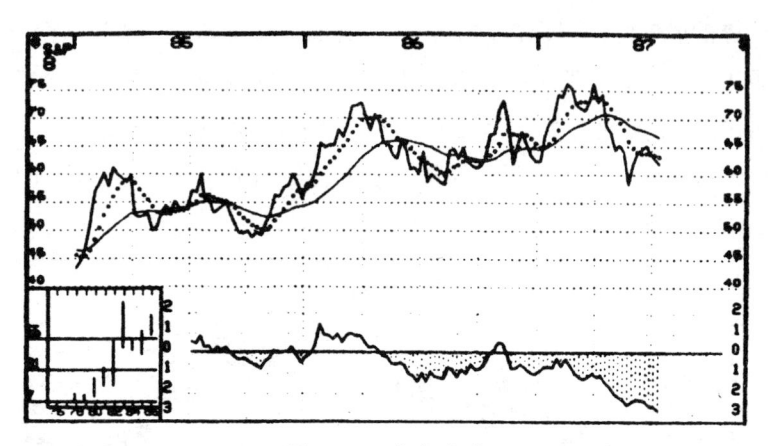

图 3-29 经纪行业

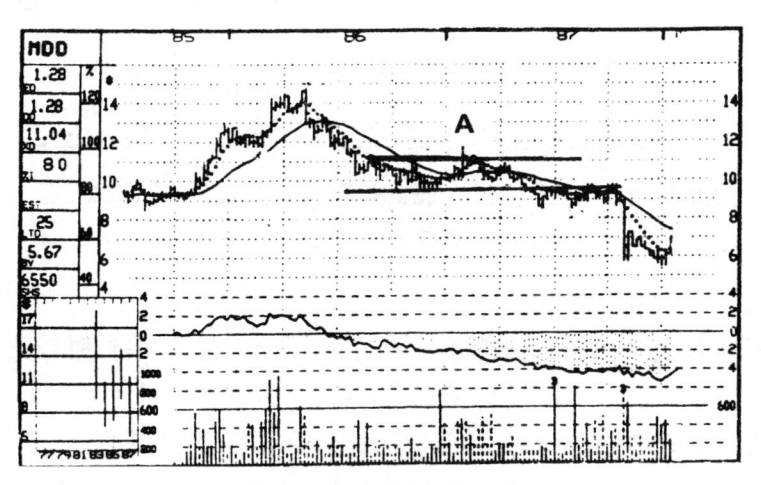

图 3-30 麦当劳投资公司

测 试

1. 股票 XYZ 交易非常活跃,流动性很高。目前的交易价格是 23.5 元。你决定在其向上突破 25 元这个重要阻力位时买入。那么你应该怎样下单(从以下选项中选出一个)?

A. 买入 1 000 股 XYZ,25.125 元止损。

B. 买入 1 000 股 XYZ,25.125 元止损——25.25 元限价,撤单前有效。

C. 买入 1 000 股 XYZ,25.125 元止损——25.375 元限价,撤单前有效。

D. 买入 1 000 股 XYZ,25.125 元止损——26 元限价,撤单前有效。

2. 当下图中的股票在 20 元处向上突破其趋势线时你会买入吗?如果不会,为什么?

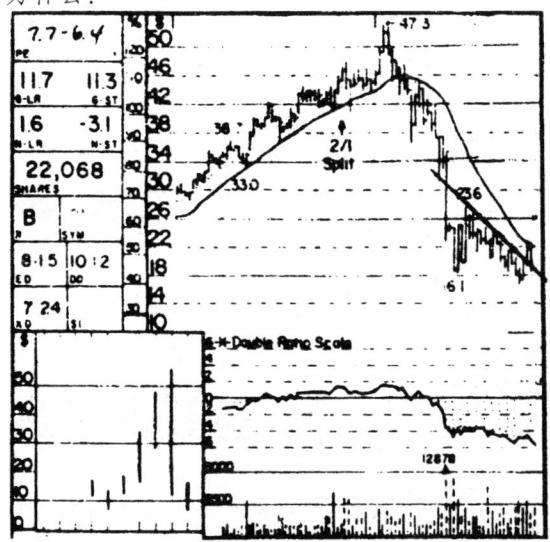

3. 你绝对不应该在总统大选后的次年买入股票。

正确　　错误

4. 下面两幅图中，哪一个向上突破更适合投资者？哪一个更适合交易员？

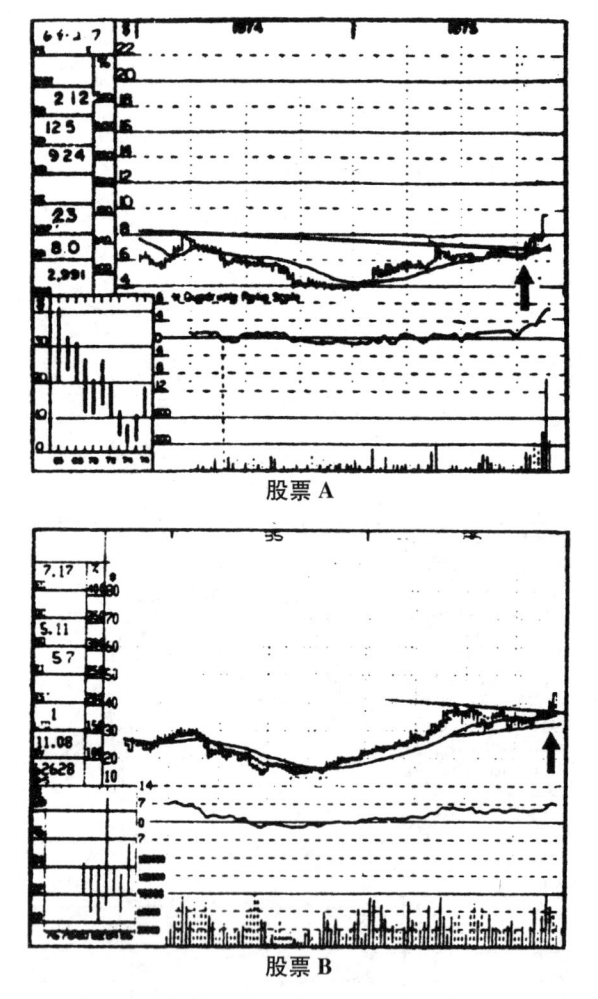

股票 A

股票 B

5. 当你下达一份撤单前有效的委托单，其在两周内有效。

正确　　错误

6. 下图在股票 XYZ 所处的 A、B、C、D 四点中，哪一点是最安全的买点？

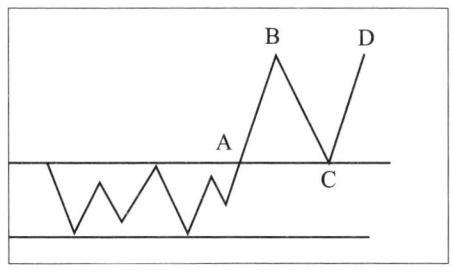

第3章 理想的买入时机

股票 XYZ

7. 历史上总统大选周期的第三年是整个四年周期中上涨幅度最大的。

正确　　　错误

8. 交易员应该只在回抽时买入。

正确　　　错误

9. 在一个牛市的后期,即使是投资者也应该进行追加买入。

正确　　　错误

10. 即使下图中的个股的图形很有上涨潜力,但如果市场指标都偏负面,并且这只股票所处行业表现也不好,你就不应该买入。

正确　　　错误

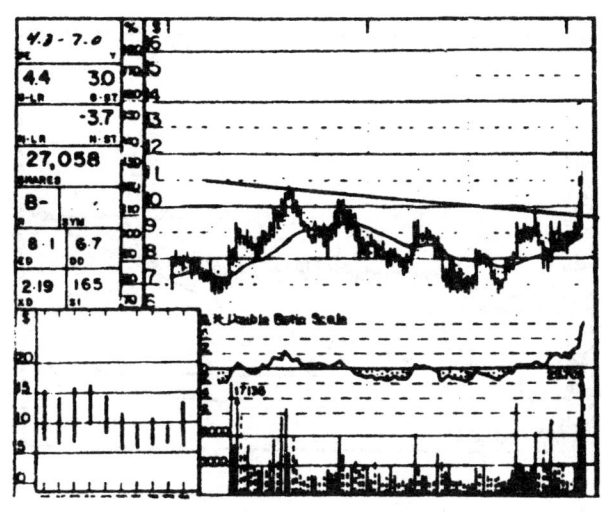

11. 第一阶段底部的突破通常会伴随着向最初突破点的回抽，从而提供给你第二次买进的机会。

正确　　错误

12. 下图中的时间是1987年初，你正确地意识到市场快要开始一波强劲的上涨。你会买入下面两幅图中哪个行业的股票？A还是B？为什么？

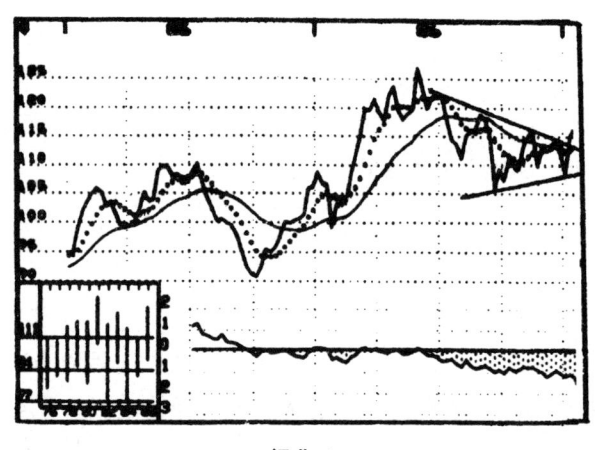

行业 A

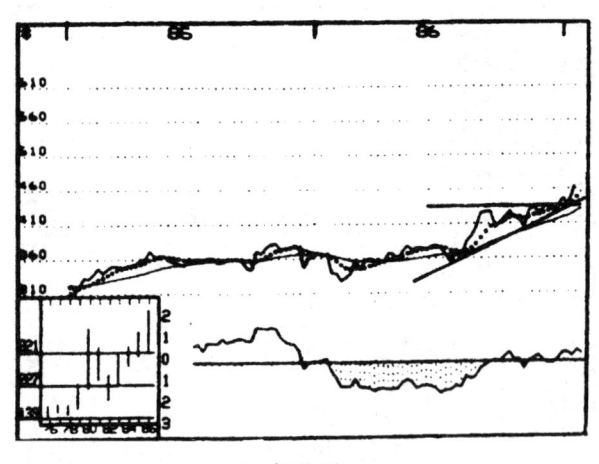

行业 B

答 案

1. 选 C。止损买入单应该设在突破点；因为这只股票是一只交易活跃的股票，所以限价应该设在突破点上方 0.25 元处；并且应该设一个撤单前有效的买单。

2. 不应该买入。因为股价仍在 30 周移动平均线下方，而且移动平均线还在下降，所以离它远点。这样的分析不仅在理论上成立，而且在现实中经得起检验。这幅图是卡乐氏公司的股票图形，这次向上突破发生在 1973 年的 20.5 元处。一年以后，它的价格跌到了 6 元。

3. 正确。在总统大选后的第一年，股市下跌的概率**非常**高，如果你所观测的指标都显示不利的话，那么就应该远离股市。但是也有一些例外，如 1965 年和 1985 年是上涨的。

4. 股票 A 更适合投资者，因为它向上突破了一个长期的第一阶段底部。这是诗韵公司的股票图形，这次突破发生在 1975 年的 7.125 元处，一年以后股价接近 20 元。股票 B 更适合交易员。在横盘之前它已经上涨了 300%。这是苹果电脑公司的股票图形，它在 1986 年再次向上突破 39 元后仅过了 6 个月股价就超过了 80 元！

5. 错误。一份撤单前有效的委托单意味着在撤单前始终是有效的。但是不要忘了持续关注股票图形，如果图形发生变化让你改变了想法，就应该将其撤销。

6. 选 C。回抽至最初的突破点是最安全的买入点。

7. 正确。

8. 错误。虽然交易员可以在回抽时买入部分仓位，但他们还是应该在向上突破点买入其拟持仓的大部分。如果初次突破上涨成功，交易员可以迅速将其卖出锁定利润，然后在回抽时再次买入，这是两次获利的好买卖。

9. 正确。在该时点，只剩下少量处于第一阶段底部的股票。

10. 正确。永远不要与市场和行业的趋势作对。这是美国发动机公司的股票图形，这次突破发生在1974年初的10元处。市场指标和行业表现都很负面，其后还不到1年，股价已跌至3元附近了。

11. 正确。但在二次突破的例子中，这种说法在大多数情况下都**不**成立。

12. 你应该选择行业B。首先，它处于一个更加强劲的上升趋势中，而且没有阻力区域存在。而行业A有着大量的卖压。其次，行业A的相对强度线糟糕，而行业B的相对强度线不错。A是区域性银行业，7个月后当道琼斯工业指数上涨600点时，行业A却基本上没有变动。而B是石油行业，它是1987年前7个月中上涨最猛的行业之一。

第 4 章

优化买入过程

我们已经学习了首先判断市场的主要趋势,然后发掘其中最好的行业,现在我们准备进入下一步。我们现在要做的就是从最好的板块中筛选出我们要买入的个股。我们怎么来判断行业中哪些股票是最值得买入的呢?真有办法可以预测出哪些股票不仅可能上涨而且可能成为大牛股吗?

毫无疑问!虽然没有任何一个体系可以完全准确地预测未来,但是我们可以学习一些简单的规则来大幅提高我们投资成功的可能性。

➤ 阻力越小越好

前面我已经解释过阻力的概念,现在我们再快速地回顾一下,接着更深入地研究它。这对于你以后的投资业绩**非常**重要,因此我们要仔细地复习。在图4-1中,股票XYZ在急速下跌后在18~20元形成了一个交易区间。在这个交易区间存在期间,18元附近成为一个暂时的支撑位，20元附近成为一个暂时的阻力位，因为每次反弹至20元附近都失败而返。接着，当股价在交易区间内曲折盘桓数周之后，向下突破18元的支撑。这是明显的利空信号，意味着新一轮下跌趋势的开始。在这轮新的下跌之后，XYZ在13元的低点附近企稳。接着它进入了一个新的交易区间，构筑了一个坚实的底部。这时，在13元附近形成了新的支撑，15元附近形成了新的阻力。最后，XYZ向上突破了15元的阻力位。更重要的是，突破点位于移动平均线的上方。

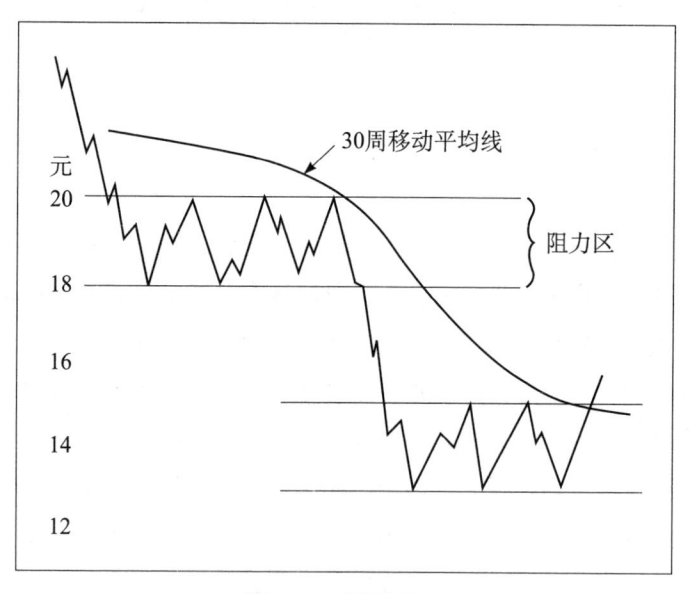

图 4-1 股票 XYZ

你现在已经明白这只股票可以买入。但是你应该买入它吗？不一定。虽然这只股票很可能会上涨并让你赚钱，但这还不够。一开始，你可能觉得这简直不可思议。你很可能抱怨："史丹在说些什么？我之前买入很多熊股，现在终于学会看突破确认的图形，他又告诉我这只股票会上涨，而我却不应该买它！"

你只要和我一起再深入地思考一下，就会发现这个建议并没有脱离我一贯的看法。如果你买入了股票 XYZ，并不是一件坏事——你会在它上面赚钱。但我不仅仅是想让你赚钱，而且是想让你赚大钱！

在经济学上有个概念，称为**机会成本**，这里就是机会成本概念极好的应用。抛开理论上复杂的叙述，机会成本其实就是说我们拥有有限的资源，无论是 2.5 万元还是 2 500 万元。因此我们必须把有限的资源**最大化**——在这个例子中就是你的股票市值。如果我们买入股票 XYZ，它上涨了 20%，但是股票 ABC 在同一时期却上涨了 200%，那么我们就失去了潜在的盈利机会。因此，我们要做的就是发现和操作那些最牛的股票，同时将那些一般的剔除掉，留给别人。

现在回到图 4-1，我来告诉你为什么这是只 B^- 型的股票。当 XYZ 向上突破 15 元的阻力位释放出一个利好信号时，你必须注意下一个阻力位在何处。在这个例子中下一个阻力位在 18 元，而这正好是前一个交易区间的底部支撑位。请记住，支撑位一旦被跌破，之后股价反弹到那里，那里就成为阻力位。如果 XYZ 确实向上突破了 18 元这个阻力位，你会发现它要上涨到 20 元会非常费力。因此整个 18~20 元代表了潜在的**重要**阻力区域。这不是说这只股票就永远不会越过这个区域，而是意味着价格要超越这个区域需要大量的买盘才能推动。因此它很可能在该区域停留较长的一段时间。即使小概率事件发生了，这只股票快速上涨越过了这个区域，其上涨势头也会变得疲软并且需要重新整理。这与一个人必须爬上六楼才能到达他的公寓而另一个人可以很容易地坐电梯到达没有区别。很明显，谁会剩下更多的能量？股市也具有一样的道理。如果股票 XYZ 和 ABC 都从第一阶段向上突破，并且在接下来的几个回合中都获得了 50 万股的买单，哪一只股票会走得更远？是在上涨通道中几乎没有阻力的那只，还是拥有大量卖单、上涨阻力巨大的那只？答案显而易见。

现在让我们看看图 4-2 中股票 ABC 的图形。它与股票 XYZ 同属一个行业，正向上突破阻力位和均线。但与 XYZ 在突破点上方不远处就有阻力区域不同，图形中 ABC 并没有上方阻力位存在。虽然 ABC 以前曾以更高的价格被交易过，但在过去两年多的时间里都没有出现过这样的价格。虽然几年前有过阻力区域，但我的研究发现，阻力区域距离现在的时间越长，其有效性就越低。这与阻力位的形成有关。那些以较高的价格买入股票的人遭遇了股价下跌，之后股价反弹至他们的买入价附近，此时他们想要卖出解套，这就形成了阻力区域。随着时间推移，越来越多的投资者在每个交易年份结束时认赔离场。因此如果阻力区域距今已有几年，就不是什么大问题。

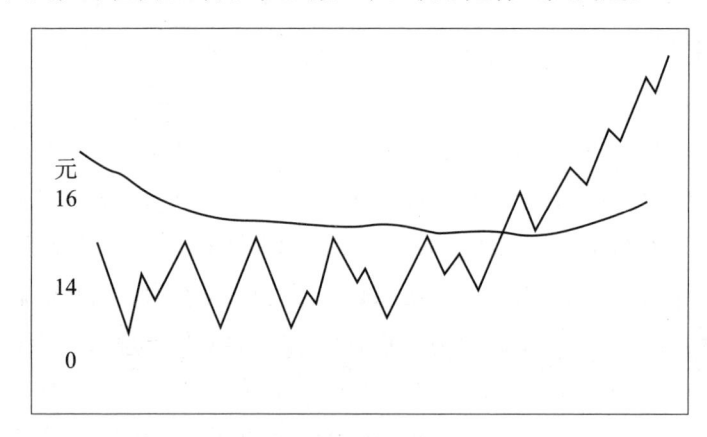

图 4-2　股票 ABC

现在剩下判断个股图形的最后一步——在行情图上检查其长期的走势。观察过去 10 年每年的最高价和最低价。如果图形上不存在阻力区域，也就是说这只股票在过去 10 年中没有以比现在更高的价格交易过，那么你真的应该兴奋，因为你正在观察一只绝佳的股票。

这里有几个现实的例子可以进一步证明以上的理论。请看图 4-3，当艾利安公司的股价在 1987 年向上突破其 1 年来盘整的交易区间顶部时，在图形上已经没有阻力区域了。检验长期走势，发现也是一路绿灯、畅通无阻。在过去 10 年中，没有高于此价格水平的阻力区域存在（见图 4-3 长期走势图中的箭头）。因此当艾利安迅速上涨 30% 时我们并不感到奇怪，因为买方完全没有遇到阻力。如果一只股票的向上突破使其价格创出历史新高，这是最乐观的一种买入机会。想想，没有人遭受损失，再上涨一两个点也不会有人想抛售。所以买方力量将会对股价产生爆炸性的影响。另外两个利好指标是：急剧放大的成交量和明显改善的相对强度线。

图 4-3 艾利安公司

现在请看图 4-4 泛美航空公司的股票图形，这是 1987 年表现优异的航空业股票中的一只。虽然这只股票向上突破了底部区域，股价站上了趋势线和移动平均线，却不能和艾利安公司相提并论。因为这只股票在 6.5 元附近存在一个阻力区域，1986 年末的反弹就在这里结束。更糟糕的是，在 7 元附近存在很大的卖压，泛美航空的股价于 1986 年初在该价位向下突破，其后股价快速下跌至 4 元。最后，当你查看其股价长期走势时，你会很明显地发现在 8 元上方还有**重要**的阻力区域：1983—1986 年，这只股票曾在 8 元处达到每四年一次的顶点。如果艾利安公司的股票是 A$^+$，那么泛美航空公司就是 C$^-$。除了沉重的上方阻力外，泛美航空还有其他不利的技术指标：底部阶段持续时间相对较短；相对强度线表现平平；成交量也一般。记住，如果你非得操作这只股票，那么还是应买入而不是卖空，但你没有必要对每一只股票都进行投资，而且你没有必要买入每一只处于第二阶段的股票——你只需买入那些表现出众的股票。

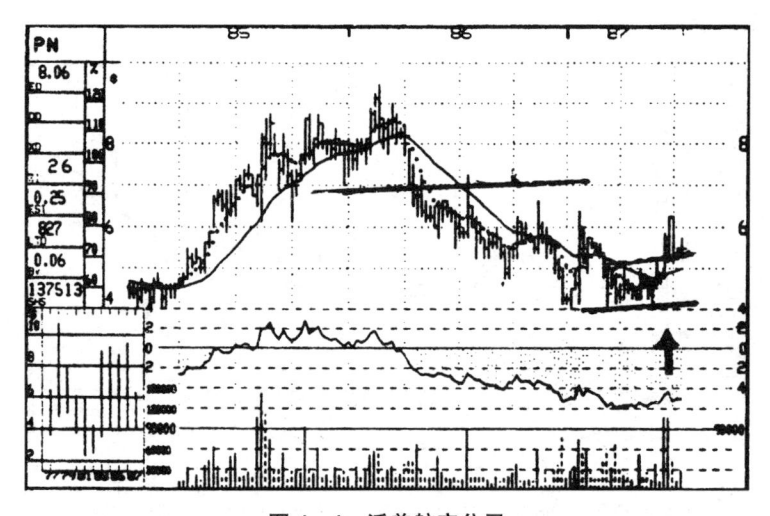

图 4-4 泛美航空公司

你明白应该寻找什么样的股票了吗？仅找到一只处于第二阶段的股票是不够的，即使它的图形不错。还有其他的一些指标需要检查，我们待会儿将仔细讲解这些指标。但是最重要的指标之一就是上方阻力位于何处。

还有另一个案例可以进一步说明这种技巧的运用。雷诺兹公司是铝行业中的一家公司，铝行业 1987 年表现很好。1987 年初，雷诺兹向上突破了持续一年的交易区间，显示出非常强劲的上涨信号。瞟一眼图 4-5 就可以发现在过去两年半里没有此次上涨的阻力区域存在。接着深入看一下长期股价走势图，发现这只股票创下了 10 年来的新高。就是它了！你应该迅速下达买入指令，因为它的图形满足我们一直强调的所有标准：除了创新高这点以外，底部的形成耗时一年，相对强度线非常健康，成交量也显著放大。在几个月内这只股票就上涨了一倍，因为强大的买方力量在上涨过程中没有遇到明显的阻力。

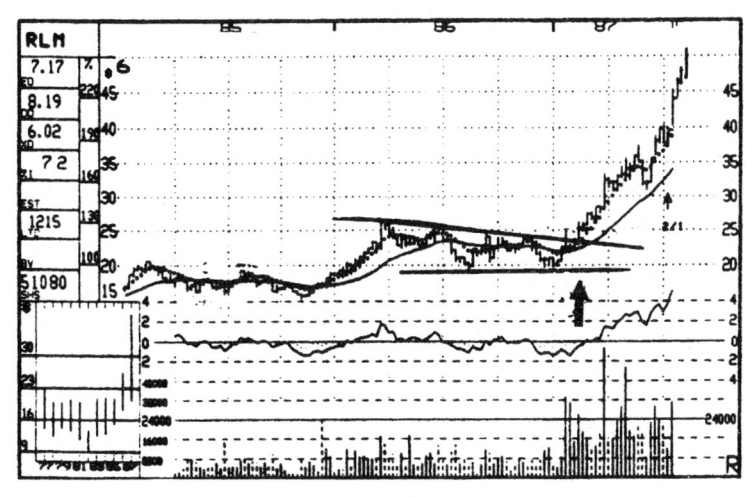

图4-5　雷诺兹公司

现在对比一下几乎同时向上突破的铝行业中的另一家公司——国际铝业（见图4-6）。国际铝业在1987年初股价站上20元时向上突破。然而与雷诺兹不同的是，国际铝业在24.5元附近有着较大的上涨阻力。这个阻力位不仅是1987年初的高点，还是1986年、1985年和1983年的高点。因此，这只股票表现如何呢？与雷诺兹的股票快速上涨不同的是，国际铝业的股票上涨缓慢。另外的问题是第一周之后较小的成交量、表现平平的相对强度线，以及一个相对较小的底部。6个月后，买入国际铝业的投资者可能仅仅保本，而投资于雷诺兹的人已经获利了一倍多，获得超过200%的年化收益率。

因此，请记住，下单买入之前，一定要弄清楚这只股票上涨过程中的阻力区域位于何处，有多少个阻力区域。

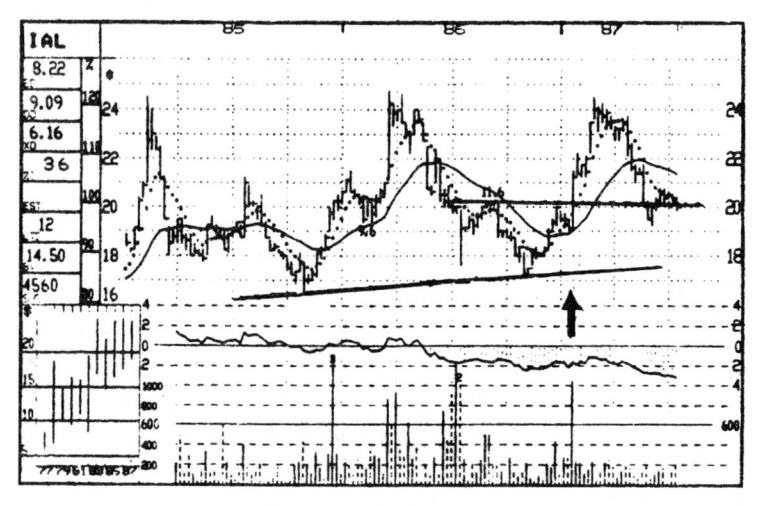

图 4-6　国际铝业公司

成交量的重要性

下一个要聚焦的重点是成交量。一旦你学会辨认这条暗含玄机的线索，就能够很好地区分表现平平的股票和爆炸性的大牛股了。即使我们永远都不知道为什么成交量如此重要，但只要仔细观察图形，你就能明白成交量是确认突破的关键。不过，我有一个好理由说明为什么成交量确实是个有效的信号。成交量是买方力量强弱的一个量度。就像我前面所说的那样，股票靠自重都能下跌，但其上升却需要巨大的买方力量来推动。这就像推着一块巨石上山，要把它推上山顶需要花费很大的能量，而一旦放手，它自身就能产生很大的向下动能。

我们的规则很简单。**千万不要相信成交量没有明显放大的向上突破**。图 4-7 清楚地显示了在技术上健康的图形应有的成交量。当股票位于底部阶段时，成交量并无规律。我的研究结果与其他很多技术分析者不同。有人认为，见底时，成交量会先突然放大——显示最后的恐慌性大跌来临,接着萎缩、枯竭——显示卖压减轻。这确实是很好的理论,但我见过许多有着不同底部成交量形态的股票最后都成了大牛股。让我们把规则变得简单且更便于盈利。在股票形成第一阶段的过程中,我们不用去管它的成交量状况。然而,当股票向上突破其阻力区域的顶部并且站上其 30 周均线时,你就该密切注意成交量的变化了。就像图 4-7 显示的那样,在向上突破时成交量应该有明显的放大。如果不能,最好的情况就是你所买的股票表现平平,仅仅上涨几个点;而最坏的情况就是这次向上突破是一次假突破,这只股票很快会回到原来的交易区间。

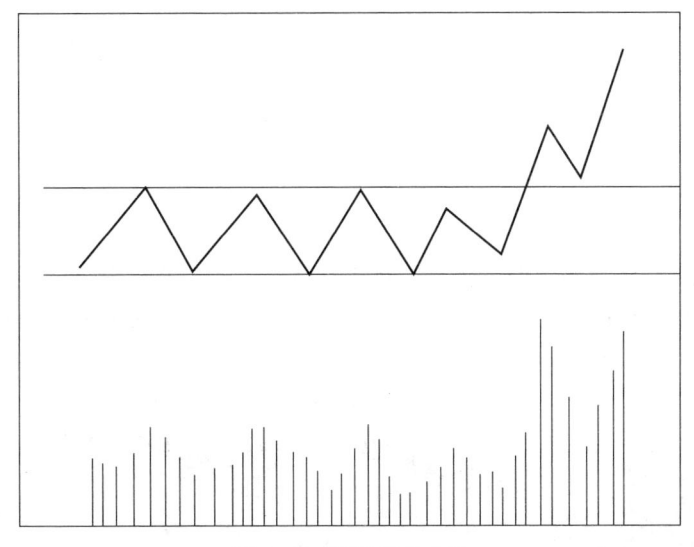

图 4-7 理想的成交量

投资者总是希望能找到可靠而快捷的规则,而我们技术分析者经常会犯下轻易遵从的错误。我不认为存在一个具体的成交量标准可以被用来判定牛股。我不会根据一个随机的数字,比如过去数周成交量的 4.65 倍去寻找突破形态,我按下面的方法进行判断:单周成交量至少增大到过去几个月平均周成交量的两倍(当然,倍数越高越好);

或者过去三四周的成交量是过去几个月中相同时间跨度的平均成交量的两倍，同时突破当周的成交量必须放大——如果你使用的是日线图而非周线图，就看向上突破当天的成交量是否为上一周平均日成交量的两倍以上。无论具体的倍数是多少，如果向上突破发生时成交量没有明显增大，那么就应该远离这只股票。如果你已经用止损买单买入了这只股票，那么在它突破后价格上涨时（常常会这样）就应该迅速获利了结。

下面看一些现实中成交量放大明显或者不明显的例子。图 4-8 显示，当联合信号公司的股票向上突破时成交量没有明显放大。图中，这只股票过去四周的平均周成交量低于 200 万股。在向上突破的那周，成交量并未达到 400 万股的水平，更不用说超过 400 万股了。这是一个信号，说明买方力量不够强大，不足以推动它超越 50 元附近的阻力区域。因此，如我所料，联合信号的股票在 49.25 元处就止步不前了。如果你以止损买单在几周前于 43.625 元处买进，当其上涨至 49 元附近，即 1986 年的最高点时，你就应该迅速卖出获取短线收益。

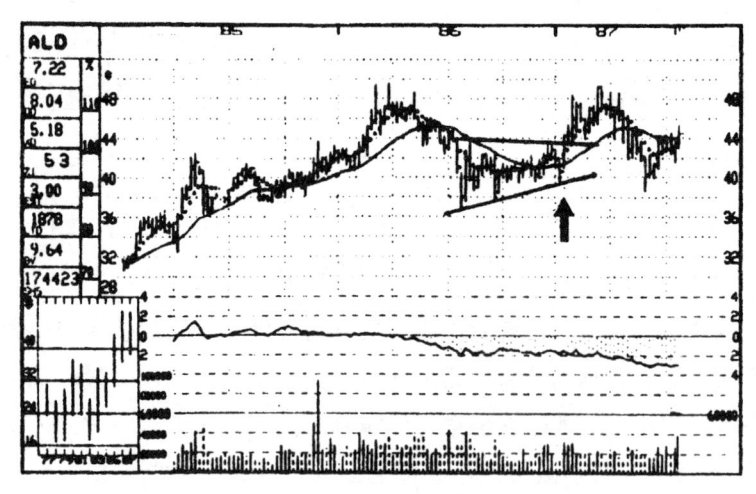

图 4-8 联合信号公司

现在将这只表现平淡的股票与固特异轮胎公司相比。固特异轮胎公司是道琼斯工业指数中 30 只蓝筹股之一，1986 年末向上突破。图 4-9 显示出在固特异轮胎公司的股票突破点上，大量兴奋的买单蜂拥而至。突破前四周的平均周成交量大约是 220 万股，但在突破的那一周成交量是这个数字的三倍，并且在接下来的两周成交量越来越大。这就是典型的 A$^+$ 型股票！几个星期后，这只股票回调至 40 元左右的移动平均线附近。请注意，这次回调透露出另外一个上涨信号：成交量与峰值相比，萎缩了 75% 以上。如果此时的交易量仍处于峰值水平，那么你就不应该继续买入这只股票。然而，在这个例子中并非如此。上涨时成交量巨幅放大，紧接着回调时成交量明显萎缩，这给出了强劲的买入信号。这时，你应该在 40 元附近的低点，买入你拟持仓量的另一半。

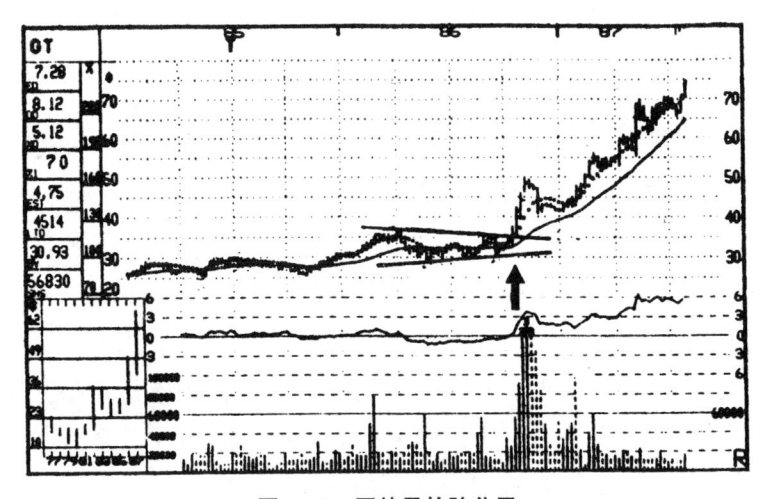

图 4-9 固特异轮胎公司

下面还有一些例子可以帮助你掌握这个非常重要并且能够带来利润的概念。图 4-10 和图 4-11 所示的两只股票来自同样的市场周期和同样的行业，其中一只上涨超过了 300%，而另一只却下跌了，这从成交量可见端倪。图4-10中，波多黎各水泥公司的股票于1986年初在向上突破9元之前，四周平均周成交量仅有1.2万股。接着在向上突破时成交量放大了10倍，显示出某些人突然急切地在买入。这些人做得很正确，因为仅仅15个月之后这只股票就涨到了38.5元。

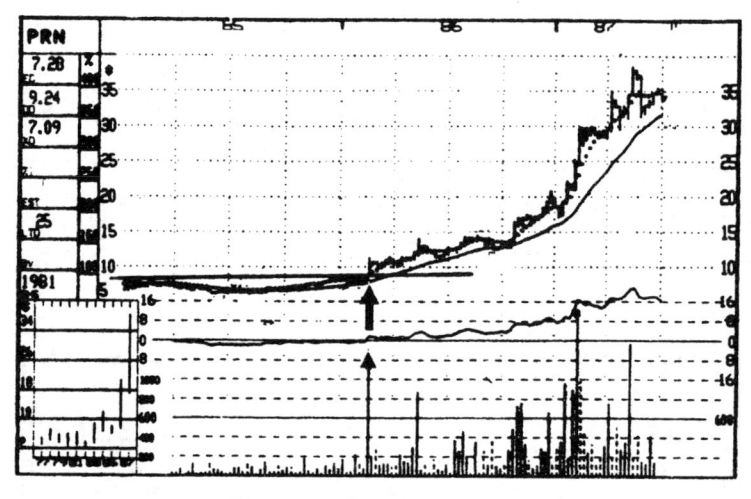

图4-10 波多黎各水泥公司

图4-11得克萨斯工业集团的股票是另一只在1986年初向上突破的股票。但这只股票突破失败。与波多黎各水泥公司的股票突破时成交量放大不同，这只股票的成交量实际上还萎缩了，比过去几个月成交量的最高水平要低。所以即使得克萨斯工业集团的股价超过31.5元，我们也不要买入它。成交量指标救了你，因为几个月之后这只股票跌至22元，而波多黎各水泥公司的股价却一飞冲天。

还有很多内容必须学习，但我们先停一停，复习一下现在我们已经知道要寻找的关键点。第一，整个市场趋势是向好的。第二，股票所在的行业也应该表现不错。第三，从表现良好的行业选出来的这只股票应该向上突破进入了第二阶段，并且上方阻力是相比之下最小的。第四，突破**必须**得到成交量的确认。看看我们有多少条选择的标准，想想你应该如何将牛股、一般的股票以及熊股进行区分。

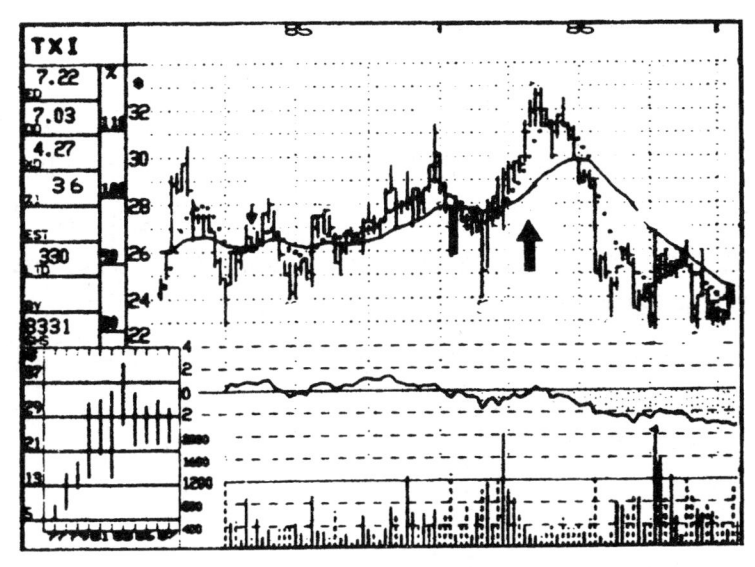

图 4-11 得克萨斯工业集团

你看，使用技术分析方法有如此多的内容需要学习，但仍然有一些学院派的经济学家会告诉你图形是没有用的，市场交易是随机的。很多年前我也因为这些观点而不安，但现在我觉得好笑。现在你觉得所有的这些变化都是随机的吗？你怎么可以将 1 000 只向上突破的股票全部输入电脑，用同样的方式处理它们，好像它们全部都是 A^+ 的股票？这就好像说在全美橄榄球联赛中，从丹·马利诺和约翰·艾尔威到一名普通的四分卫，所有人的传球都是同样的距离一样。但是，这没有什么。这些所谓的"随机漫步者"会在第二阶段向上突破时将股票卖掉，而在第四阶段价格不断下跌时买入，我们就任由他们相信图形分析是没用的好了。

▶ 相对强度

进一步缩小我们的潜力股名单时，要审视的下一个重要因素就是**相对强度**。这一指标用以衡量一只股票与整个市场相比表现如何。即使某只股票正在上涨，它也可能表现出较差的相对强度。如果股票XYZ上涨10%而同期的大盘指数上涨20%，那么XYZ就是相对表现较弱的，尽管它正在上涨。这只股票不仅没有引领市场的上涨，而且面对整个市场的上涨只是勉强向上拉升。因此，当整个市场下跌时，XYZ大幅下跌的可能性就相当高。相反，如果整个市场下跌20%而XYZ只下跌了10%，那么XYZ的相对强度就还不错。一旦市场转好，这只股票很可能成为上涨明星。

计算相对强度的公式很简单：

$$相对强度 = \frac{XYZ的价格}{市场指数}$$

假如XYZ目前是50元，大盘指数是310点，那么XYZ的相对强度就是0.16（50/310）。一些技术分析者每天都计算这个指标，但我觉得没这个必要。一周计算一次足以让你随着时间的推移发现某种明显的模式，这对于我们的分析才是重要的。应该在每周的同一天计算这个指标，无论是在每个周三或是周四都可以。我倾向于每个周五计算，因为周五为一周的交易画上了句号。某个星期的相对强度可能是正的，而另一个星期可能就是负的。一段时间后就能形成真实的图形。

图4-12的上半部分显示了股票XYZ的价格，下半部分显示了对应的相对强度。请注意，当股价的表现乏善可陈时（在51~55元的交易区间内波动），相对强度却透露出另外的信息。相对强度线抬升是利好的表现，说明它从横盘的交易区间向上突破的可能性较大。即使这

只股票欺骗了我们，向相反的方向运行，我们也**不要**对它实行卖空操作。无论何时，当一只股票相对强度较强时，就是明确、清晰地告诉你其下跌动能有限，所以要想进行卖空操作就得找其他的股票。不过，如果你持有这只股票，你仍必须顺应向下突破的走势而卖出。

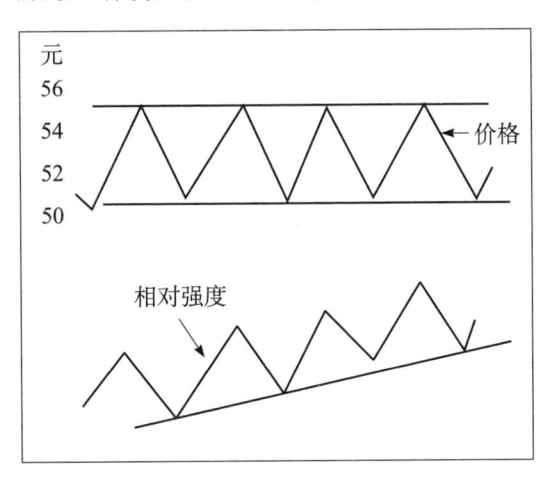

图 4-12　股票 XYZ 的相对强度

当你观察到与价格表现相比，相对强度线的表现不佳时，千万不要买入这只股票。相反，当你发现某只股票相对强度表现较好时，也不要考虑将其卖空。

图 4-13 的相对强度线上还有一条零值线。在零值线之上是长期的正的相对表现，在其下是长期的负的相对表现。假如某只股票符合我们所有的筛选要求：行业表现、最小阻力、成交量放大等，同时相对强度线从负的区域移动到正的区域，那么这就提供了一个重要的长期利好指标。对于我们后文中会讲到的卖空来说，需要与上述相对强度线相反的情况。当所有卖空的标准都符合时，还需要相对强度线向下突破零值线。不过，不要认为当相对强度线位于零值线之下时就一定不能买入这只股票，也不要认为当相对强度线位于零值线之上时就一定不能卖空。如果相对强度线形态较好并且正在从负到正的转变

111

中，同时其他的标准都符合，那么就应该进行买入操作。但是，无论其他指标如何符合标准，如果相对强度线位于负值区域内，并且形态很差，这只股票就**绝对不能**买入。

现在让我们观察现实世界中有关相对强度的例子。首先，回到图4-13默克公司的股票图形。当这只股票在1985年末向上突破60元时，从长期来看它已上涨至历史新高，其上方没有阻力区域存在，此时其相对强度颇有看点。实际上，在向上突破发生之前，相对强度线就开始上升了，这是一个利好的信号。接着，当默克的股票向上突破60元时，相对强度线就进入了正的区域并在整个1986年和1987年的上半年一直保持强势。这就不奇怪为什么默克的股价上涨了三倍，成为那个时期表现最好的蓝筹股之一。

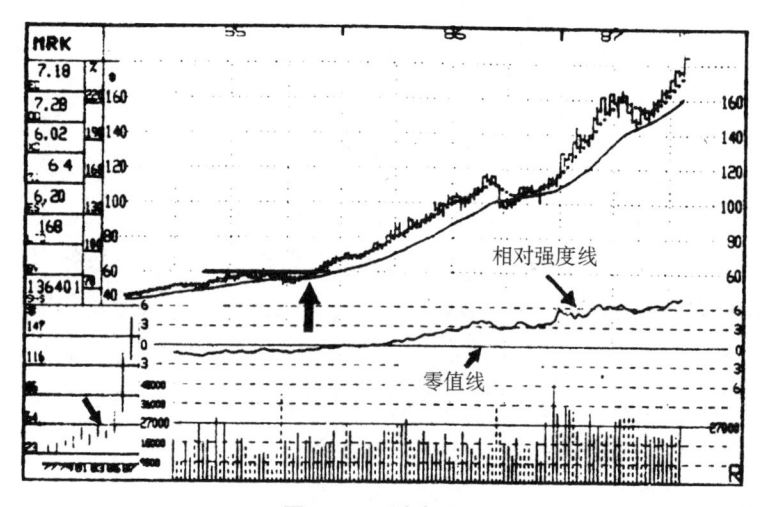

图4-13 默克公司

图4-14和图4-15证明了相对强度这一指标的优点。亚当斯-罗素公司（见图4-14）的股票在1986年初向上突破了其位于15元附近的阻力区域，成交量明显放大。当股价超过16元时，从长期来看，这只股票的上方已经没有阻力。在向上突破发生之前，相对强度线表

现平平。但在突破前的数周，它开始漂亮地上升。当向上突破发生时，相对强度线就越过了零值线。同时这只股票也满足了我们所说的其他买入标准，因此亚当斯-罗素的股价在接下来的一年半里上涨接近三倍，我们并不意外。

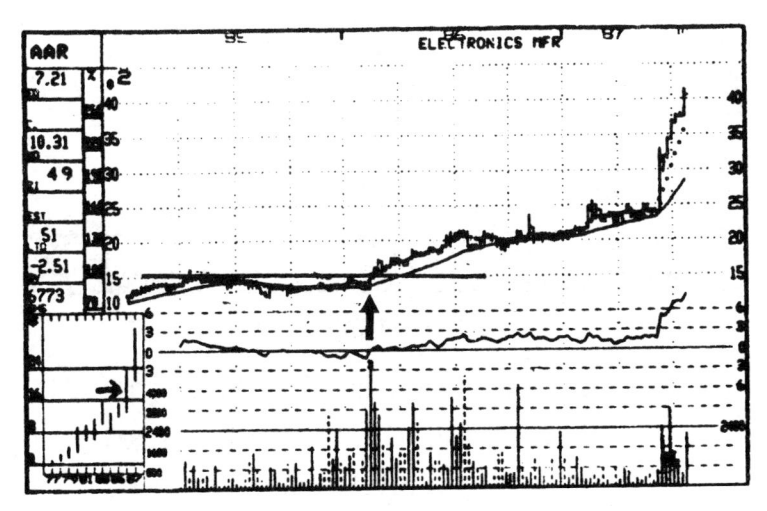

图 4-14 亚当斯-罗素公司

阿尔派公司（见图 4-15）在 1986 年初的 5.5 元处向上突破，成交量迅速放大。从长期来看，这只股票此时上方不再有阻力并且相对强度线形态良好。尽管在突破发生之前相对强度线位于零值线的下方，但从突破前的 90 天起，这条曲线就开始向上。当这只股票价格超过 5 元时，相对强度线就位于零值线之上了——这是从相对强度方面释放出的第二个利好信号。最终这只股票如预料中那样顺利地上涨，在接下来的一年半里上涨了四倍多。

现在让我们看看硬币的另一面——看着那些没有伴随着良好相对强度的突破。尽管在这类向上突破的股票中，某些最终也能成为大牛股，但我们用不着为此惋惜。我们要寻找的是那些上涨可能性达到 80%～90% 的股票，而不是瞎猜。我们将它们留给赌徒吧。

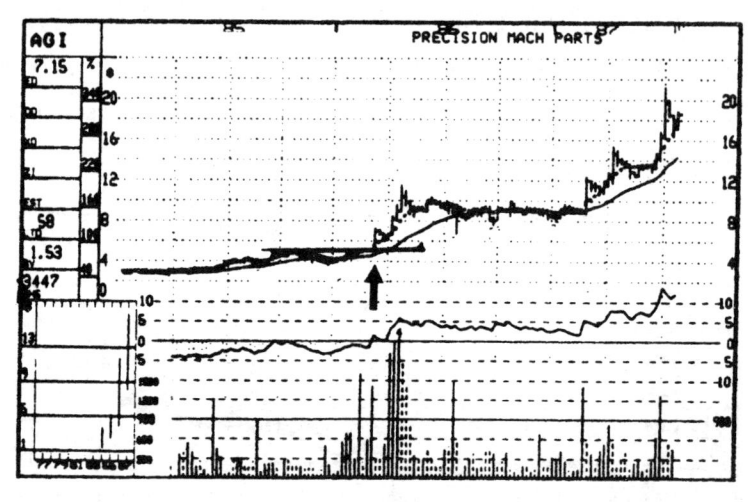

图 4-15 阿尔派公司

图 4-16 向我们显示了劣等的相对强度是什么样的。尽管股票 XYZ 在 50~55 元的交易区间内运行,相对强度线却在警告我们当心下跌。这条曲线正在下降,显示出这只股票的表现要远远弱于整个市场。因此,股价从这一横盘区间最终突破时,往下的可能性很大。即

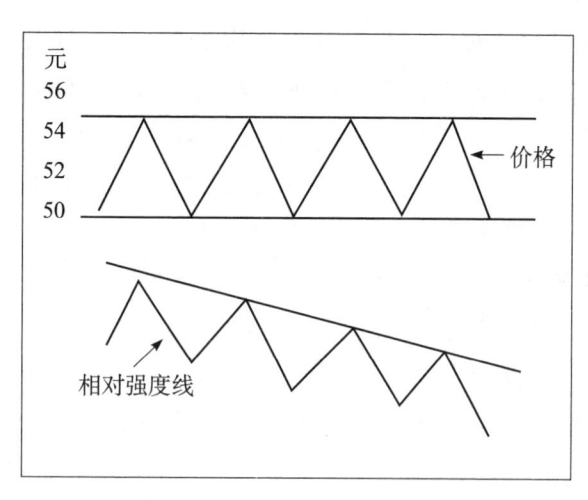

图 4-16 XYZ 劣等的相对强度

使遇到非常少见的情况，股票最终向上突破，它仍然不值得买入，因为它很可能仅是略微上涨而不太可能飙升。

下面来看看现实中的例子。图 4-17 中顶点公司在 1987 年初于 8.5 元处向上突破（见 B 点）。然而，相对强度线却警告你不要在此次突破处买入。原因如下：第一，相对强度线位于负值区域较低处，远远低于零值线。虽然这个指标不能将这只股票从备选买入对象中排除，但它是一个预警信号。要买入的股票相对强度线最好要表现得很好，否则就别买。顶点公司就是不能买的例子。第二，相对强度线从 1986 年初的最高点开始，经历了 12 个月的下降。第三，当顶点公司的股票在 B 点向上突破时，其相对强度水平还低于 A 点所对应的相对强度水平，尽管 B 点相对于 A 点股价是上涨的。这样，这只股票就应该被彻底排除了。但是为了进一步引诱粗心的投资者进入，这只股票在几个月后于 9.125 元处再次向上突破（见 C 点）。然而，这时的相对强度水平仍然低于股价位于前期高点时的相对强度水平（在相对强度线上，C′点对应的位置低于 B′点的位置）。后来，尽管道琼斯工业指数快速上涨，顶点公司的股价却一直下跌。

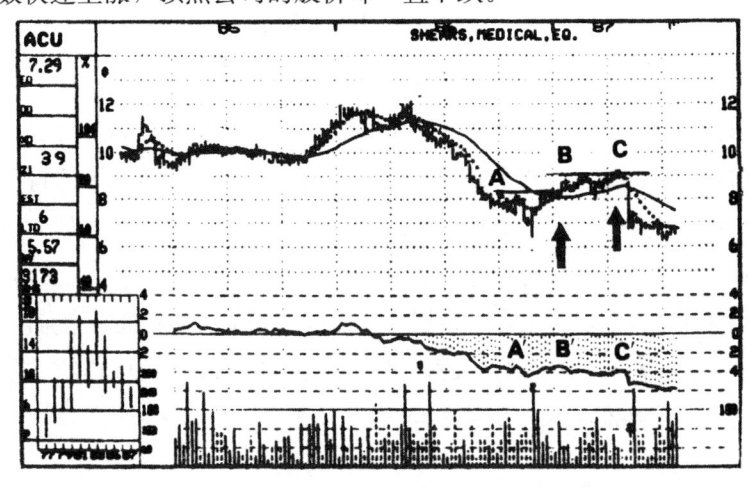

图 4-17 顶点公司

在凯尔公司的股票图形上也上演了同样的剧情（见图 4‑18）。1987 年初，凯尔的股票在 4.25 元处向上突破（见 B 点）。同样，相对强度线形状较差，并且呈下降趋势。这条线位于负值区域，B 点所对应的相对强度水平 B′还低于 A 点所对应的相对强度水平 A′。因此，当市场指数上涨时这只股票却下跌 50％，对此我们早有所料。

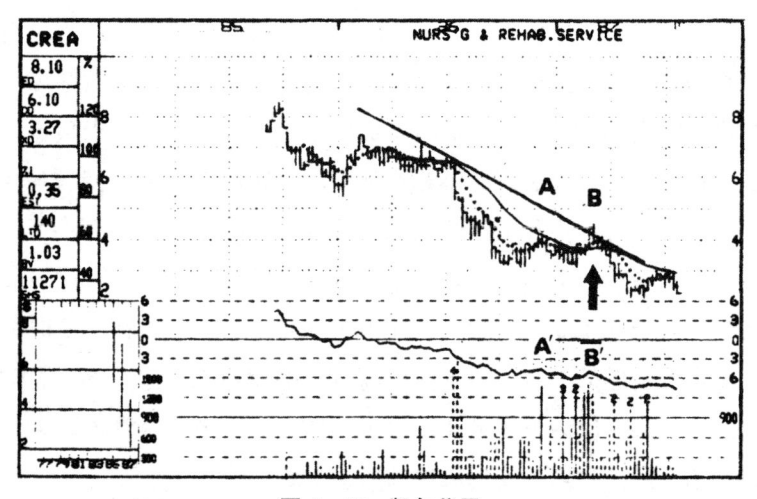

图 4‑18　凯尔公司

图 4‑19 再次说明了这个问题。克兰德公司的股票相对强度线表现不好。向上突破点（B 点）的相对强度水平较低（B′低于 A′）；相对强度线位于零值线的下方，股价位于下降通道中。另一个值得警惕的信号是 B 点的突破缺乏成交量放大的确认。接着，克兰德的股票走势反转，在一个上涨的市场中下跌了 40％。

这些就是本节的内容。忽视相对强度线是非常危险的。我们要找的是最好的买入对象，而不是表现一般的股票。相对强度线能够帮助你在今天就瞄准明天的大牛股！

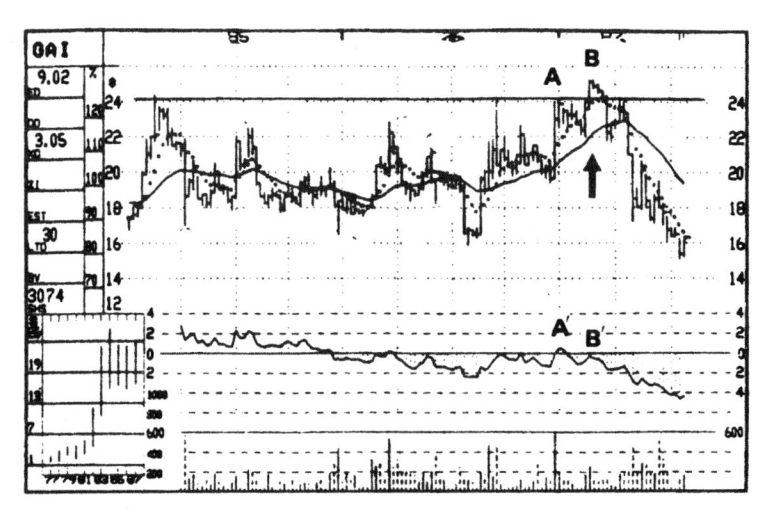

图 4-19 克兰德公司

买股快捷指南

在进一步探讨之前,我们来看一个好用的指南,它能为你做两件事。第一,帮助你快速浏览我们前面学过的买入股票的重要步骤。第二,当你在寻找新的买入标的时,它可作为参考帮你确定正确的选股步骤。

- 检查整个市场的主要趋势。
- 挖掘在技术上表现不错的几个行业。
- 将这几个行业中有上涨潜力但目前仍处于交易区间的股票列入清单。记录下每只股票可能的向上突破的价位。
- 缩小清单范围。剔除在上涨后不久就将遇到阻力区域的那些股票。
- 通过检查相对强度进一步缩小清单范围。
- 对符合所有买入标准的几只股票下达撤销前有效的止损买单,

买入拟持仓数量的一半。

- 如果向上突破时成交量放大，回抽时成交量萎缩，就在股价回落至首次突破点附近时买入拟持仓量的另一半。
- 如果成交量的变化不理想，也就是说在向上突破时成交量没有明显放大，就在股价第一次上涨后卖出。如果这只股票不仅没能上涨反而跌回到突破点以下，就**立即**卖出。

▶ 关于买入的进一步提示

我前面提到的买入过程中的各个步骤都十分重要。如果将重要性以 1~10 来区分，10 表示最重要，那么这些步骤的重要性都是 10！如果你忠实地执行了这些步骤，将获得惊喜。现在我要教给你一些进阶方法。这些方法不像前面的步骤那么至关重要，但它们可以进一步提升你的利润。

当你阅读大多数技术分析书籍时，你很快就会被各种奇怪的形态弄晕，如什么三角形、三角旗形、旗形等。我不是说这些花哨的形态没用，而是说要在市场中斩获丰厚利润，它们不是最重要的。在本书开始时，我承诺过，我只介绍最重要的技术指标。所以，什么碟形底啦，什么楔形战术啦，我都不会提。但是，有几种形态，你必须熟悉，它们既好认又能帮助你赚钱。

第一个就是头肩底形态。这是所有底部形态中最有力和最可靠的一种。大多数投资者听说过它，但其中只有少数人在看到它时，能够真正知道。实际上，技术分析新手们常常觉得在每一幅图形中都看见了头肩底形态，就像医学院的一年级新生经常担心自己会染上所学过的每一种疾病。

当一只股票经历了大幅下跌又酝酿着要快速向上反弹的时候，就会出现强劲的头肩底形态。图 4-20 显示了头肩底形态的主要特征。首先要有一次下跌使得 XYZ 跌落至一个新的低点，接着又有一次因为超卖引起的反弹（A 点）。这样，形态的左肩就形成了，但是此时进行判断还为时过早。

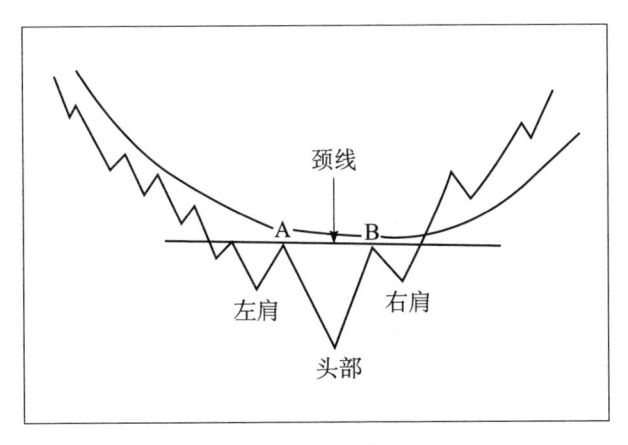

图 4-20 头肩底形态

接下来这只股票继续下跌，跌至第四阶段中的一个新低。此时反弹的信号出现了。一旦急迫的卖压结束，XYZ 就令人惊奇地反弹回跟上次反弹时相同的阻力区域附近（B 点）。在这一不同寻常的上涨的基础上，头部形成了。而在此之前，创新低之后的反弹都远达不到先前高点。尽管现在买入还太早，但你已经能感觉到某些事情正在发生。

接着还会发生另外一次下跌，但并不创新低。实际上，这次下跌甚至都不会跌至上次的低点，这是另外一个微妙的利好信号。理想状态下，反弹的高点（A 点和 B 点）应该大约在同一价格上，而分布在下方头部两侧的两个低点价格也应该大致相同。但这并不是绝对的。对应的两个高点和低点的价格水平可能会有些差别，但它们在形态上一定会有某种程度的对称。

在这一次下跌结束之后，股票再一次上涨，图形的右肩形成了。另外需要注意的就是，图中的 A 点和 B 点可以用一条趋势线连接起来，这条线叫作颈线。要密切关注颈线，因为一旦股票向上突破颈线，就释放出明显的上涨信号。千万不要过早行动。在很多例子中，这种头肩底的形态一直都不会完成，有的反而会向下突破。

关于头肩底的成交量有各种说法。大多数理论认为：如果在左肩成交量最大，头部有所减少，在右肩成交量萎缩，那么就是上涨征兆。但其实成交量在这个形态中并不那么重要。在研究了大量反转形态之后，我认为，在头肩底图形中，成交量不是一个预测股票未来上涨潜力的好指标。

有两个重要并且可靠的指标，都来自我的操作系统，并且绝对不能忽视。第一个是 30 周均线。首先，确定 30 周均线有好的形状。这条均线不再下降，股价向上突破阻力区域之后，站在了均线上方。如果均线正在下降，即使股票向上突破了颈线，甚至向上突破了均线，也不要买入它。如果均线停止下降，你可以在股票回调至均线附近时买入。如果股票向上突破了颈线之后，仍然位于均线的下方，那么要等到股价越过均线才可以买入。

第二个重要的指标就是当股价向上突破颈线和均线**之后**的成交量。在股票的头肩底形态形成过程中，你不用花太多时间考虑成交量的问题，而形态一旦形成，你就应该密切关注成交量。关于成交量，我们前面学过的规则仍然适用。向上突破必须有成交量的明显放大才能确认，否则向上突破就不可靠。

在日线图中辨认头肩底形态要比在周线图中容易得多。先看日线图（见图 4-21），再看周线图（见图 4-22），你就会明白我的意思。不过，真正强有力的形态即使在周线图上也能辨认出来。现在我们开始练习，这样你很快就可以迅速辨认出这样的形态。首先看图 4-22。

一旦股价在24.875元处向上突破颈线，这就是确定的买点。成交量进行了确认，相对强度在改善，因此可以预料这只股票接下来几个月内会大涨。

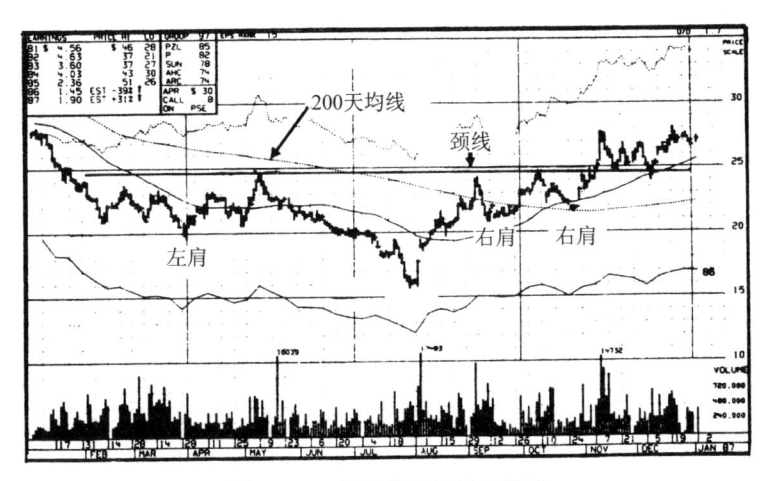

图4-21 优尼科公司的日线图

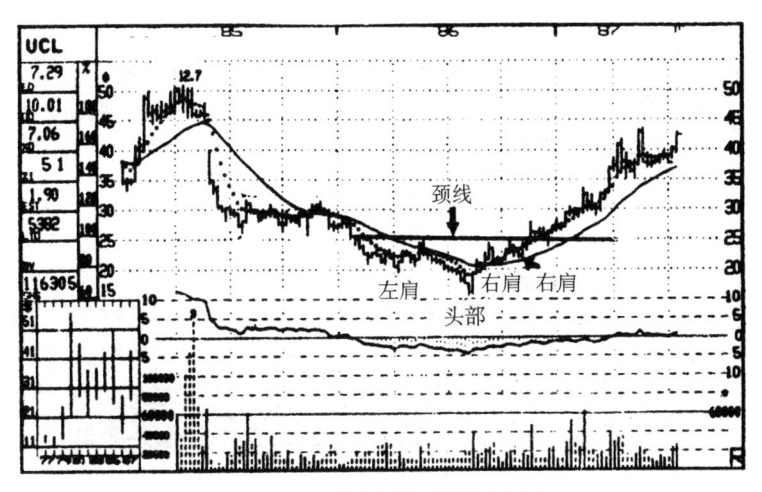

图4-22 优尼科公司的周线图

现在请看图4-23，图中的头肩底形态形成时间超过了一年。通常头肩底形态的形成比这要快得多,但不是说时间长头肩底的效力就降低。我们要密切关注股价的Z字形波动,因为它们透露出一些信号。首先,ASA公司的股价于1985年底跌至32元的低点,然后反弹到接近41元,此时,倒置的左肩就形成了。请注意,在这个左肩区域内还有一个小的潜在底部形态,伴随着一个在41元处的小的向上突破。你不应该考虑在该点(41元)买入它,因为此时其均线仍然是下降的,目前股价上方45元的阻力区域仅仅是几个月前才形成的。接着,再一次猛烈的下跌让ASA一路跌至28元。然而,与之前的普通反弹不同,接下来这只股票突然迅速反弹。它反弹至何处?恰好反弹至前次的高点附近,在41.5元处开始回落。这样,倒置的头部就形成了。ASA能够在跌至新低之后,强力反弹到前一次反弹高点的略上方,这是重要的信号,意味着积极的买家正开始回到这只股票上来。

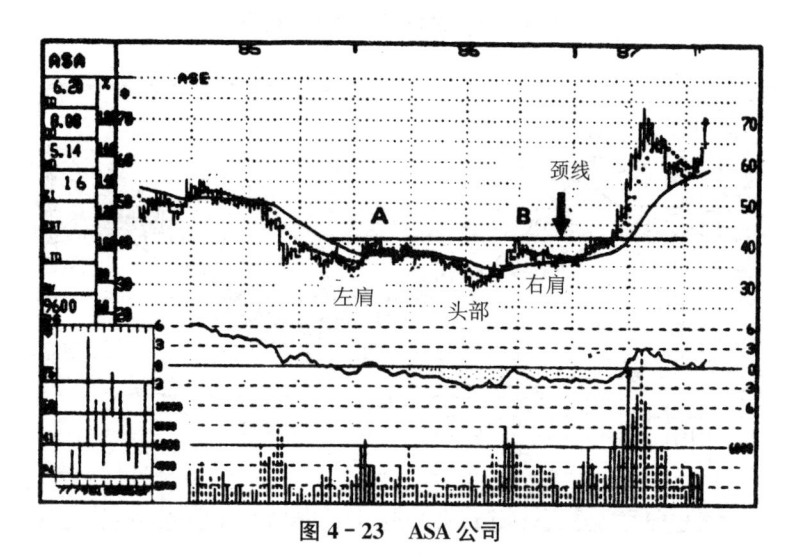

图 4-23 ASA 公司

接着,ASA的股价下降到34.375元,大约比左肩内的低点高出2元。一旦下一次反弹开始,右肩就形成了。我们将两次反弹的高点

（A 点和 B 点）连接起来得到颈线。现在我们就等待和观察。当 ASA 股价在 42.5 元处越过颈线时，你的止损买单就会被执行。突破时成交量放大，这是令人鼓舞的信号。相对强度在突破前数周内以及突破后大幅改善，这也是利好的信号。最后，尽管在 45 元附近有阻力，但已经是差不多两年前的了，其有效性已大大降低。如果"故障防护"措施到位，你就可以买入一半的拟持仓量。当你在周线图中还不能轻易地辨认出头肩底的时候，ASA 的股价已经迅速超过 44 元，接着回落至 42 元附近，此时可以加仓买入。接下来，股价上涨至 49 元，又回调至 46 元，此时是最后的买入机会，之后它就飙升到了 73.5 元。

ARA 服务公司（见图 4-24）提供了研究头肩底形态的另一个视角。稍作研究，你会发现相同的有利图形正在形成。首先，股价下跌至 24 元附近的低点，当 ARA 反弹至 30 元时，左肩形成。接着，1982 年初这只股票下跌至 22 元附近这一第四阶段新低。在这之后，买方进入，将股价拉升至前一个高点价格附近，头部形成。连接两次反弹高点得到颈线。紧接着 ARA 股价跌至 25 元，在前期低点 24 元之上企稳。现在出现了一个你应该注意的有趣现象：股价再次反弹回 29 元附近，但是没有向上突破，在这之后它又下跌至 26 元以下，然后才又再次反弹。因此，这个头肩底有两个右肩（同样的情况也出现在优尼科公司股票的头肩底图形中，见图 4-21 和图 4-22）。这种情况并不少见，也不会降低形态对上涨趋势的预测价值。纯技术论者认为如果图形中有两个右肩，就应该有两个左肩。我不同意。只要必要的条件具备了，不需要严格对称。不管怎样，一旦向上突破颈线，在 30 元处买入 ARA 的股票就是一笔好买卖。同时，有明显放大的成交量和很好的相对强度也可以帮助我们确认。

你现在开始明白应该寻找什么样的股票了吗？要习惯于发现有效的第一阶段头肩底形态，这相当重要，因为这类形态强劲有力，它们

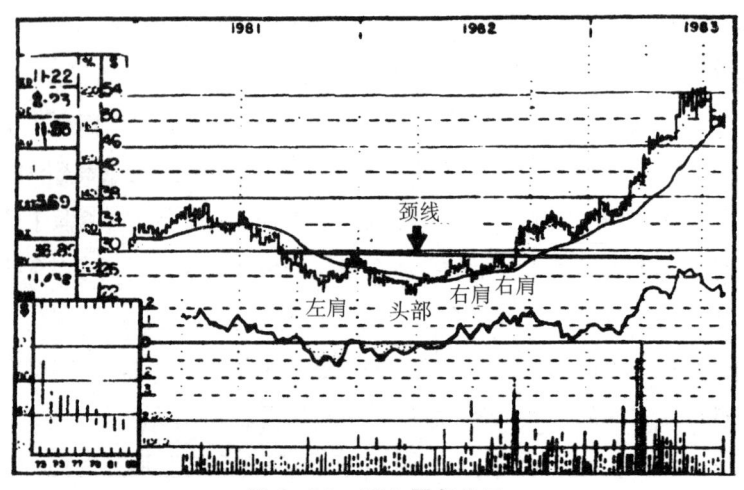

图 4-24 ARA 服务公司

不像初学者以为的那样经常出现，但它们一旦出现，你就应该认得出来并把握住机会。

现在学习图 4-25 日照矿业和图 4-26 天合汽车集团。它们会帮助你训练辨认这种上涨形态的眼力。

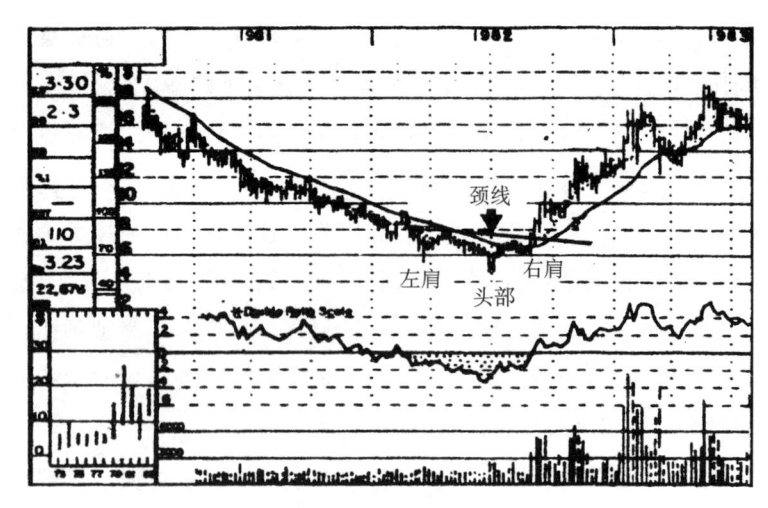

图 4-25 日照矿业

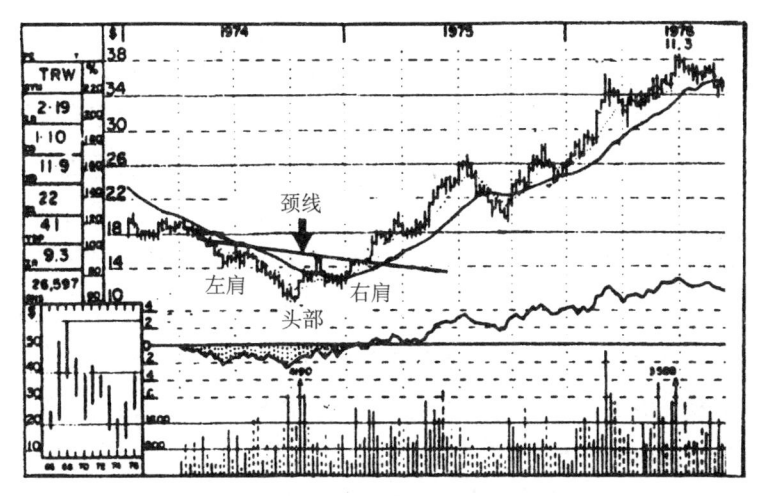

图 4-26 天合汽车集团

最后，头肩底形态还可以作为辨别整个市场和某个行业情况的指标。一两个单独的形态并不能说明整个市场的状况，但在同一时间段内出现若干这样的形态就可以说明了。例如，在 1974 年末以及 1982 年中期，市场上出现了很多头肩底形态，这些形态就是整个市场走牛的一个指标。如果你记得这段历史，就会知道这两个时点是两个大牛市的初期。同样的道理，在同一行业中出现多个这样的形态对这个行业来说是强烈的多头信号。关于头肩底形态在行业中的应用，1986 年有个绝佳的例子。与石油相关的股票——石油、石油钻探和石油服务的股票都在 1986 年构筑了头肩底形态，后来，整个石油行业成为 1987 年的股市大赢家之一。

▶ **双重底**

尽管我下面要讲的形态不像头肩底那么强劲，但它也预示着可观的上涨，尤其是当明显放大的成交量、很好的相对强度和最小的阻力区域与它一同出现时。

从图 4-27 中可以看到，XYZ 首先跌到一个低点（A 点），接着当卖压减小时反弹。接下来的第二波抛售使得 XYZ 一路下跌至前一个低点附近水平（B 点）。如果这次的卖压没能使这只股票的价格创新低，这就是一个利好信号。如果 B 点仅稍低于 A 点，出现了股价的新低，也没有太大关系。重要的是看股价的第二次反弹是否能达到前一个高点。在此以后，向上突破就可以立即发生。在某些情况下，股票会横盘数周，再向上突破进入第二阶段。不要去预测底部是什么形状，不要过早买入。在一些例子中，向上突破始终没有发生，股价反而跌至新低。在另外一些情况下，向上突破可能在几个月之后才发生，在那之前你可能已经沮丧不已并且卖出了股票。这种图形在几个星期里形成是很正常的，如图 4-28 和图 4-29 所示。然而，在为数不多的例子中，它会花费很长的时间，就像在哈弗德工业公司的图形（见图 4-30）中显示的那样。现在请看一下这三幅图。

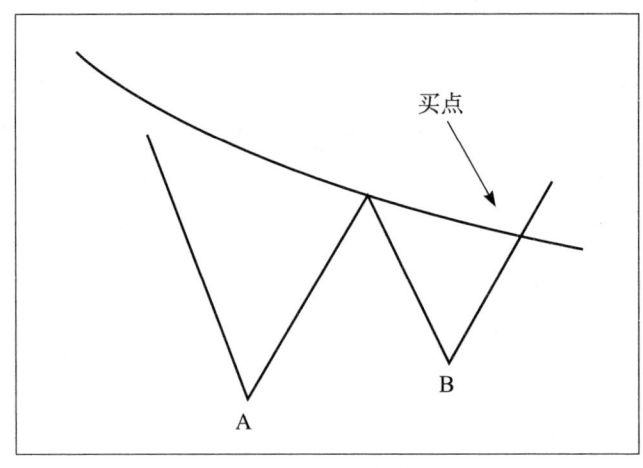

图 4-27　股票 XYZ

在图 4-28 中，安佳公司的股票价格跌至 10 元附近（A 点），又反弹至 14.125 元。在 1986 年末的第二次抛售使得股价回落至 10.5 元。接着，一次缓慢的反弹开始了，成交量也开始放大（一个利好信号）。然而，在达到 13.5 元后，反弹没能向上突破 14.125 元的重要阻力区域，并在接下来的几个星期内进一步盘整。接着，当这只股票向上突破其趋势线和 14.125 元的阻力位之后，第二阶段的上涨就开始了。

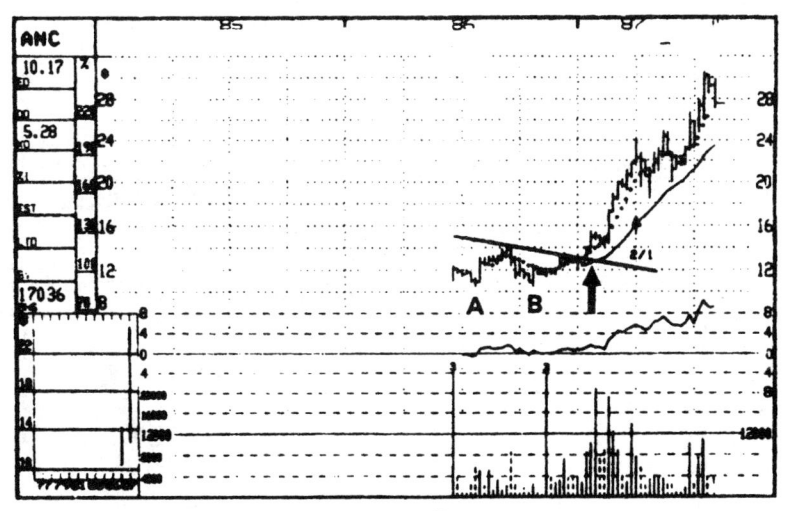

图 4-28　安佳公司

在太阳计算机系统公司的例子中（见图 4-29），双重底形态形成得很快。当它向上突破 15.25 元处的阻力位时，这只股票已准备进入上升通道。注意，当相对强度线进入正值区域后，其表现相当不错。同时，成交量的放大也很明显。最后，一旦股价站上 20 元，上方就不再有阻力。

对于哈弗德工业公司（见图 4-30）来说，双重底的形成长达 15 个月。但是一旦底部形态构筑完成，股票向上突破 8 元的阻力位，结果就和安佳公司以及太阳计算机系统公司一样。

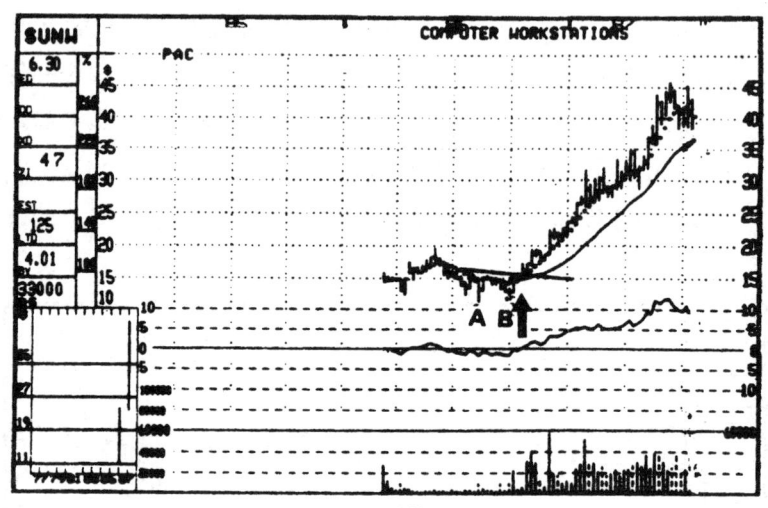

图 4-29　太阳计算机系统公司

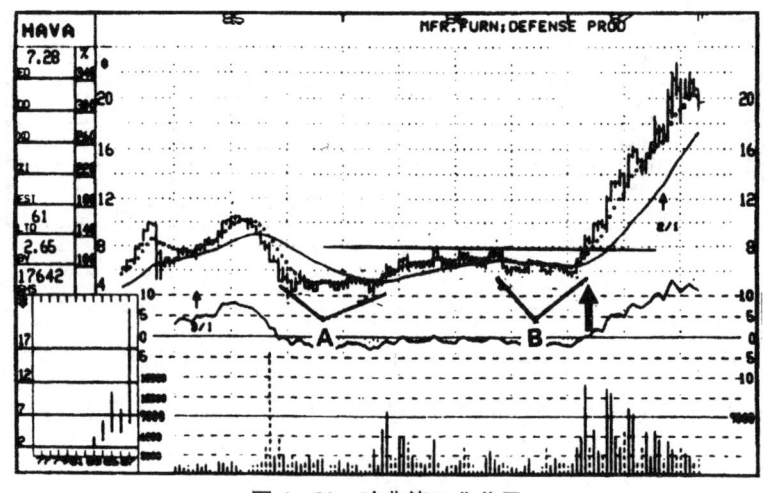

图 4-30　哈弗德工业公司

对整个市场来说，你也可以去辨识这样的形态。1974年末，在经历了1929—1932年以来最大的熊市之后，道琼斯工业指数出现了一个强劲的双重底形态（见图4-31）。在下跌至B点之后，接下来的反弹使得大盘指数向上突破了下降趋势线和30周均线。1975—1976年的牛市就此拉开了序幕。

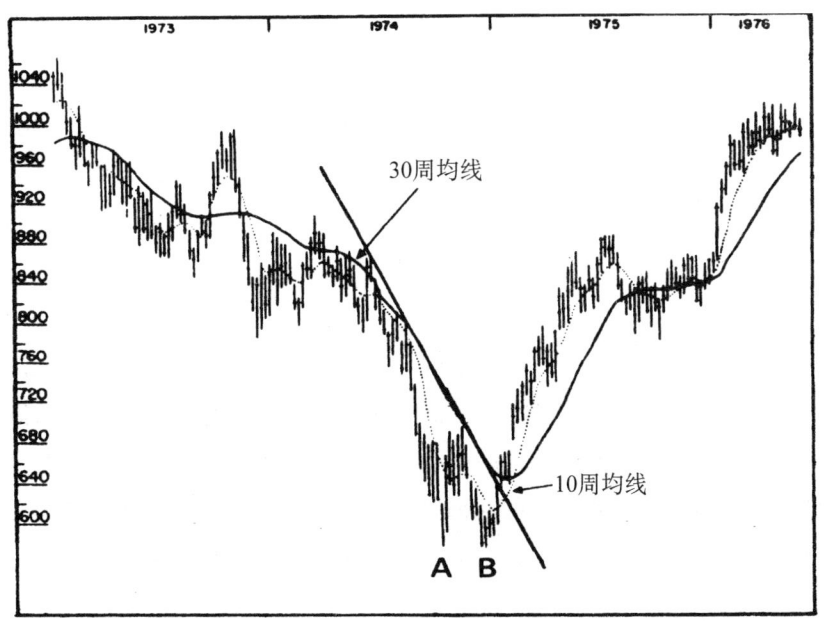

图 4-31 道琼斯工业指数周线图

对于双重底要非常小心，因为它们经常形成。而有效的头肩底则比较少见。必须严格保证要买入的股票满足我们之前学过的各种标准，这样你就不会买入差的和很差的双重底股票。

▶ 底部越宽越好

在技术分析师圈子里有句老话——"底部越宽，涨得越高"（相应的推论是，"头部越宽，跌得越多"）。我非常认同这句话。虽然有很多底部较小，但符合其他买入标准的股票最终出现了不错的上涨，不过我们还是应该特别留意那些有着宽广底部的标的。这非常重要，因为宽广的底部形态往往会对应着范围更广、持续更久的上涨。凭直觉，这个理论很有道理。这就像一所大房子需要非常坚固的地基一样，宽广的底部能推动股价在较长的时间里上涨。从技术分析层面看，这个观点也是有道理的。较宽广的底部意味着在第一阶段有大量的换手。许多暴跌时被套的投资者不再抱有幻想，他们想解套离场，最后他们在第一阶段中带着厌恶之情将股票以低价卖给一群新的买方。这使得股票上涨的阻力减少。而新的持有者会更加耐心，会在卖出之前等待这只股票出现明显的上涨。

  下面就是两个宽广底部的例子。美洲巴利克资源公司（见图4－32）在1986年初向上突破4元附近的阻力区域，在之后的15个月中上涨接近400%。我前面强调的所有标准它都符合。在它向上突破阻力区域之前，它的底部阶段持续时间很长。成交量不仅在向上突破时急剧放大，而且在突破发生前的几周内就已经开始明显增加。此外，上涨通道中不存在离目前股价较近的阻力区域，并且突破发生时相对强度线也进入了正的区域。

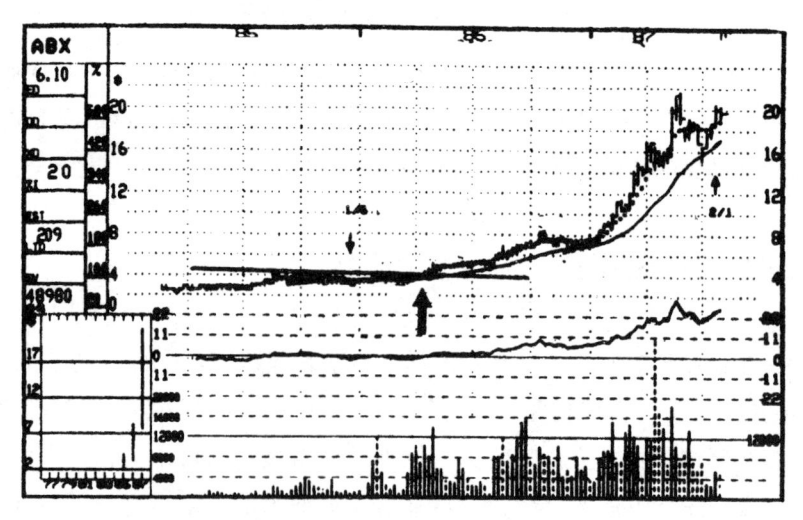

图4－32　美洲巴利克资源公司

1986年韩国基金（见图4-33）也出现了类似利好指标云集的情况。当这只股票向上突破18元阻力位时，意味着它已经完成了长时间的底部构筑，即将大幅上涨了。在接下来的一年半里股价上涨至86元。在这个例子中，成交量、相对强度以及附近不存在阻力区域等指标都像教科书一般完全符合标准。

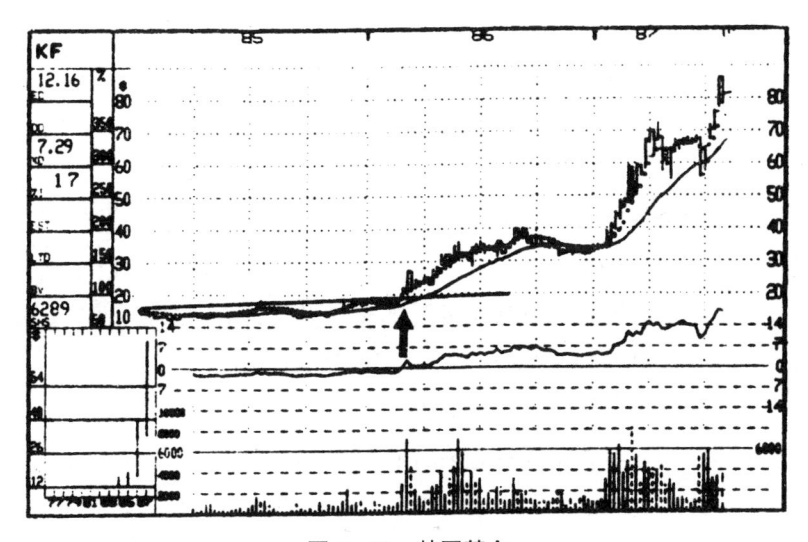

图4-33 韩国基金

前面几章中我们已经学习了很多内容，现在我们暂停一下，回想一下我们已经学过的内容。现在你应该已经明白，在市场中盈利需要遵守投资纪律，并且你已经能够辨认出我们反复提到的、与大牛股有关的各种形态。你还应该意识到，越多有利的指标聚集在一起，我们成功的可能性就越大，我们的收获也就越多。

▶ 我的投资戒律

现在对于什么时候买入以及买入什么你已经熟悉了，下面是我总结的什么时候不能买入以及不能买入什么的戒律。尽管这个戒律不长，但它却是智慧的结晶。如果你能彻底学会它们，并且保证在未来绝不违反这些戒律中的任何一条，那么你会发现你在市场中的经历会更加有趣、更能获利。

- 当整体市场趋势走熊时，不能买进。
- 不能买入弱势板块中的股票。
- 不能买入股价位于 30 周均线以下的个股。
- 不能买入其 30 周均线呈下降趋势的个股，即使股价位于均线上方。
- 无论一只股票有多牛，也不要在其上涨后期买入，此时股价已经远远高于理想的买入点。
- 不能买入向上突破时成交量放大不明显的个股。如果你用止损买单买了它，赶快把它卖掉。
- 不能买入相对强度弱的个股。
- 不能买入上方有强阻力区的个股。
- 不能猜测底部。有些股票跌了一段后看起来很便宜，结果你买入后发现它正在经历第四阶段下跌，你其实买得很贵。与这样的做法不同，你应该在股票向上突破阻力区域之后才买入。

测 试

1. 当一只股票向上突破阻力位,创出股价新高时,是非常积极的信号。

正确　　错误

2. 相对强度衡量的是一只股票与其成交量相比,其表现如何。

正确　　错误

3. 如果一只股票向上突破时整个市场趋势很好、所在行业表现强势、上涨阻力小,那么即使成交量没有明显放大也可以买入。

正确　　错误

4. 底部区域的成交量变化比向上突破时成交量的变化更重要。

正确　　错误

5. 阻力区距离买入点时间越久,其效力越低。

正确　　错误

6. 即使一只股票在下跌,它仍可能有比较好的相对强度。

正确　　错误

7. 在一次大幅下跌之后最强劲和可靠的反转形态是均线上方的双重底。 正确　　错误

8. 下图是头肩底反转形态的例子。　　　正确　　错误

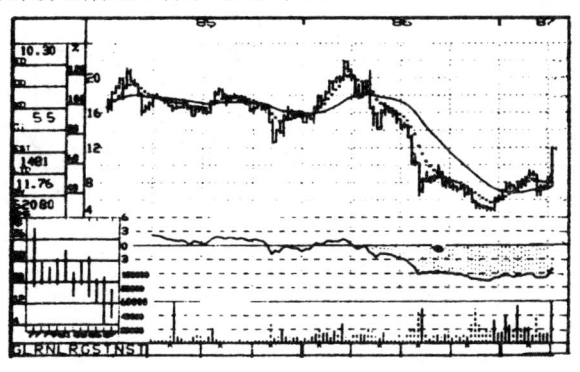

笑傲牛熊

9. 假设下面两个例子所处的市场环境和所在的行业表现都不错，你会买入哪一只？

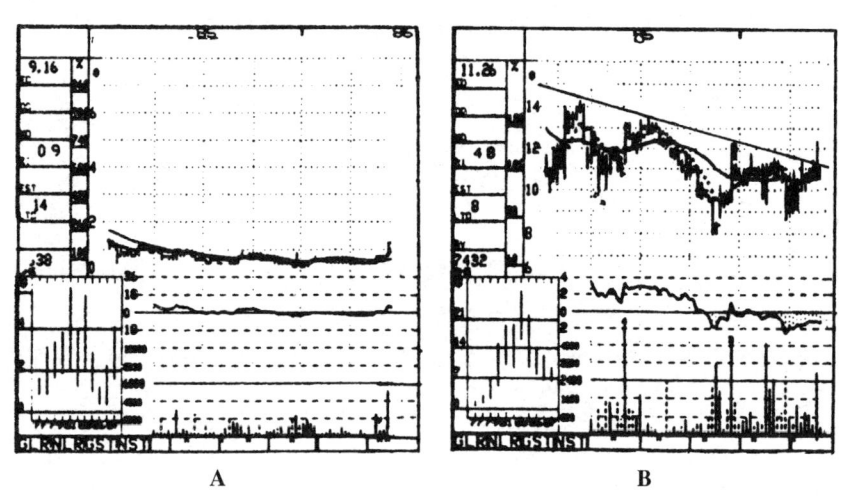

A　　　　　　　　　　B

10. 假设下面两个例子所处的市场环境和所在的行业表现都不错，你会买入哪一只？

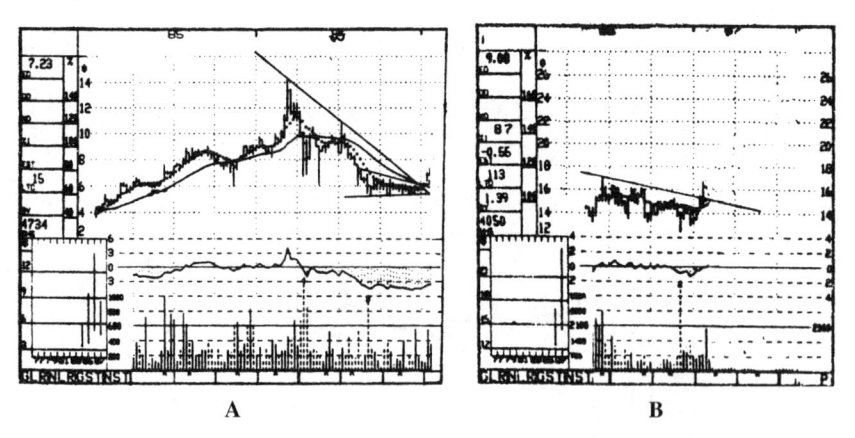

A　　　　　　　　　　B

11. 你会买入下面两只股票中的哪一只？

A B

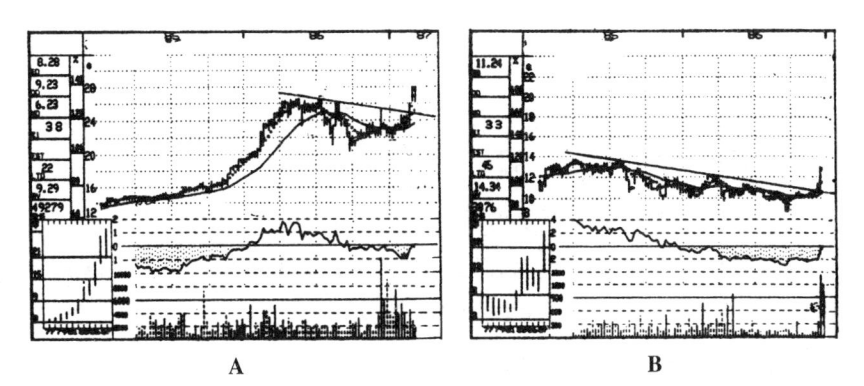

12. 假设下面三只股票所处的市场环境和所在的行业表现都不错，你会买入哪一只？

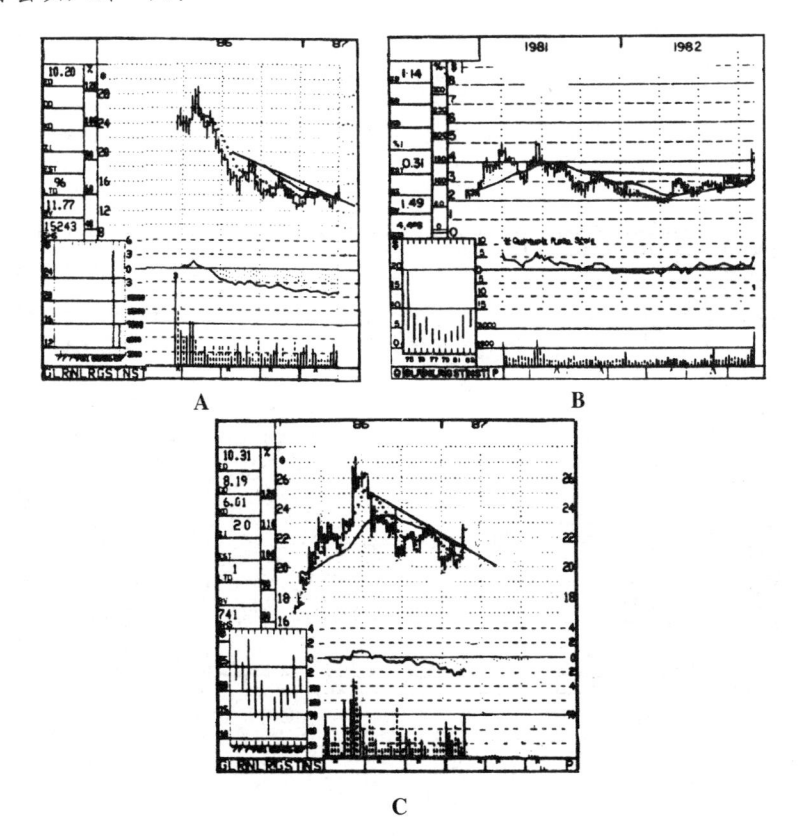

A B

C

答 案

1. 正确。没有进一步的阻力可抑制涨势。

2. 错误。相对强度衡量的是一只股票与整个市场相比表现如何。

3. 错误。绝对不能忽视向上突破时成交量的不足。这是个**非常**重要的危险信号，意味着突破缺乏持续动力。

4. 错误。在第一阶段的底部，成交量不是那么重要，但在向上突破时成交量非常重要。

5. 正确。

6. 正确。如果一只股票下跌，但在同样的时间段内跌幅小于整个市场的跌幅，就说明它的相对强度较好。

7. 错误。最强劲和可靠的反转形态是均线上方的头肩底形态。

8. 正确。

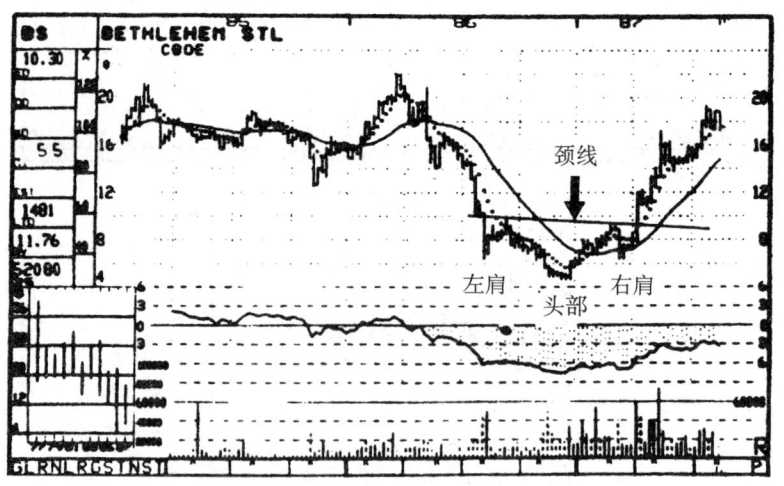

9. A。在例 A 中，股价上方附近没有阻力区域存在，而 B 显示其股价上方附近存在大量的阻力区。此外，A 有着较大的底部（18 个

月），而B的底部较小（6个月）。另外，A的向上突破得到了成交量急剧放大的确认，而B的成交量变化不明显（虽然其成交量是突破前四周平均成交量的两倍，但是低于底部阶段中另外两周的平均成交量）。在相对强度方面，A的强对强度不断变好，而B的相对强度表现较差（处于负值区域中，突破点对应的相对强度还低于底部阶段开始时的相对强度）。最终的结果就是股票A（迈凯德公司）1986年中期在1.125元处向上突破，1年后涨到7.625元。同时，股票B（阿尔法工业公司）在1986年于11.5元处向上突破，1年后跌到6.375元。

10. B（美国有线电视公司）。当美国有线电视股价向上突破时，其相对强度正在改善，而IRT公司（A）的相对强度表现平平。此外，IRT股票在8.5元附近有很强的阻力区域（是向下突破前的支撑区域）。而美国有线电视公司的股票虽然在16～17元区间存在阻力区域，但不是特别强，而且在其上方就再也没有阻力区域了！结果，IRT股票在1987年初于6.25元处向上突破，8个月之后下跌了35%。美国有线电视公司的股票在同样的时间向上突破了15.125元的阻力区域，7个月后股价上涨了85%。

11. B（菲塞特公司）。在国家服务公司（股票A）图形中，最大的不利因素就是当股价再次向上突破时，成交量**非常**不理想。而B向上突破时得到了成交量放大的确认。此外，当菲塞特的相对强度明显改善时，国家服务公司的相对强度表现平平。菲塞特图形上唯一的不利因素就是在14元附近存在阻力区域，不过这个区域已经存在了18个月，并且底部足够大，能够支撑股价突破它。最后，它的成交量变化极其明显，非常值得投资。菲塞特的股票在10.5元处向上突破，8个月后股价达到23.125元，上涨超过一倍多。而国家服务公司的股票在25.75元处向上突破，6个月之后股价仅仅上涨至26.25元！

12. 你应该选择股票B（活动房屋公司）。应该在它1982年突破

3.25元时买入。1987年,活动房屋公司股票向上突破时相对强度线表现非常好,而股票A(罗斯柴尔德公司)和股票C(芝加哥铆钉机械公司)在1987年突破时,其相对强度线的表现一般。此外,活动房屋公司在三只股票中底部是最大的,而且向上突破了水平的趋势线,而另外两只股票突破时,趋势线还是向下的。所以,我们毫不惊异,当罗斯柴尔德的股票在14.25元处向上突破5个月后,股价仍然是14.25元;而芝加哥铆钉机械公司的股票在22元处向上突破之后6个月,跌到了21元;活动房屋公司的股价则在接下来的1年里上涨了300%。

不要把所有的鸡蛋放进同一个篮子里

现在你已经知道了买什么不买什么，接下来我们要学习关于买入的最后一项内容：多元化投资。不管你对我的这套方法有多熟悉，不要期望做到完美。未来充满了太多不确定性。大多数时候保持正确是可能的，但这也意味着有时会犯错。为谨慎起见，你应该投资若干股票来分散风险。这样可以避免一着不慎满盘皆输的情形出现。

即使你以止损卖出操作（我将在第 6 章教你）来保护你的多单，但如果不采取多样化的投资策略，你仍然可能会损失惨重。如果你将全部的资金都投资于一只股票，一旦这只股票下跌 15%，你的损失就会很大。如果你不幸第二次又赔了 15%，你的本金就会损失惨重。但是如果你将所有的资金平均分配到 15 只股票上面，即使其中一只股票下跌 15%，你的整体本金也仅损失了 1%。

1987 年初的《专业价格分析者》中给出了一个多元投资法则的好例子。1 月初我推荐买入的三只股票分别是德拉沃公司（见图 4-34）、坦顿公司（见图 4-35）和得州仪器公司。

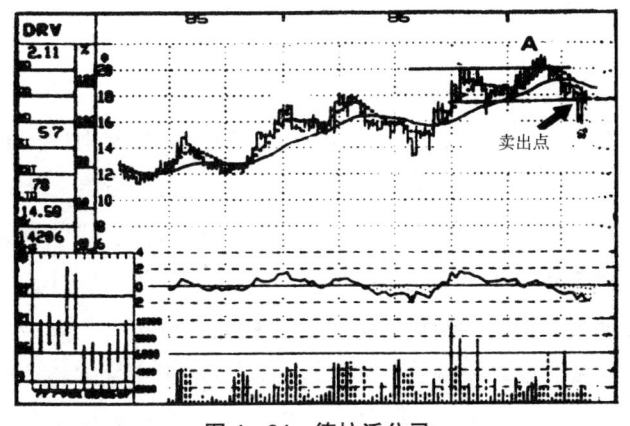

图 4-34　德拉沃公司

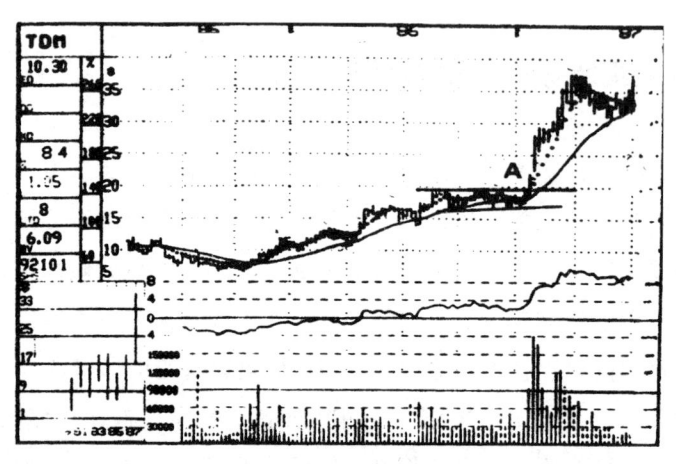

图4-35 坦顿公司

德拉沃的股票向上突破了 20 元的阻力位（A点）后，创下几年来的新高。遗憾的是，这只股票没再继续上涨，当它向下跌破 18 元处主要的支撑位后，就从上涨队伍中出局了。而坦顿的股价迅速涨至我们推荐时的 19.875 元（A点）的两倍左右。得州仪器的股票也表现特好，尽管它用了比坦顿稍长的时间，但还是比我们推荐时的 41.875 元上涨了一倍。

如果你的全部资金都投在德拉沃上，那么你在从 1987 年初开始的强劲的上涨行情中只能收获失望。如果你将资金分散投资于三只股票，你就能笑着面对市场行情。

许多参加我的研讨会的人会问："我的投资组合中应该有多少只股票才好？8只、10只还是12只？"答案是什么？没有一个这样神奇的数字！但是我认为存在一个比较靠谱的大概范围。我认为只有一两只股票的投资组合对于资金的配置来说风险性太大，四五十只又太多，你没法很好地跟踪它们。适当关注你的投资组合，这与当父母很相似。你要看管的孩子越多，照看好每一个孩子就越困难。股票也一样，如果将你的资产配置到 50 只股票上面，要想清楚地了解每一只的波动是非常困难的。此外，管理投资组合还存在一种倾向，你的大多数精力都会集中到表现较好的股票上面，而不会太关注那些表现不好的股票，你觉得它们会慢慢涨起来。结果，你是在用好股票的盈利去弥补那些差股票的损失。

正确管理你的投资组合的方法是把组合里的每一只股票都当作你持有的唯一一只股票。如果它表现不错，很好，继续持有。但是如果它上涨缓慢，表现不佳，就应该将其卖出，即使没有触及止损点，也应减仓。将资金移到更具上涨潜力的第二阶段股票上。再说具体点，对于一个投资额在1万~2.5万元的较小的投资组合来说，我认为股票数量最好不要超过6只。但如果你的投资额是数十万元甚至更高，我的建议是同一时段中最多投资10~20只股票。而且，构建投资组合时每一只股票上的投资额应该大体相等，而不是像许多投资者那样每只股票的买入股数相同。他们对每只股票都买入1 000股，无论这只股票的价格是每股5元还是40元。用一个整数来说明，如果我们投资10万元在10只股票上面，那么每只股票的投资额应该在1万元左右。因此如果你买入每股50元的股票，你就应该只买入200股，而对另一只价格是每股10元的股票，你就应该输入1 000股的买入指令。常识在构建投资组合时很重要。**不要将所有的鸡蛋都放在同一个篮子里**。但也不能走向另一个极端——用了过多的篮子！

还有另外一种值得注意和实践的多元化投资策略。投资组合里的股票不能全部来自同一个板块。如果三四个板块都显示出良好的技术形态，就分别从这几个板块中选择向上突破至第二阶段的股票买入，而不是仅从其中一个板块买入。这样即使某个板块的表现突然变化，你的投资组合仍然不会受到大的影响。如果你将这两种多元化投资方法加以实践，并且恰当使用我的技术分析体系，你就应该能在市场上年复一年获得非常不错的收益。

第5章

寻找非凡大牛股

你有没有梦想过头一天买进一只股票,第二天一觉醒来惊喜地发现那家公司已被高价收购?在本章中,我会告诉你如何让这个梦想变成现实,至少偶尔实现一次。另外,你还会学到我总结出来的鲜为人知的技术方法,它能帮助你获得惊人利润。

我们来看看所谓的并购美梦。但这对于大多数投资者来说,却是财务上的噩梦。我见过投资者根据一个又一个收购传言不断买入股票,最后却没有一个传言成真。当他们等待那些其实永远不会公布的收购公告时,他们的损失却累积到可怕的程度。为什么这么多投资者要去追寻这样彩虹般的机会?这其实是一个简单的心理问题。首先,因为贪婪。人们都希望一夜暴富,因此总是期望"这一次"就是那个暴富的机会。其次,心理学上有个理论叫作"间歇性强化",就是说如果一个动物偶然得到了它想要的,即使发生这种情况的概率很低,它也会不断重复这个行为以便得到更多。在实验中这个理论被反复证明。如果一只老鼠在经过迷宫时得到过奶酪,哪怕只有一次,这也会驱使它不断在迷宫中寻找，即使奶酪早就不放在那儿了。人类和动物没什么区别。为什么我们要在拉斯维加斯玩老虎机，或者买彩票？究其原因就是赌场中偶尔一次的大获全胜，或是新闻头条出现的某人买彩票中大奖的报道，刺激着人们不断做梦。

只要你控制好这种一夜暴富的欲望，在玩老虎机时只投入一定数量以内的硬币，或者只偶尔买一次彩票，那么这种人类所具有的贪婪本性就不是什么大问题了。但如果你被贪婪驱使着不断根据传言买入股票，那就是很严重的问题了。它会让你赔得很惨，几百个这类股票中可能有一个会成为牛股，而其他的却会以第四阶段的下跌而告终。这并非好的策略。

在并购热潮不断升级的过程中，越来越多的股票都因为相关的收购传言而上涨。这种游戏有聪明的玩法吗？当然有。玩法就存在于图形中。简单地按以下步骤玩就行了。首先，仅用小部分资金参与此类投资。你买入的绝大多数股票应该来自你的研究成果。其次，如果你听到了某个收购传言，判断它的来源。假设这个传言来自你的股票经纪人。如果在此之前他所推荐的股票都获得了收益，那么这就是个不错的消息来源；如果他之前给你推荐的股票都不靠谱，那么这个消息来源就非常值得怀疑。

但是不能就此止步。现在回到我们前面所学的规则。将这只股票的图形找出来并仔细研究。如果这只股票像贝佛利公司（见图5-1）在1987年中期表现的那样，即便有关它的传言满天飞，也应该把它抛到脑后。如果这只股票位于第四阶段，并且相对强度线的形状很糟糕，就应该立即离开这台"老虎机"。如果这只股票已经大幅上涨，价格远远高于理想的买入点，就像安佳公司（见图5-2）在1987年中期28元附近那样，也不应该买入（安佳公司的股票应该在1987年初的14元附近买入。但是绝对不能买入已经过度上涨、回报/风险比率很低的股票,如 1987 年末的安佳公司)。我宁可错过一只有上涨潜力的股票,也不愿买入一只回报/风险比率很低的股票。没能买入一只有上涨潜力的股票,你所损失的仅仅是可能的利润。就像坐公交车一样,就算错过了一辆,下一辆很快就会来。然而如果你在胜算不大的情况下惨败,你所损失的将是非常宝贵的本金。这里涉及一点数学。假如你的本金是 5 万元,当你损失了 20% 时,你持有的股票市值

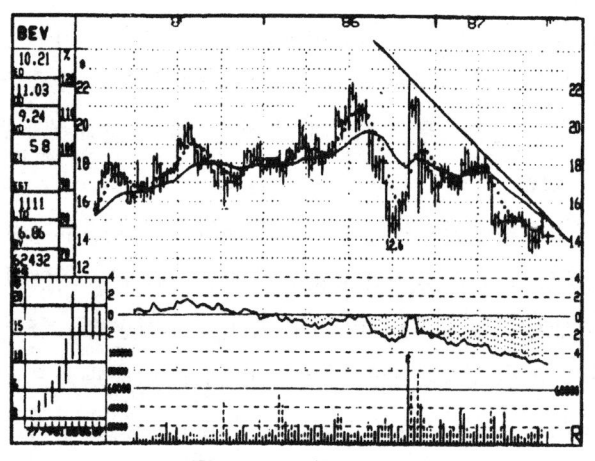

图 5-1 贝佛利公司

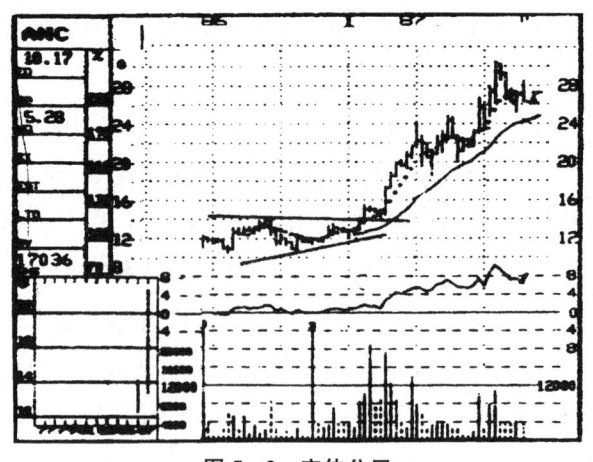

图 5-2 安佳公司

就变成了 4 万元。要捞回本钱，你下一次交易就得有 25% 的收益率。如果下一次交易再失败，情况就会更加不利，你需要在以后的交易中有更高的收益率才能回本。因此，**遵守投资纪律和做出明智选择**是时刻都要记住的操作要点。记住，即使我们错过了 100 只牛股，在这一年中只买入了 10 只股票，但只要其中的七八只表现不错，我们也能赚笔大钱。

如果某只有收购传言的股票从图形上看很不错，但还没有向上突破，或者已经站上了阻力位但仍然在理想的买入点附近，我们该怎么办呢？如果所有的指标都是向好的，即使没有传言你也会认真考虑是否买入它，那么这只股票就值得赌一把——收购的可能性较大。亮点公司在 1987 年中期的情况就是这样的（见图 5-3）。不管有没有传言，当这只股票以巨量向上突破 37 元时，就是一个不错的买入对象。成交量明显放大、相对强度持续改善、不存在上方阻力。几周之后股价达到了 67.25 元时，汉森收购亮点公司的消息适时公布，这个时候就显示出当时的买入非常明智。

记住，我们之前讲的买入规则仍然适用。如果某只股票的成交量

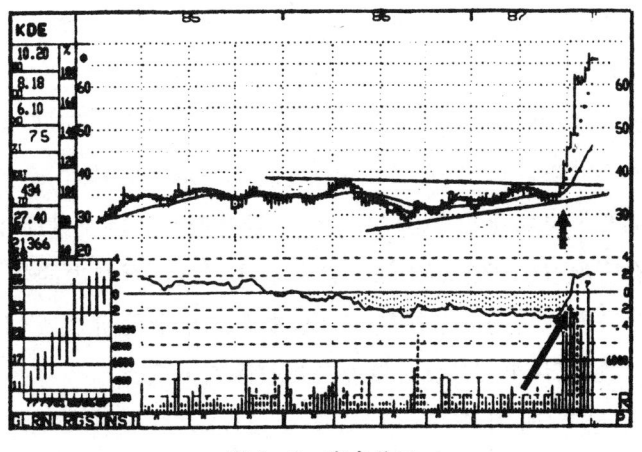

图 5-3　亮点公司

或者其他任何重要的指标偏负面，就不要考虑它。在辨别收购是否会发生时，有一个始终都要注意的指标，这就是成交量。特别是当收购的消息在接下来的几个星期内就会公布时，成交量尤其值得注意。几乎在所有临近收购的例子中，成交量都会不可思议地大幅增加。这是有道理的，因为越接近公布的日子，就有越多的人知道收购的消息。尽管不知道是谁走漏了消息，但事实是图形总会泄露消息，一次又一次，总是有某些人提前知道了消息并且据此买入。所以，要相信，对于任何一个即将公开的收购，其股票的成交量**一定会**显著增加。

现在我们来看看现实中几只股票的例子，它们都与并购相关，这样你就会更加清楚应该寻找什么样的股票。

仔细看一下图5-4哈默密尔纸业的图形。1986年中期，当时有传言说它可能被收购。但如果你当时并不知道关于这只股票的传言，你会怎么办？仅仅根据我教给你的判断标准，你就可以知道，当它突破45元时就会成为一个很好的买入对象。整个市场趋势向好。此外，这只股票所在的行业也表现不错，行业内的其他几只股票走势较为强劲。而且，其相对强度线位于正的区域并快速上升。另一个利好的指标就是当它向上突破45元处的阻力区域之后，上档没有进一步的筹码供给。最重要的是，成交量明显放大！要仔细研究此时成交量的变化，因为它是判断收购是否会发生的重要线索。这只股票的成交量不仅是在向上突破时巨量放大（这已经是一个乐观信号），而且从突破发生前的八个星期起就开始稳步放大，这才是真正的关键所在！即使你从没有听说过关于它的传闻，它也是你应该认真考虑的买入对象。在向上突破发生后的五个星期内，哈默密尔纸业股价从45.125元涨到65元，接着传出它被国际纸业公司收购的消息。

旁氏公司（见图5-5）在1987年初显示了与哈默密尔纸业相同的上涨模式。所有的技术指标也都显示这将是一只大牛股，不管你的

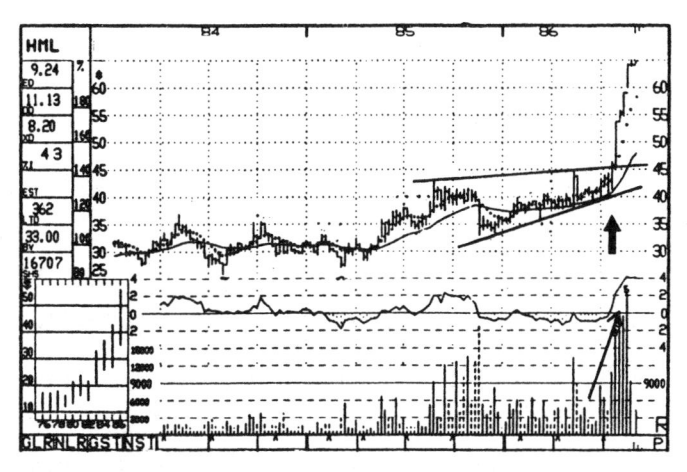

图5-4 哈默密尔纸业

经纪人有没有跟你说这只股票的消息。市场趋势走牛，行业表现抢眼，上方没有重大的阻力区域，相对强度表现很好。成交量的放大更是确定买入最重要的一点。这只股票向上突破时的那周，周成交量达到历史最高。因此，无论你是否听说过关于旁氏的传言，它都是值得买入的。每一个技术指标都显示你应该迅速买入，接着这只股票快速地从50元上涨到72元，让你这笔买入回报丰厚。

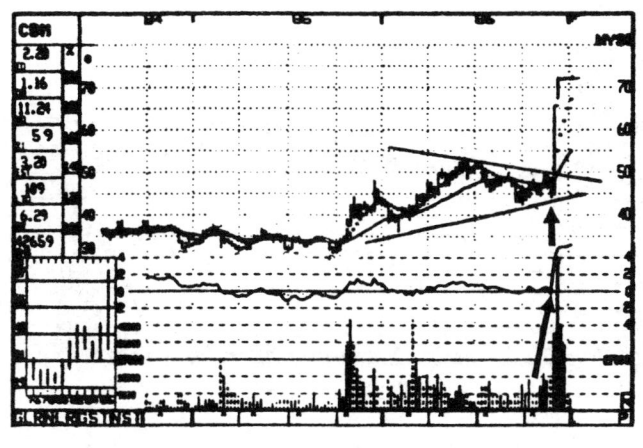

图5-5 旁氏公司

你明白这种方法了吗？即使你没有得到某只股票的任何消息，图形也会告诉你内幕：有些事情正在酝酿之中。就算不是收购，也是其他的事。这只股票飙升的可能性非常大。

还有一个例子，我们把它放到显微镜下仔细观察，再一步步学习。1986年末，伯灵顿公司（见图5-6）的股票向上突破40元附近的阻力区域之后进入强势上涨的第二阶段。所有的指标都是利好的，当股价再次向上突破时，该股可能成为一个追加买入的标的。不过，此时成交量的变化却不是特别显著，仅仅刚好满足两倍于前期平均成交量的标准，在接下来的几个星期里股价继续上涨。在1987年4月初，令人兴奋的事情开始显露端倪了。市场上到处流传着伯灵顿要被收购的传言，这只股票以难以置信的巨额成交量再次向上突破50元处的阻力区。如果你已经持有它，这时是加仓的好时机；如果你此前没有买它，它当时的这种表现也可以使你放心买入。在接下来的几个月里，伯灵顿的股票从55元上涨至77.5元。成交量在这个例子中再次提前向你泄露此次收购。

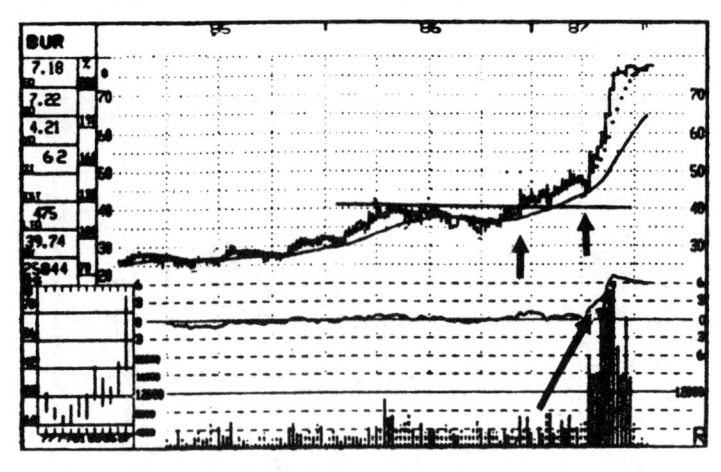

图5-6 伯灵顿公司

如果在了解了这些市场上曾经发生的案例之后，你仍然相信在收购消息公布之前，不会有人根据内幕消息交易，那么你确实太天真了。

下面还有两个实例，在各自的收购消息公布之前，这两只股票在图形上都显示出了征兆。在弗吕霍夫公司（见图5-7）的例子中，第一阶段形成了一个宽广的底部，阻力不大，相对强度线运行良好。最重要的是，成交量上出现了我们希望看到的明显放大的特征。因此，当它在1986年初向上突破27元时，应该买入，不管你是否听说了关于它的收购传言。这只股票迅速涨到近50元，给予了在向上突破时买入的人丰厚的回报。

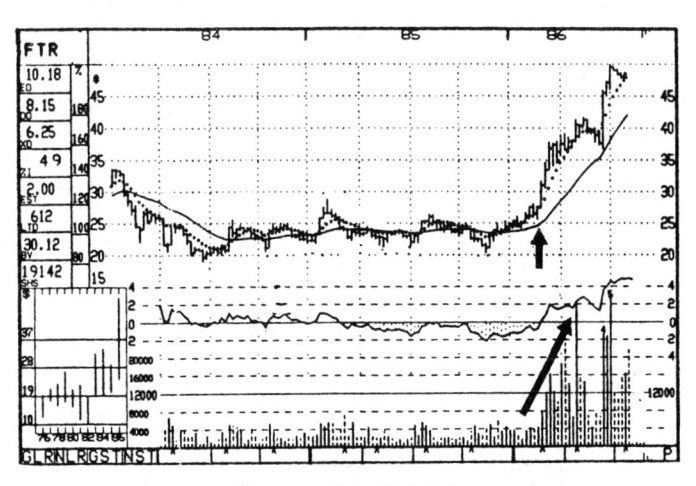

图5-7 弗吕霍夫公司

普罗拉托公司（见图5-8）也是一个令人兴奋的买入对象，呈现出类似的形态。如果你根据挖掘大牛股的标准买入了它，你会获得丰厚的回报。1986年末它在20.125元处向上突破了其下降趋势线，这时它的相对强度线进入了正的区域并且表现明显改善。此外，急剧放大的成交量也说明了24元附近的阻力区域很可能被突破。后来，这只股票涨到了 40 元。

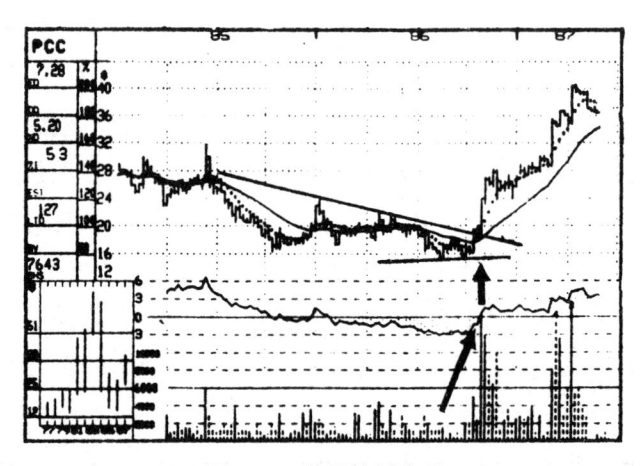

图 5-8 普罗拉托公司

现在你应该清楚在寻找存在被收购可能的股票时必须注意什么了。如果股票处于第四阶段，再多的传言也掩饰不了这种不利局面，就像 1987 年的美国金融公司（见图 5-9）一样。但如果我听说了关于某只股票的传言，而它从图形上看表现强劲——就像 1986 年的西夫韦公司（见图 5-10）一样——我一定会把它纳入我的买入备选名

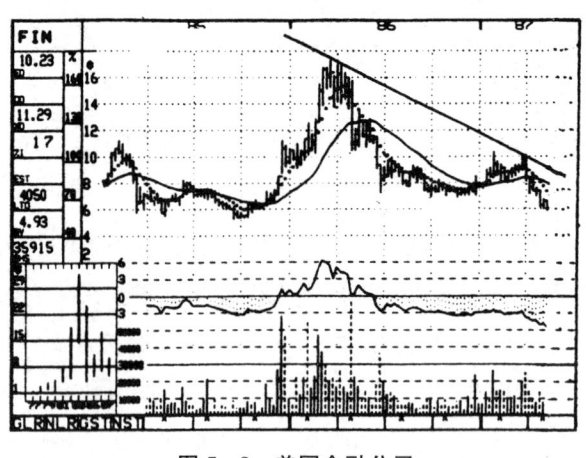

图 5-9 美国金融公司

单。当西夫韦向上突破 40 元，同时又有较好的相对强度线、上方没有大量筹码供给、成交量迅速放大时，我就会将它列入必须买入的名单，不管它是否会被收购。后来，就像我从本章开始到现在展示的每只股票（除了贝佛利和美国金融公司以外）一样，西夫韦公司也被收购了。

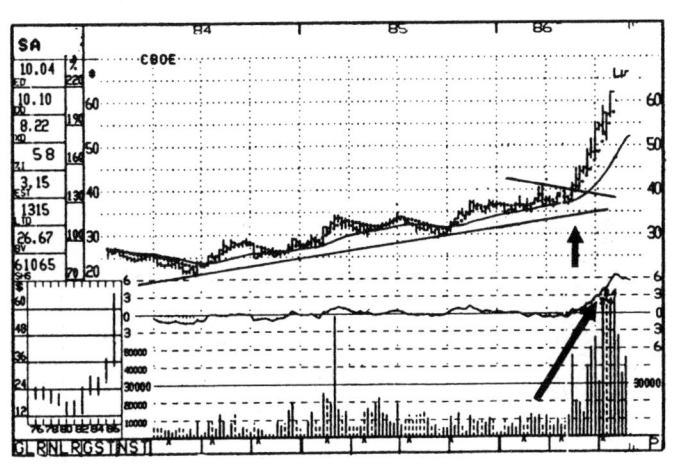

图 5-10　西夫韦公司

根据我以上所说的标准买入，你会惊讶地发现，你会经常买到那些只有内部人士才有机会买入的股票，尽管你并不知道确切的内幕消息。我在《专业价格分析者》中推荐恺撒世界公司、欧文斯-伊利诺伊公司、皮德蒙特航空公司和光谱达因公司（见图 5-11 至图 5-14）的股票时就是这样的情况。后来这四家公司以及其他一些我推荐的公司，都成了被收购对象，它们的股票都在我推荐后的几个月里大幅上涨。我知道一些读者肯定会认为我是听到这些股票的一些消息后才做出推荐的，其实我的推荐仅是从图形分析中得来的。从现在开始，你也能像我一样。

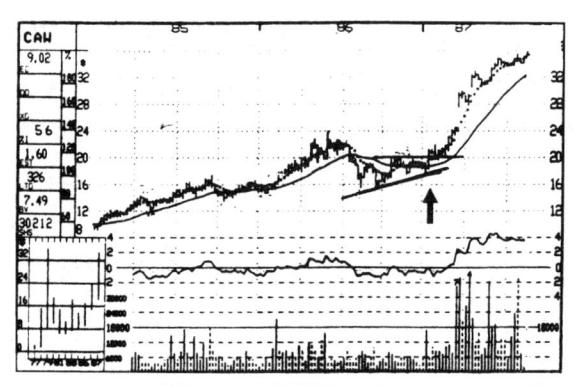

图 5-11 恺撒世界公司

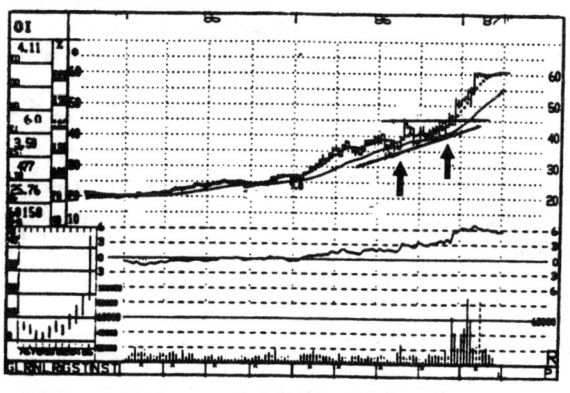

图 5-12 欧文斯-伊利诺伊公司

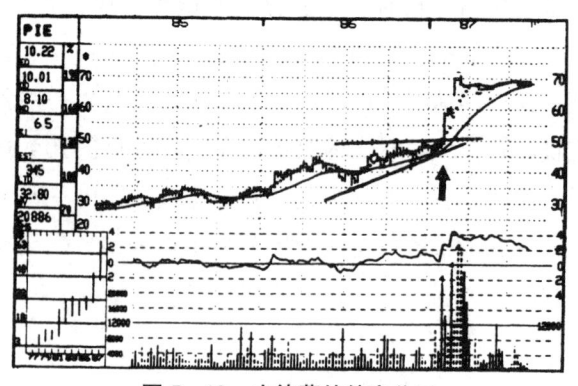

图 5-13 皮德蒙特航空公司

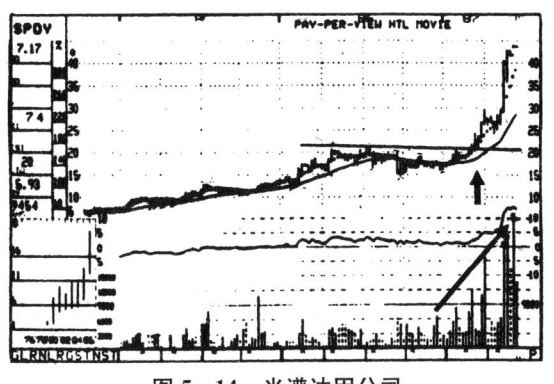

图 5-14 光谱达因公司

用三重标准来确认

我们要寻找的另一种形态也能产生非凡的利润，一般情况下，它与收购没有多大关系，但其结果同样令人惊叹，有时候甚至比被收购公司的股票**更有利可图**。

多年前我就发现了这种技术分析方法并在《专业价格分析者》上介绍过。请注意，尽管通过这种方法能发现一些令人难以置信的大牛股，但这种方法并不适合短线交易。激进的投资者可以通过这种方法发现潜在的大牛股，骑在大黑马上跑完整个上涨趋势。

在足球比赛中，一名能跑、能传球、能射门的球员对对方具有三重威胁。但要找出一名在三个方面都突出的球员却比较困难。对于股票来说也是一样：三种不同的利好指标必须集中地相互印证，这是很不容易的。

股票的价格必须位于均线的上方，这是基本要求。除此之外，还有下面三个重要标准必须达到。第一，必须有成交量信号。这是至关重要的！在向上突破时，市场上的优质股成交量总会显著地大于第一阶段底部任何一点的成交量。对于大牛股来说，成交量应不止两倍于

153

前四周的平均成交量。而且，成交量的放大还应该持续一段时间。在最初的成交量大幅增加之后，应该出现连续几周成交量都比较大的情况。这个信号意味着市场对这只股票突然的高度关注以及未来大量的股票需求。因为这只股票已经开始快速上涨，稍有调整，买方就会迅速介入。如果股票回落太浅，不足以满足买方的需求，那么通常会形成恐慌性买盘。

非常显著的成交量（见图5-15中A点）是判断一只大牛股的关键标准，但它不是唯一标准。第二个需要关注的标准就是**相对强度**（见图5-15中B点）。这是一个用来将真正的大牛股从一般的好股票中区分出来的非常重要的工具。当第二阶段向上突破发生时，相对强度线必须进入正值区域，这非常重要！前面我们说过，即使某只股票的相对强度线位于负区域，但只要它在不断上升并且其他技术指标都

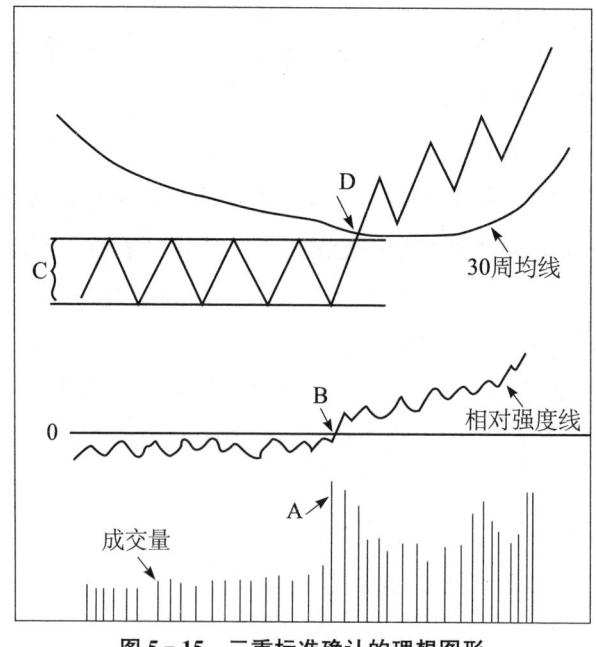

图 5-15 三重标准确认的理想图形

不错，你也可以买入它。但要找到非同一般的大牛股，买入标准上不能有任何降低。如果向上突破之后，相对强度仍然处于负值区域，即使这只股票是一个不错的买入对象，并且能获得不错的收益，也是不符合要求的。

第三个标准是这只股票在**向上突破之前要有大幅的上涨**。我知道这听起来很奇怪，因为我们都想以尽可能便宜的价格买入股票。但要找到能够带来巨额回报的强势牛股，这是一个非常重要的因素。如果一只股票在处于第一阶段时有较大的振幅，一旦它向上突破了，其表现很可能耀眼夺目。就像一名跳高选手在腾空跳起之前先要下蹲蜷缩获得动力一样，股票突破前的下跌让它获得了动力，一旦向上突破，其涨势就比较迅猛。一般来说，在向上突破发生前就已经上涨了40%～50%甚至更多的股票在接下来的几个月里表现最好。但这确实会加大短期风险，这就是我在前面强调这种类型的买入更适合投资者而非交易员的原因。

回到1971年，安东尼工业公司的股票完全满足这类大牛股的所有必要条件。成交量大约上涨到正常水平的四倍——一个明显的买入信号（见图5-16中A点）。此外，成交量在接下来的几周里一直保持着较高的水平。相对强度线也上升至正的区域（见图5-16中B点）。第三个重要的指标就是当安东尼工业公司的股票还处于第一阶段时，股价大幅震荡。其价格水平在5元支撑位和10元阻力位之间来回波动。当它在1971年末第一次向上突破10.125元时（见图5-16中D点），股价几乎已经上涨了100%！对大多数投资者来说这时是卖出的时机，因为股票已经处于超买状态了（超买是一个技术名词，指一只股票在短期内上涨过快，在继续上涨前将有短暂回调）。但我已经训练了你的眼力，而你也正在开始培养对图形的感觉，你看待此情形的眼光应该不同于一般投资者。在D点，伴随着巨大的成交量，这只股票首次突破进入第二阶段。因此,你应该只说出一个字——买!而不应该像普通大众那样以为这只股票已经"超买"或者"被高估"。在接下来的8个月,我们关于大牛股的理论成为现实,安东尼工业公司的股票上涨超过了300%。

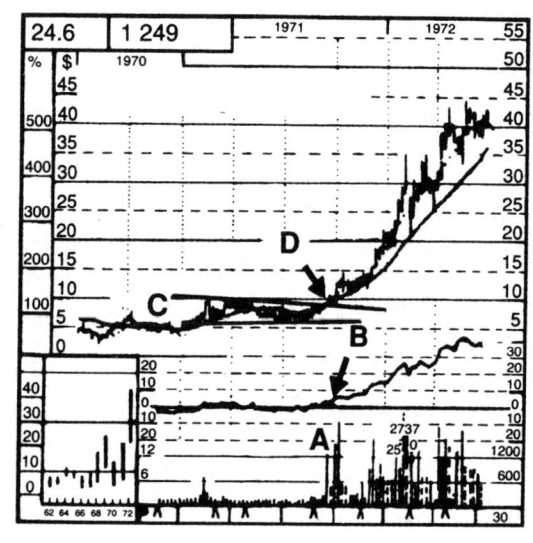

图 5-16 安东尼工业公司

国家半导体公司(见图5-17)在1973年也展现了同样的赢家潜力。当时整个市场行情已经转熊,这时不应该大笔买入,而应该进行大量卖空操作,这样你在熊市中也能获利。但如果你碰上像国家半导体公司这样特别好的买入标的,你可以对冲自己的卖空部位。但是你得确信这只股票是一只特牛的股。因为在整个市场行情不好时,稍微差一点的股票就没有操作空间。它符合我们前面所讲的三重标准,成交量比数周前的均量增加了几乎三倍(见图5-17中A点)。在突破发生后的几周,成交量依然保持了较高的水平。在向上突破进入第二阶段之前,相对强度线位于零值线附近,突破后它迅速并强有力地上升进入正的区域。

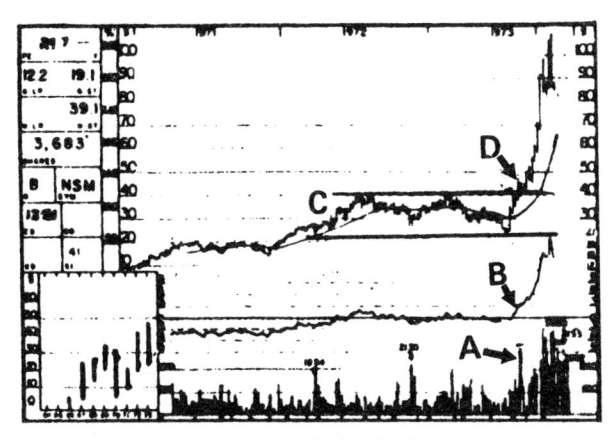

图 5-17 国家半导体公司

第三个重要信号就是在国家半导体公司的股票向上突破进入第二阶段之前，已经有相当大的涨幅。在 D 点——40.5 元突破之前，这只股票从 20 元附近涨至 40 元，股价几乎翻倍。很多人认为在急剧的上涨之后，股价已经过高，但你心里比他们清楚。看看这个用三重指标确认的股票是多么强劲吧，国家半导体公司股价在接下来的 3 个月里火箭般上涨，涨幅超过 150%——难以置信的 600% 年化收益率。这在任何时候都是了不起的涨幅，但在 1973—1974 年的熊市中，尤其令人印象深刻。因此，对这种形态要始终保持敏感，因为当你发现它时，你就要全面深入地去研究它。

为了确保你已经掌握了这个重要的概念，我们再看几个大幅上涨的例子。在 1987 年初，当布洛克尔公司（见图 5-18）的股票在 1.125 元处从第一阶段向上突破时，其成交量急剧增加。成交量轻松超过了突破发生前几周的平均成交量的两倍，达到了五倍多。如此急剧的成交放大显示出大量资金对它很感兴趣，在大多数情况下这预示着股价会出现明显上涨。布洛克尔也不例外。与前面相同，根据 A、B、C 三点就能轻易判断出这是一只大牛股。而从基本面上看，这只股票并无过人之处，负面消息还不少（在向上突破前，布洛克尔公司在八个季度中有六个季度都处于亏损状态），但技术指标已经泄露了秘密。布洛克尔身处的行业表现强势，上方阻力有限，并且这个阻力位已经是一年半以前形成的了。还有，这只股票的第一阶段底部持续时间很长。除了这些利好的信号之外，它还满足我们为寻找大牛股所设定的三个标准。首先，在第二阶段突破时的成交量很大，显示出这只股票背后有巨大的推动力。其次，相对强度线一直在零值线周围，稍稍位于其上方。向上突破刚发生，相对强度线立即从零值线附近快速上升。最后，尽管被较低的价格所掩饰，但在突破发生前股价也有了实质性的上涨。这只股票从 0.375 元的低点上涨至 1.125 元处的向上突破点——涨幅高达 200%。但我们所预计的上涨才刚刚开始，在接下来的 11 个月，布洛克尔的股价上涨了 600%。

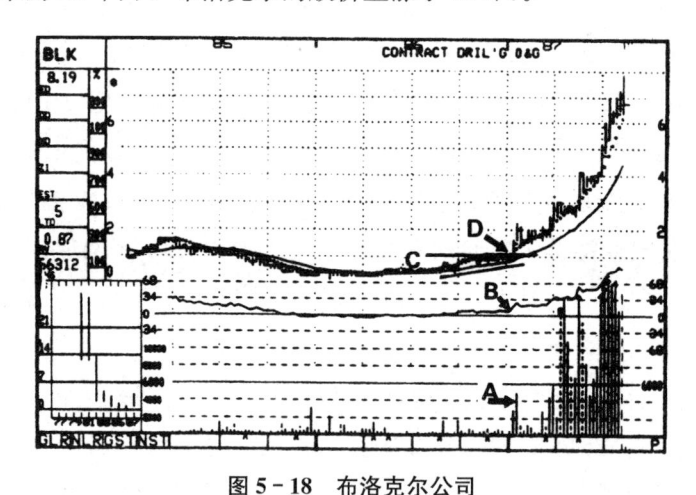

图 5-18　布洛克尔公司

　　碰到这样的股票是像摸黑打靶正中靶心那样仅仅由于运气很好吗？当然不是！虽然这些形态不是每天都有，也不是每周都有，但无疑它们会按照一定的周期形成。当你对股票形态的分析更加熟练时，你就会找出这样的形态，抓住那些值得投资的对象——这样的股票会有很多。

第 5 章　寻找非凡大牛股

基斯通联合工业公司和菲律宾长途电话公司（见图 5 - 19 和图 5 - 20）都符合我挑选大牛股的三个判断标准。和上面一样，结果都非常好！非常有意思的是，当基斯通联合工业公司的股票在 4.625 元处向上突破时，最近一期滞后 12 个月的每股收益是－3.70 元，许多市盈率的关注者担心这个公司正走在破产的路上。当该公司股价飙升到 30 元时，你认为它的每股盈利应该增加到多少？1987 年中期，当基斯通联合工业股价涨至 30 元时，它前 12 个月累积盈利为每股－1.16 元，公司仍然是亏损的！关于基本面分析和市盈率我就说到这儿。这只股票底部的表现符合突破前股价须上涨 40％甚至更多的标准，尽管从图上很难看出来（用对数或百分比图形就能解决这一问题）。当一只低价的股票快速上涨时，尽管上涨的百分比很大，但由于价格上涨的绝对值不高，因此看上去好像涨幅并不大。如果你发现了拥有这种图形的一只大牛股，重仓投资它，你得到丰厚回报的可能性会很大。

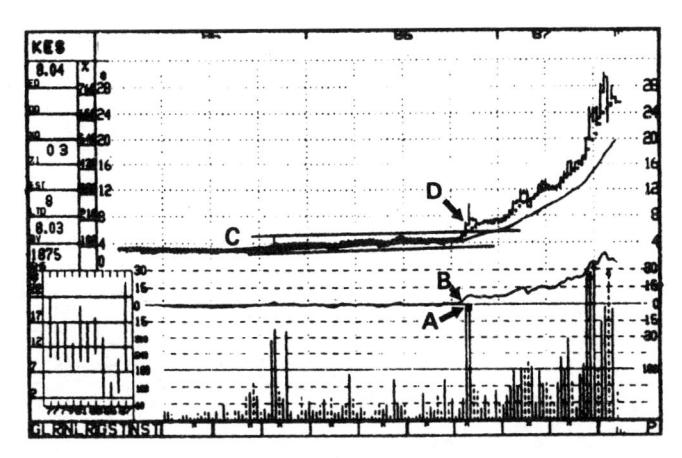

图 5 - 19　基斯通联合工业公司

一旦你掌握了本章中这些非常重要的概念，你就知道应该如何去挖掘那些特殊的、收益极大的股票，并且你还能知道买入它们的正确时机。

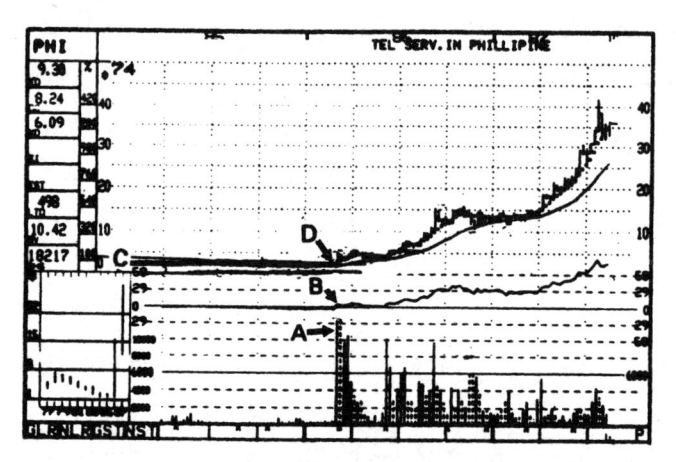

图 5-20 菲律宾长途电话公司

第 5 章　寻找非凡大牛股

测　试

为了帮助你提高，这里有几个股票突破的实例。但是在前两组的三幅股票图形中，只有一个最终成了大牛股。利用本章所述的标准，看看你能否在三个一组的图形中，挑选出每组里最终的那个大牛股。

1.

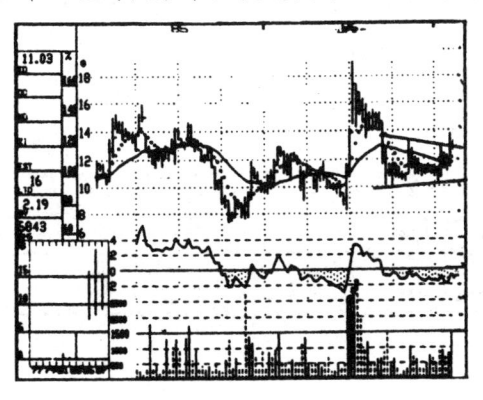

A

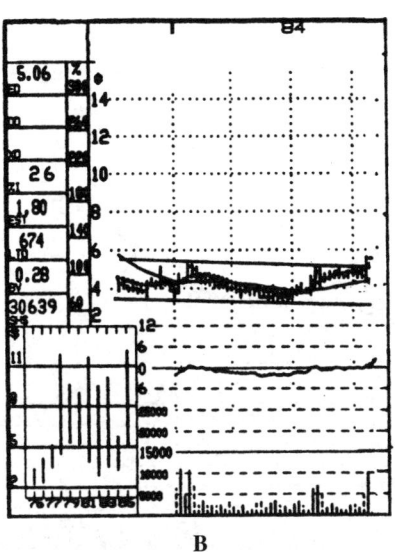

B

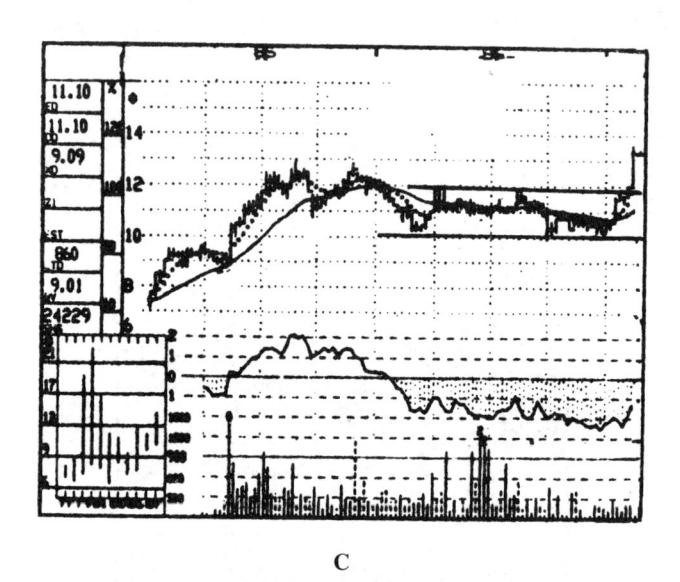

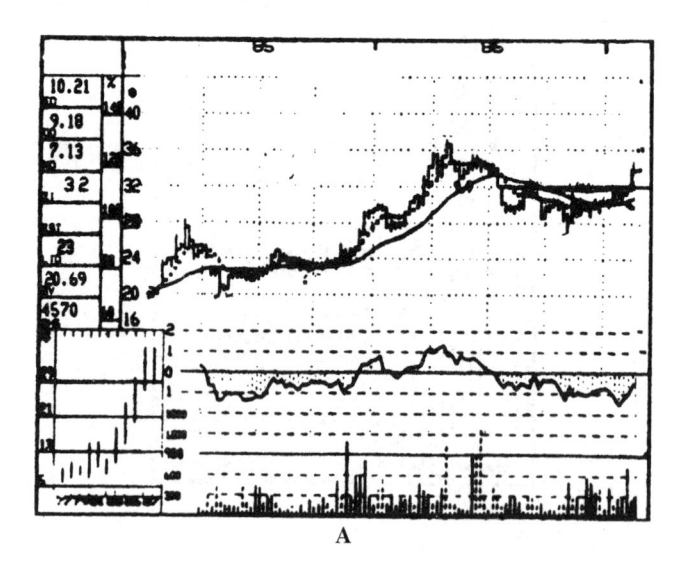

C

2.

A

第 5 章 寻找非凡大牛股

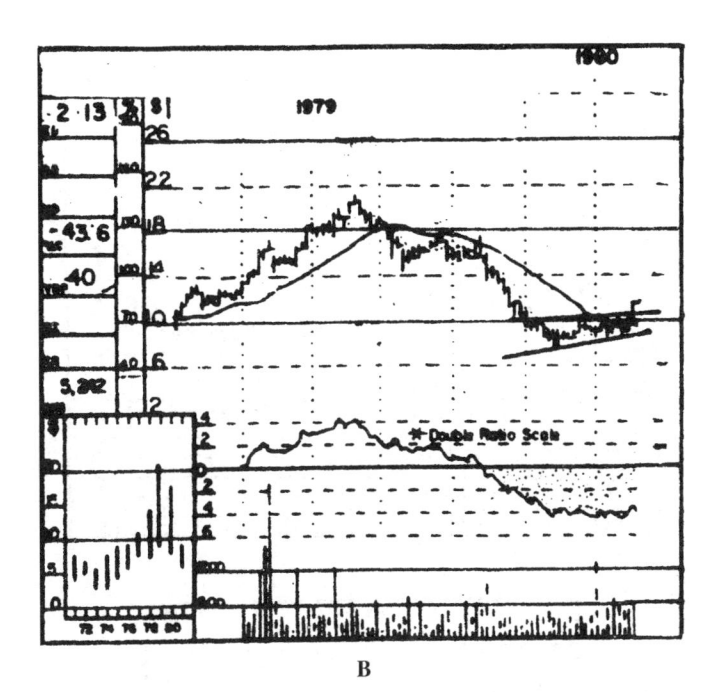

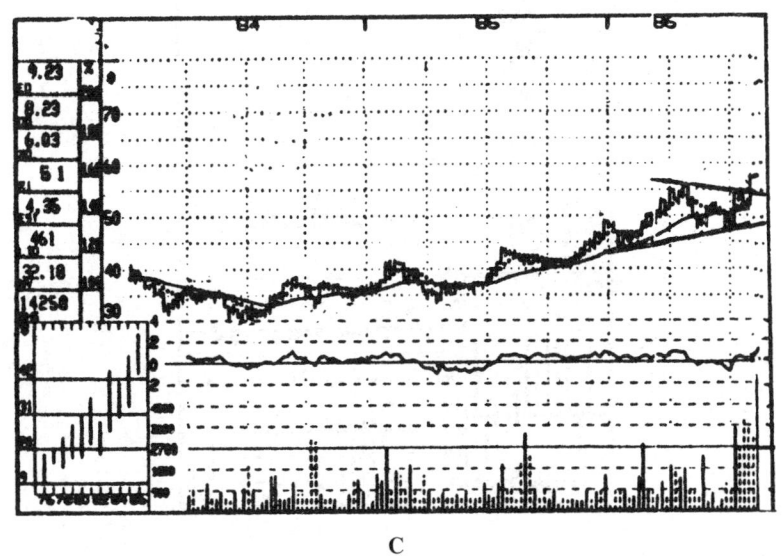

B

C

笑傲牛熊

3. 这组中你会买入哪两只股票?

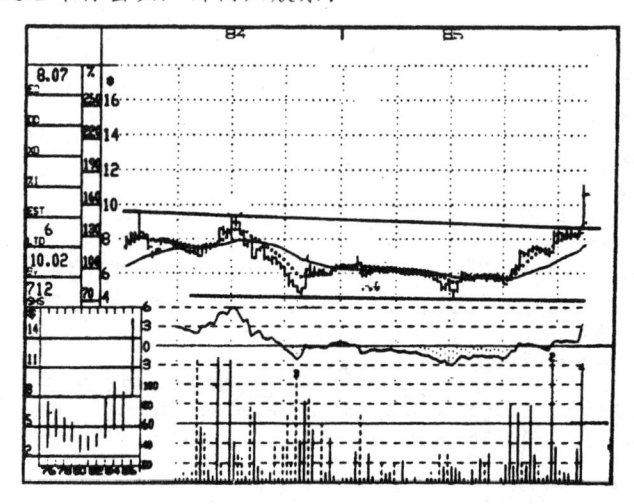

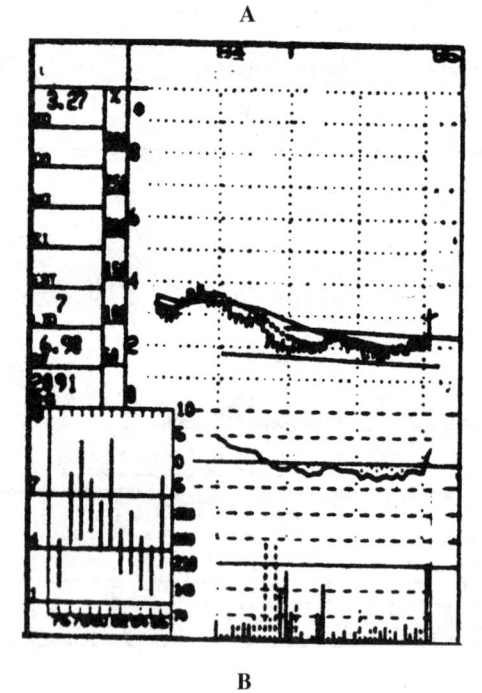

A

B

164

C

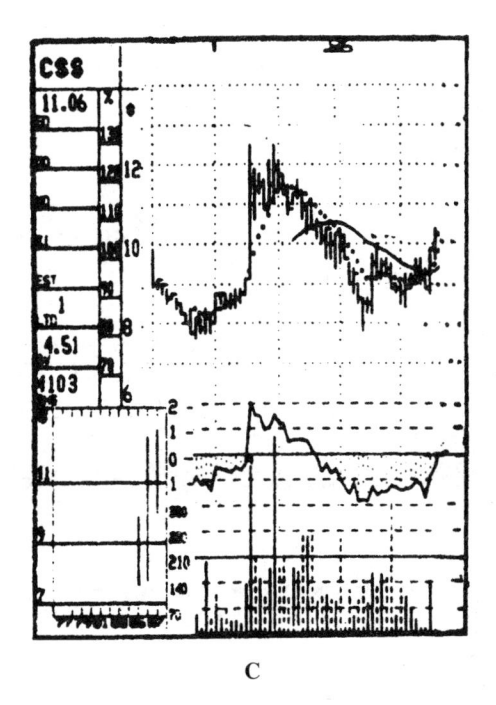

4. 下面的三只股票都是不错的买入对象。

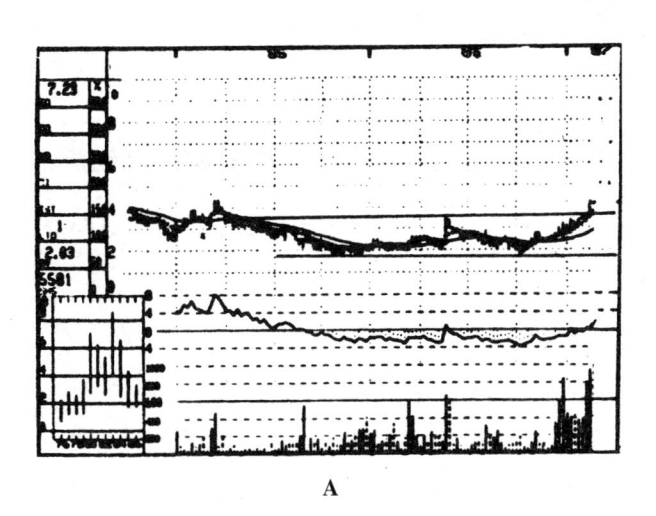

正确　　错误

A

B

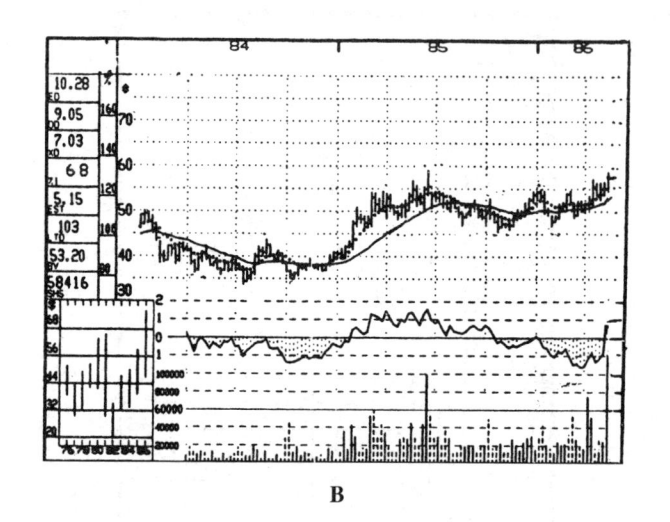

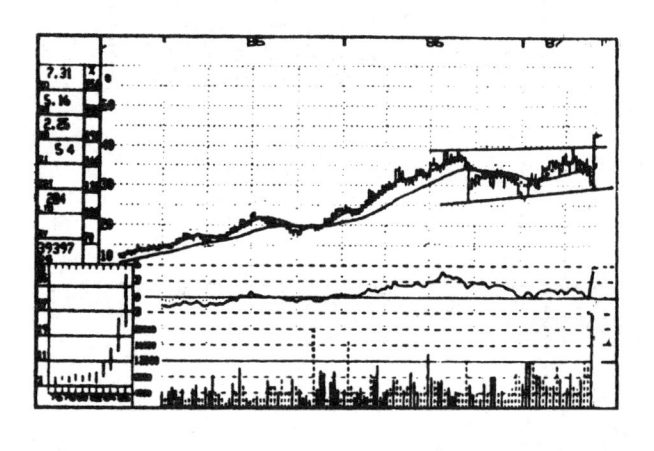

C

答　案

1. 正确的选择是 B，共和航空公司的股票。它获得了三重标准确认，向上突破时成交量放大超过三倍，突破之前股价已经上涨超过 50%，相对强度线升至零值线以上。成交量在接下来的几个月里继续放大，进一步确认了这只股票即将到来的上涨。1986年初共和航空被西北航空以每股17元的价格收购，让买入者大赚了一笔。对A（马基高体育用品公司）来说，相对强度不算好，更重要的是，成交量并未达到突破前四周平均成交量的两倍。结果，这只股票小幅上涨至15.5元，接着在1987年中期返身下跌至8元。对于股票C（城际天然气公司）来说，向上突破时成交量太小，所以根本不应该考虑它。它在12.25元处向上突破，8个月之后才上涨至15元。

2. 在这组股票中，你应该买入C（爱克塞罗公司）。该股成交量明显放大，相对强度稳健。应该在它向上突破55元时买入，几周以后它就被德事隆公司以77.5元的价格收购。股票A（范多恩公司）的成交量表现平平，相对强度只是勉强过得去。在向上突破32元之后，这只股票在接下来的8个月里上涨至40元。股票B（莱姆森公司）的相对强度较差，而成交量则更糟。图形上来看，它是三者中表现最差的，而且结果也如此。它在10.25元向上突破后仅仅上涨了不到1元，在1年半之后下跌至4元。

3. 股票A（皇冠制衣公司）和股票B（国际蛋白质公司）都是很好的买入对象。皇冠制衣公司符合我们所讲的三重标准，向上突破前股价已经上涨接近100%，突破时伴随成交量的明显放大，同时相对强度线上升进入正值区间。这只股票在9元处向上突破，8个月之后股价飙升至87.5元。国际蛋白质公司也符合三重标准，在向上突破前其股价已经上涨超过50%，突破时伴随成交量的急剧放大，同时相对强度线上升进入了正值区间。不出意料，不到两年这只股票就上涨至20.75元。而股票C（CSS工业公司），向上突破时成交量表现平平。尽管要比平均水平多出两倍，但却低于底部某几个星期的成交量水平。这只股票在10.125元处向上突破，6个月之后股价仅仅上涨至12元。

4. 正确。这三只股票都是很好的买入对象。股票 A（GTI 公司）符合三重标准，在 3.5 元处向上突破。4 个月后股价涨至 10 元。股票 B（Sperry 公司）也符合三重标准，成交量非常显著地放大，在向上突破 57 元时就应该买入。就在几个星期之后，这个公司就被伯勒斯公司以每股 76.5 元的价格收购。对于股票 C（哈科特公司）来说，其股价向上突破 40 元时，成交量明显放大、相对强度线位于正值区间并且在 40 元上方没有进一步的阻力，这时是买入它的好时机。所有这些利好的因素很快就得到了验证，这只股票在几个星期内迅速上涨至近 60 元。

第 6 章

何时卖出

　　投资成功之路你已经走完一多半了。要到达终点，还要掌握非常重要的一步——学习何时卖出。如果你想在股票市场上真正成为赢家，卖出决策十分关键。但遗憾的是，很少有人掌握这重要的一步。

　　如果你从 140 元到 19 元一直持有雅芳，或者从 45 元到 8.5 元一直持有浮点公司，会赔得没有机会翻身（见图 6-1 和图 6-2）。那么多明明是赚钱的投资组合后来变成了巨亏，实在让人难以相信。你一定听过这样的事，40 元买入股票 XYZ 以后，该股很快就涨到 60 元。这时有传言说它不久就能涨到 100 元，那为什么要卖掉呢？可是当它跌得只剩 20 元的时候，你才发现如果当初卖掉它该多好啊！

　　图 6-3 和图 6-4 中阿尔芬公司和 VM 软件公司的例子清楚地表明学习如何适时卖出是何等重要。在这两个例子中，买入信号指示的买点都很清楚（图 6-3 和图 6-4 中的 A 点）。在接下来的几个月里，两只股票都向着买入者期待的方向大幅上涨。但是，如果你从此对它

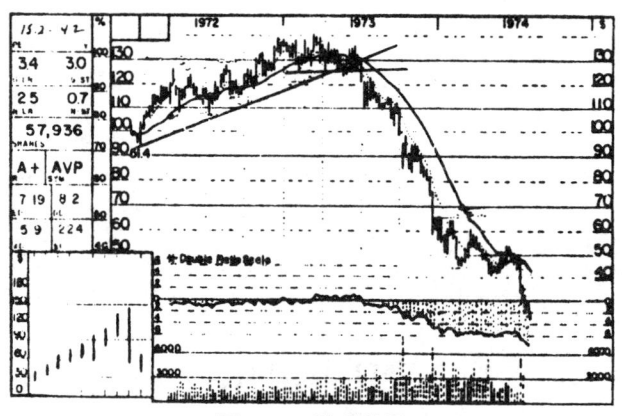

图 6-1 雅芳公司

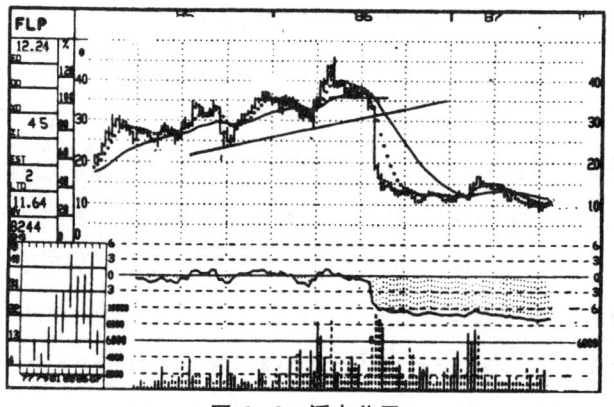

图 6-2 浮点公司

们"坚贞不渝",美梦就将变成噩梦。在大幅上涨之后,它们不仅完全回到了起点,更糟的是跌得比起涨价更低。只要你很好地掌握了本章所讲的卖出技巧,你将远离这种惊心动魄的体验。

卖得太早也会影响你的收益。有多少次你买对了一只股票,眼看着它在一年到一年半时间里翻了三倍,而你却早已卖出了它。股票从40元一路上涨到120元,但你却以为从它身上赚不了多少钱,所以在50元时早早地获利卖出了。实际上,从长期来看,你需要用那些大幅

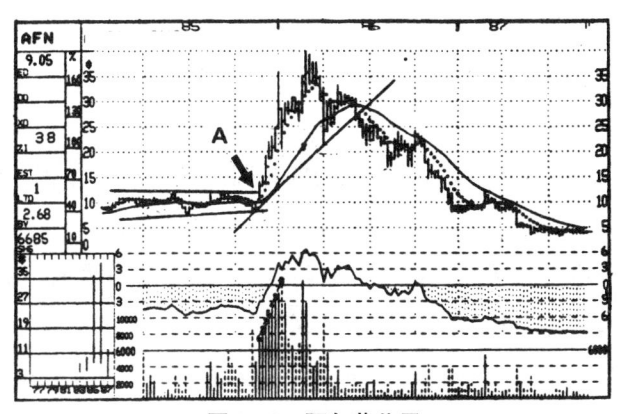

图 6-3 阿尔芬公司

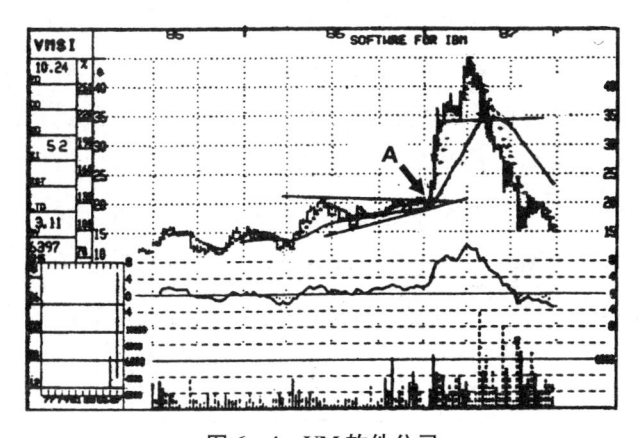

图 6-4 VM 软件公司

的盈利来弥补偶尔犯错造成的小幅亏损。只有这样,你才能获得较大的净利润。

投资者或者交易员在卖出问题上犯的错误在于他们仅仅感觉股价太高了就决定要卖出,卖出后就眼睁睁地看着股价继续上涨。有没有方法可以明智地判断一只股票已经涨到头快跌了呢?答案是肯定的,而且这种方法以我前面讲到的阶段分析法为基础。在讲述正确的卖出方法之前,让我们来分析一下大多数投资者的不正确的做法。

➤ **卖出股票时的戒律**

1. **不要将"税"作为卖出决策的基础**。以税作为卖出决策的基础是典型的"捡了芝麻丢了西瓜"的例子。投资者们经常决定不卖出某只股票，原因是如果卖出，他们就要缴太多的税。但在接下来的几个月里，该股股价急速下降，他们亏掉了大部分收益。如果在股价下跌前卖出股票，缴完税后还会有很多剩余收益。而且，很可能你将这些收益投入另一只处于第二阶段的股票还能获得额外的收益。

下面这个真实的故事很好地说明了我要讲的道理。1978年，我在一次投资研讨会上发言，说投机性股票在经历了大涨之后已经显示出卖出信号（尽管这些投机性股票还没有正式进入第三阶段，但已经显示出典型的泡沫破灭前的信号，成交量和股价都已经过高）。在我演讲结束以后，一个忧心忡忡的投资者吉姆找到我，告诉我他正面临一个非常严重的问题。他持有几千股度假国际公司的股票（见图6-5）。那时该股的股价在65元左右，而最高时为70元，所以我认为他最多

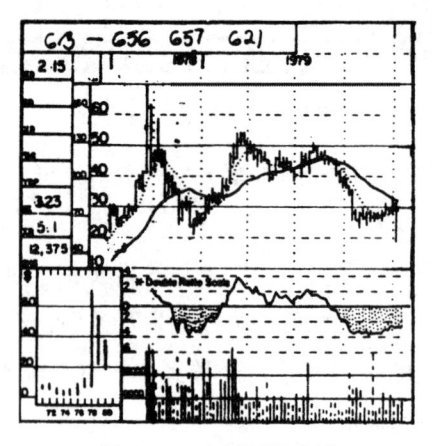

图6-5 度假国际公司

有 5% 的损失而已。因此我告诉他:"不要着急,这点小损失没有关系,认赔,然后从其他股票上再赚回来。"他的回答让我吃惊:"哦,我没有损失。我是在 20 元附近买入的。我的问题是我的收益这么多,我要缴的税太多了!"我告诉他每个人都会遇到这一问题,他应该卖掉这只股票,而把税看作做生意的成本。一年以后,当我再次参加那个会议的时候,我又遇到了吉姆。他过来跟我打招呼,并提起了一年前的话题。我问他后来怎么样,他说:"哦,我现在不受那个问题困扰了。度假国际现在又跌回 20 元了,我没有任何收益了,也就不用担心税的问题了。"

千万不要陷入此类误区。当一只股票价格下跌时,无论你是赚是赔,都应该卖掉它,更不用考虑缴税的问题。在残酷的市场竞争中,没有人知道也没有人会关心你在某只股票上花了多少钱,你必须学会客观冷静地处理问题。

2. **不要把卖出决策建立在对股息的考虑上**。很多情况下,投资者决定持有一只弱势的股票是因为它会支付不错的股息。这种做法是很蠢的,因为如果股价跌了几个百分点,你的亏损就比全年的股息还要多。如 1987 年的罗切斯特电子公司(见图 6-6)。公共事业公司的股

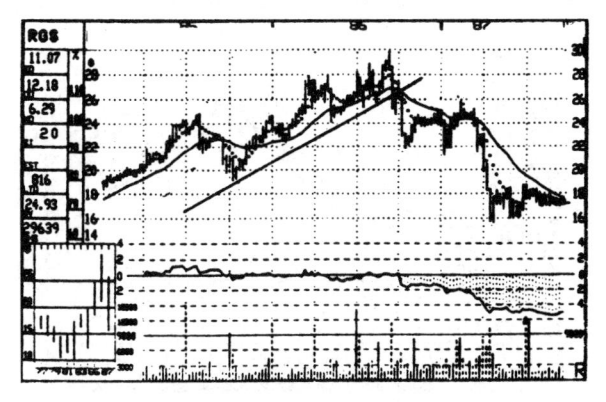

图 6-6 罗切斯特电子公司

票通常会有丰厚的股息，人们往往因此而持有它们。如果这类股票处于第二阶段，持有还算个好买卖，因为即使股价上涨得不快，它股价上升和股息加起来的总收益也远远高于银行利息率。但当这样的股票进入第四阶段开始调头向下以后还持有它们，那就跟持有其他第四阶段股票一样可笑。记住，如果你得到10%的股息却因为股价下跌损失了20%，那么你照样是亏损的。情况也可能更糟，股价下跌很可能是公司经营情况恶化的信号。很可能将来公司根本无力支付股息。很多投资者已经从大陆银行或其他破产公司的例子中吸取了惨痛的教训。

3. 不要因为市盈率低就持有某只股票。常常有这种情况，你的股票价格已经见顶了，但市盈率这时看起来并不高。之后股价开始下跌，几个月以后公司公布了令人失望的每股收益。这时市盈率不再是很低的了，但此时卖出你已经无法获利。另外，还有很多股票市盈率很低，而且一直很低，但股价照样下跌。图6-7中大通曼哈顿公司的股票就是这种情况。1986年，大通曼哈顿的股价在50元左右，此时它的市盈率只有7。13个月后其市盈率又进一步降低到6，看起来很划算。然而这只股票已经进入了第四阶段，股价从50元跌到34元。因此，低市盈率不是持有某只股票的理由。

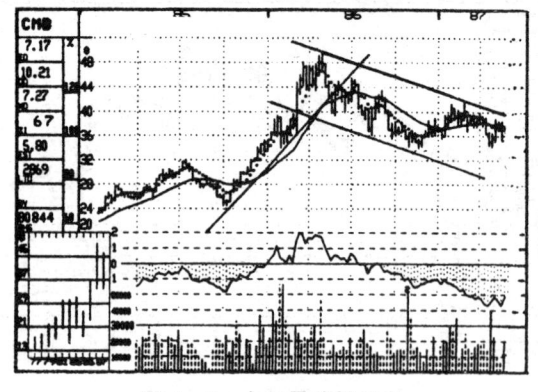

图6-7 大通曼哈顿公司

4. **不要因为市盈率高就卖掉某只股票**。这点与第三点相对应,也很重要。在华尔街有一个老笑话,一个投资者问他的经纪人为什么一只股票的价格会上升。经纪人没有更好的理由,就应付说"买的人比卖的人多呗"。其实这个笑话蕴藏着真理,但是很少有投资者能读懂它。投资者总是希望找到股价变化的合理原因,却总是陷入猜测。他们中很少有人明白市场并非时刻都保持理性。市场只能反映大多数投资者的心态和情绪。如果投资者看涨,并保持乐观情绪,那么即使市盈率很高,它仍然可能继续升高。图6-8中天腾电脑公司的股票就是这种情况。1985年底,当这只股票在A点超过10元的阻力位时,它的市盈率是32。15个月以后,该股涨到38元,市盈率达到44。

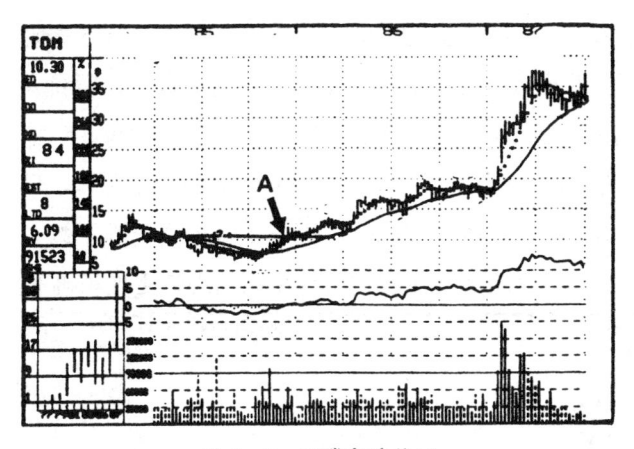

图6-8 天腾电脑公司

投资者们都是喜怒无常的:当他们乐观狂热时,无论市盈率有多高,他们都会想尽理由继续购买股票;而当他们悲观焦虑时,无论市盈率有多低,他们都不愿意买入股票。因此,股市的秘密就是接受这样一个事实:当股票处于第二阶段时,市盈率没有最高,只有更高,你应该一直持有它,直到第三阶段开始形成。这远比市盈率的高低重要,因为股价到了第三阶段,原本推动股价上涨的买方遇到了势均力敌的卖方。"股票被高估所以见顶"是含糊其辞的说法，而现实中供给与需求最终达到平衡则是可测量的。

图6-9充分说明了这个问题。当迈拓公司的股价在1986年突破了8元的阻力位时，该股进入了第二阶段，尽管此时的市盈率已经处于16这样一个不低的水平上，但还是应该继续买入。A点附近，该股市盈率已经高达28。之后的B点市盈率仍然非常高，为24。C点市盈率仍然处于20的高位。但是，由于移动平均线保持着升势，根据阶段分析法，应该忽略高市盈率的危险而继续持有。几个月以后，该股涨到34元，此时市盈率高达33（D点）。在E点，市盈率仍然处于一个令人不安的高位——28。如果你根据市盈率来做卖出决策，很可能你在A点16元附近就已经卖出了这只股票。但是该股在F点之前并没有**真正**的卖出信号出现。在F点，均线走平，股价从重要的头部开始下跌。几个月以后，该股跌到9.625元的价位。注意，这只股票在价格上涨的18个月里，一直保持着较高的市盈率。只有当供给和需求平衡，第三阶段形成以后，迈拓才开始真正地下跌。这充分说明了为什么技术分析法比主观的市盈率高估理论更加精确和实用。

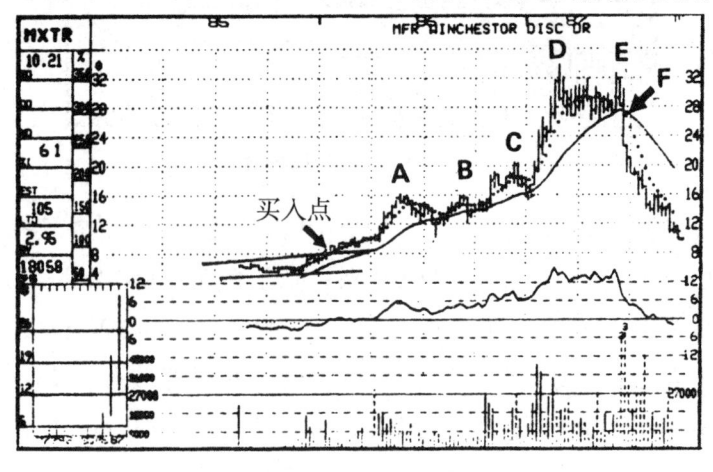

图6-9 迈拓公司

5. **不要在困境中向下买入摊薄成本**。图 6-10 中宝丽莱公司的股价从 150 元跌到 1974 年的 16 元和图 6-11 中西部健康计划公司从 1985 年的 15.875 元跌到两年后的 3 元的例子在细节上是相同的。它们都是进入第四阶段下跌的股票，应该卖出。可惜，许多投资者掉进了基本面的陷阱。开始，他们坚持持有是因为觉得自己持有的是一家好公司的股票，或者说他们自认为的好公司。后来，当他们意识到自己赔了不少，便决定趁反弹的时候卖出。这种想法要不得。许多进入第四阶段的股票根本不给购买者反弹卖出的机会。当恐慌引起股价暴跌的时候，那些不走运的投资者又想靠向下买入来摊薄成本。向下摊薄成本在理论上是成立的，但在实践中往往行不通。那些冒险进行这一操作的人们经常遭受巨大的财务损失。1983—1984 年的安那康普公司（见图 6-12）和 1981—1982 年的哈里伯顿公司（见图 6-13），只是数百个案例中的两个。它们显示，如果采用这种愚蠢的方法，你会赔个底儿掉。安那康普的股票向下跌破 18 元时已经显示出明确的卖出信号，后来它的股价从 18 元一直跌到 2 元。哈里伯顿的股票在 70 元的时候跌破了均线和重要的支撑线，最后它一路跌到 21 元。

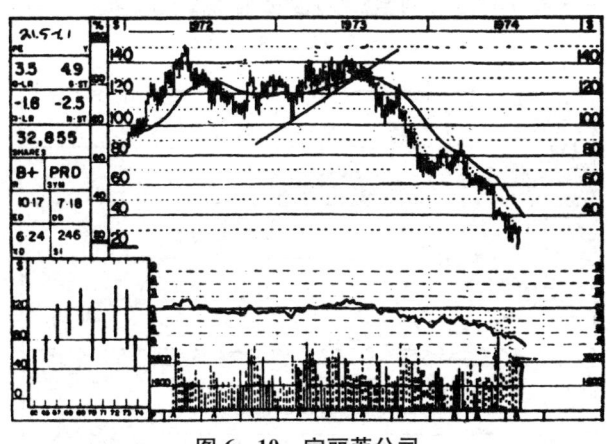

图 6-10 宝丽莱公司

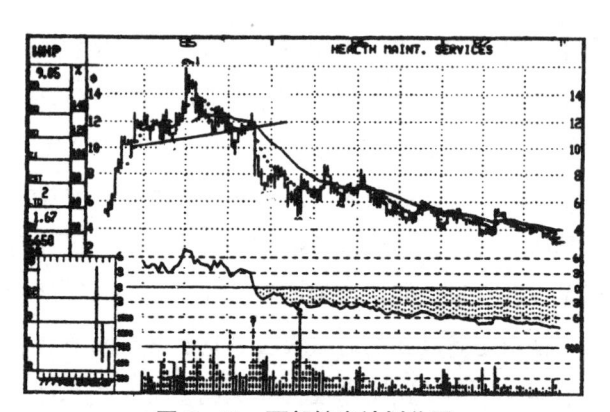

图 6-11 西部健康计划公司

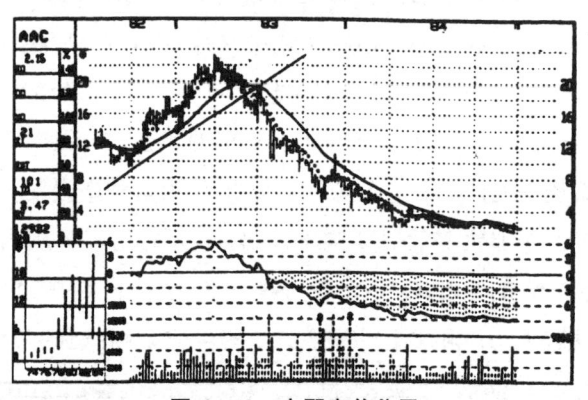

图 6-12 安那康普公司

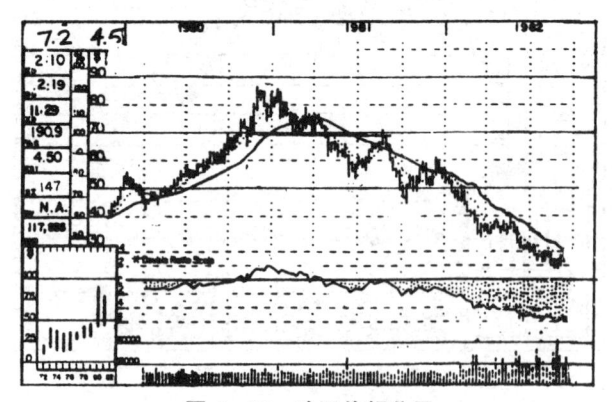

图 6-13 哈里伯顿公司

别掉进这样的诱人陷阱——只要在较低的价位买进更多的股票，则股价只需要反弹一半，你就可以解套。专业人士的做法恰好相反，他们向上而不是向下买入。当市场表明他们的看法正确而不是错误时，专业人士会加仓。一旦被套，他们不会坐以待毙，而会立刻脱身。学习如何处理亏损并将损失控制在最小范围内，是成功投资最重要的诀窍。正是因为这一诀窍如此重要，我才会在本章的后面用整整一节来专门讨论这个话题。

进行向下摊薄操作的投资者已经脱离了赚钱的路径，因为在应该卖出股票的时候，他却选择了继续买入。等待股价反弹的人会陷入更深的麻烦，因为他心里有一个解套出局的目标价位，只要反弹的股价没有达到他的目标价位，他就会因为没有达到自己数字上的目标而继续持有该股。

从这几个例子中你可以看到，如果你一直持有一只第四阶段下跌中的股票，还进而对它进行向下摊薄的操作，后果是灾难性的。每一次你低价买入时都希望买到了最低价，但你的操作只会给你的投资组合带来更多的股票和更大的损失。结果往往是你白白把钱扔进损失的深渊中。这种做法并不稳妥，反而相当投机。企图猜测弱势股票的底部就犹如用手在大海里捞鱼。仅凭"希望"持股非常愚蠢，仅凭"希望"买股更加糟糕！所以要学会用保护性止损卖单锁定你的收益。当你意识到你的股票出现问题时就要及时止损。如果你遵循这一制胜法则，你就还有机会保住本金以图东山再起。

6. 不要因为整个市场走牛就拒绝卖出股票。的确，牛市中你犯傻的时候会少一些，但不要认为牛市就可以高枕无忧了。当然，市场整体的上行趋势会增加你买入第二阶段股票获利的可能性。而且牛市也往往能限制问题股票的下跌空间。然而，华尔街有句老话："不要被牛市冲昏了头。"如果一只股票在牛市中表现出技术上的危险，千万不要犹豫——马上卖掉它！这是因为如果一只股票在极强的牛市中都表现弱势，那么这将是灾难开始的一个预警信号。图6-14中麦克林公司和图6-15中阳光地带园艺公司的股票都说明了这一点。在道琼斯工业指数从1 250点涨到2 746点的过程中，麦克林的股价从15元跌到了0.75元；同样，在道琼斯工业指数从1 500点涨到2 746点的过程中，阳光地带园艺的股价从15.5元跌到了5.5元。因为整个股市是牛市就坚守那些处于第四阶段的股票是相当危险的，千万不要掉进这种陷阱中。

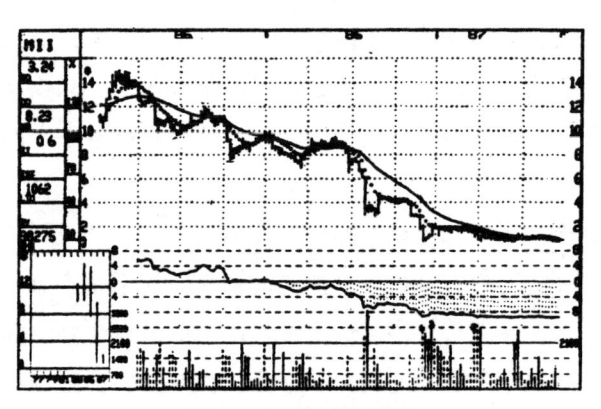

图6-14 麦克林公司

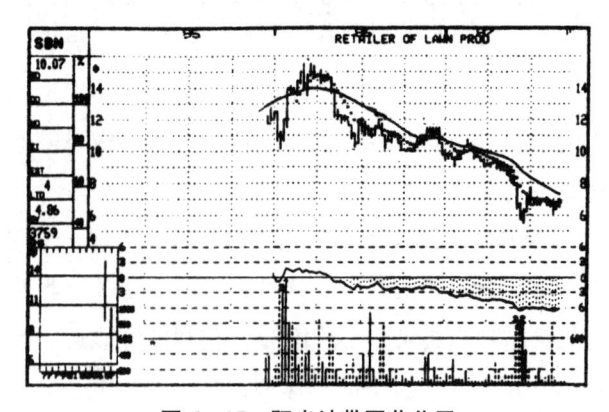

图6-15 阳光地带园艺公司

第6章 何时卖出

7. 不要等到反弹再卖出。当图形显示出某只股票有麻烦时,马上卖掉它。不要想着等它反弹一两个点再卖出,这种想法可能会让你损失更多。图6-16和图6-17中的例子很好地说明了这一点。应该在橡树苑公司的股价跌破6元时果断地卖掉它。它一路跌到0.25元,再也没有回到过6元的价位上。而双子柏公司股价跌破7.25元时发出了强烈的卖出信号,从此它一路下跌到1.125元。所以,一旦你发现危险征兆并且明白应该卖出时,就马上行动——卖掉它,不要再为想卖得稍高一点而烦恼!

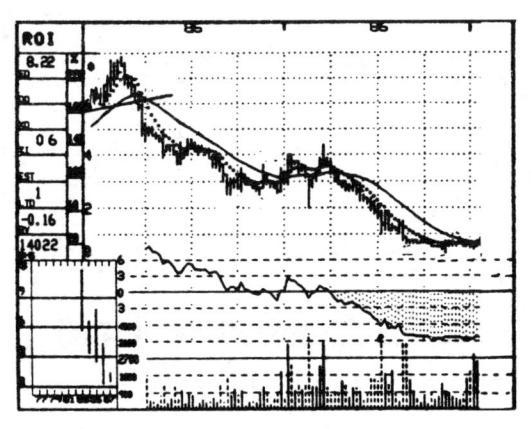

图6-16 橡树苑公司

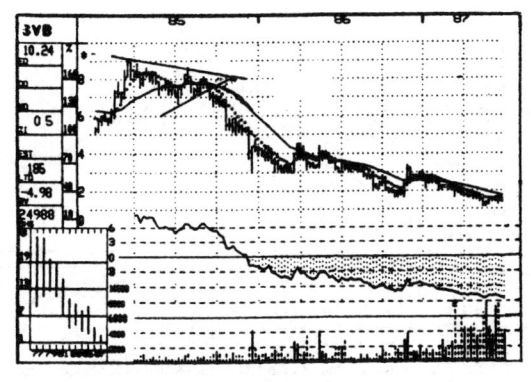

图6-17 双子柏公司

8. 不要仅仅因为觉得一只股票是优质股票就一直持有。所谓的优质股票也是有周期的，一旦它转入低谷也会令投资者觉得心疼。IBM是优质股票的代表，但它的走势图（见图 6‑18）说明优质股票也不是稳赚不赔的。在 1973 年初，IBM 达到价格顶点，股价超过 360 元，在那之后的 12 个月内，该股票的每股收益是 8.82 元。20 个月以后，每股收益涨到 12.24 元。可是，市场并不在乎这一点。当它进入第四阶段以后，股价跌到了 155 元。

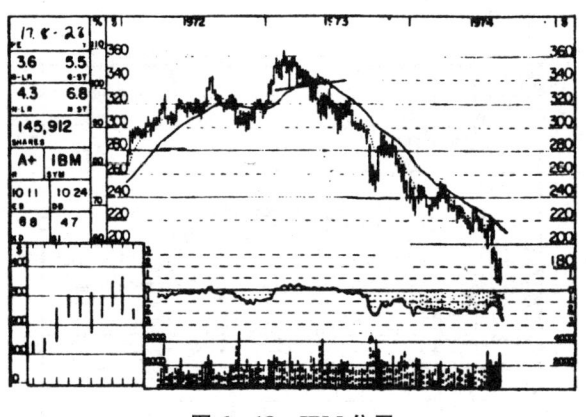

图 6‑18　IBM 公司

哈德逊中部燃气电力公司的股票也说明了这一点（见图 6‑19）。

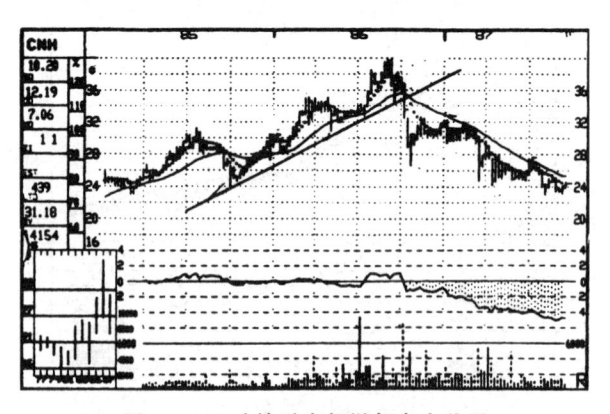

图 6‑19　哈德逊中部燃气电力公司

1986 年，该股开始下跌，跌破 35 元，在这个历史上的大牛市中它一直跌到 23 元附近。市场中，每只股票都有光鲜的时候。当一只"次股"处于第二阶段时，就是它有所表现的时候了。这时候买它就比买处于第四阶段的优质股更好。

▶ 投资者的卖出方式

现在我们已经知道了在卖出时不能做什么，下面我们就来说说如何决定什么时候卖，虽然投资者和交易员在卖出时应遵循的方法大同小异，但还是有一些规则和模式不太一样。首先我们来了解一下投资者的卖出方法，然后再介绍交易员的卖出方法。

好的投资者和交易员都知道，他们绝不能在没有止损卖单的保护下持有任何仓位。任何期货交易者都知道这是成功的关键技巧。股票市场也没有什么不同，只是价格变动慢一些。随着股指期货和电脑程式交易的发展，这种差别很快变小了。20 世纪 50 年代需要耗时多年的周期循环，现在可能只需要经历数月。

股票市场的波动性增强是一把双刃剑。从有利的方面讲，剧烈和快速的波动使我们可以更快地赚到钱。从不利的方面讲，从第二阶段到第三阶段的上涨可能极其迅速，快得你跟不上，尤其是当你持有的股票也被机构投资者们大力追捧时。而坏消息传出时，下跌也极为迅猛，尤其是当机构投资者也加入恐慌的抛售中时。只有用止损卖单才能保护自己不受损失。这里提到的止损卖单与我在第 3 章教各位的止损买单相对应。

止损卖单

只有当股价跌到预先设定的价位时，止损卖单才会被执行。例如，如果一只股票 XYZ 目前的价格是 30 元，你的止损卖单价格是 26.875 元，那么只有当股价向下跌破 26.875 元时止损卖单才会变成一个卖出指令。大多数情况下，卖出指令会在 26.875 元附近被执行。和止损买单一样，止损卖单也应该设置成撤销前有效的形式。和止损买单不同的一点是，卖出时最好不要用限价止损卖单。因为在尝试买入时，对于既定股票愿意支付多少钱，我们具有很大的选择性。如果我们下一个"20.125 止损——20.375 限价"的买单，即使股价超过 20.125 元时，买单没有成交，也没什么大不了。但在卖出时，你已经持有这只股票了。如果股价逆转，你便想离场。

正确地使用保护性止损卖单是卖出决策中的核心问题。它会使你的投资决策变得简单、客观和理性。这样你就不需要反复考虑：现在应该获利了结吗？现在应该止损出场吗？在股市波动加剧时，让卖出程序简单化就更加重要了。例如，某天道琼斯工业指数跌了 60 或 70 点，你的股票因成为几个卖出计划的交叉火力点而价格大跌。而你并不想糊里糊涂地卖出一只处于第二阶段的股票。（当标准普尔股指期货与实际股指之间的差距小到某一程度时，股指套利者便有利可图。他们卖出标准普尔成分股，买入股指期货。这样的操作会给市场带来短期的压力。当股指期货和实际指数之间的差距很大时，他们又实施相反的操作。）

市场上绝大多数专业投资者都会使用保护性止损卖单，但普通投资者却不会使用。原因很简单，很少有人能真正懂得应该如何正确地使用它们。很多投资者听说了止损卖单，用下面这种荒唐的方式来使用它，给这个非常好的盈利工具带来了坏名声。他们听到并相信一些说明，认为止损卖单应该设在低于现价 10%～12% 或 15% 的水平上才能保护自己的头寸。这是个错误的建议，会导致比不止损更糟的结果。根本不可能存在一个神奇的正确止损位，根据这种思路，你不可能从市场上获利。为什么10%或者其他特定的百分比是正确的呢？市场会知道或关心你买入的价格吗？

图6-20充分说明了我的意思。USX公司的股票在1986年跌破22.375元（A点）。如果你为了保护头寸，在低于这个价格10%的价位上（20.125元）设置了一张止损卖单，那么当股票跌到B点19.625元时，你的止损卖单被执行。但是，该股此后一路上涨并翻倍。假设你在B点止损后，后来又买进了它。在它涨到33.25元后（C点），你决定再度将止损卖单设定在当时交易价格下方的10%处（D点），则股价下跌到29.5元时，你又一次止损出局。然后USX又开始另一波强有力的上涨。结果你没能在第二阶段强力上涨中满载而归，反而两面挨耳光，白白地花掉好多手续费。这种例子非常常见，这也就是为什么那么多投资者尝试之后又迅速放弃了止损卖单。

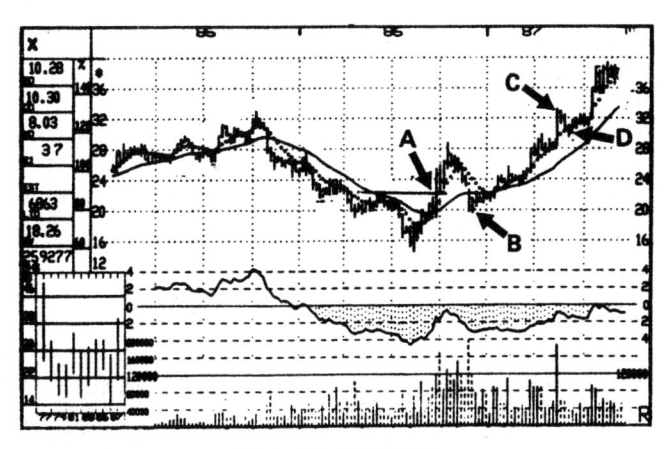

图6-20 USX公司

止损卖单是一种好到不可思议的既有用又能赚钱的工具。下面我们就来学习如何正确地使用它。你首先要知道，当你设第一道止损卖单时要非常灵活。有时低于你买价的8%，有时可以低于买价的12%或者更多，低多少个百分点不是最重要的。你真正需要关注的两个重点是前期的支撑水平和30周均线。当你设第一道止损卖单时，可以先不用太关注移动平均线，而是更多地注意前期的低点在什么位置。例如，股票XYZ前期一直在18.25~20.25元的区域内交易，而你是以20.375元的价位买入该股票的，那么止损点应该低于前期低点。你可以把止损点设在18.125元（低于18.25元）。这里我来介绍一个我用了多年的很有用的小窍门。如果止损点恰巧需要定在一个略高于整数价位的位置上，或者就是一个整数价位，那么你设置的时候应该略低于那个整数价位。例如，如果止损点本应该为18.125元或者18元，下单时不妨将它设在17.875元。在市场交易过程中，心理因素扮演了非常重要的角色，这里是群体本能的又一个例子。许多投资者都愿意以整数价格买入股票。如果目前股票价格是18.5元或18.125元，买单通常会堆积在18元这个位置。因此，整数是一个比较难跌破的价格水平。如果股价跌破了这个价位，就说明这只股票有麻烦了，你应该赶快抽身。我经常见到这样的例子，有人把止损点设在略高于一个整数的水平上，比如说18.125元。当股价跌破这个价位后，在整数价位上略有交易，然后股价开始新一轮的上涨。当股价较低时，这种现象也会出现在0.5元的价位上（如18.5元、19.5元等）。所以，如果计算出止损点在18.625元，你应该在18.375元处下委托单。

  从现在起，在没有保护性止损卖单的情况下，绝不要持有任何一只股票。买入一只股票之后，应该立刻委托一个撤销前有效的止损卖单。只有这样做才能保证你永远都处于受保护的境地，打开晚报时，不会因为意外利空而瞪大眼睛。你也不要在没有准确计算出止损点时就贸然买入股票。养成这个习惯之后，在选股时你又多了一个筛选标准。如果有三只股票符合之前我提到的所有标准，那么现在你就应该来计算它们各自的止损点在哪里。如果股票A在20元处突破，而初始的止损点为 17.875 元，那么它的下行风险是 11%。股票 B 在 40 元处突破，止损点为 33.625 元，那么它的下行风险为 15%。最后，股票 C 在 60 元处突破，止损点为 56.625 元，那么它的下行风险是 5%。如果其他条件都相同，那么从收益/风险比率角度考虑，股票 C 是最佳选择。尽量将你的买进对象予以限制，将买入后第一个止损单的止损价控制在比买入价格低 15% 的范围以内，除非其图表形态特别突出。

现实世界中的止损卖单

现在我们讲得再具体一些，这样你才能确切地知道一开始应该将止损点设在什么地方，什么时候把它提高到什么价格上。图 6-21 中，股票 XYZ 在突破进入第二阶段之前一直在 18.25~20.25 元之间徘徊。你以 20.375 元的价格买入该股票，第一道止损位应该设在整数位之下，17.875 元处。现在，你要做的事情就是坐下来等。如果小概率事件发生了，股价不是上涨而是下跌，跌到 17.875 元时，就会触发你的止损卖单，你就卖出离场。

更可能的情况是你的股票价格开始上涨，下面我就介绍一下在这种情况下你该如何做。只要该股的价格高于 30 周均线，并且均线保持升势，股价处于第二阶段，那么你应该给它大一些回旋余地。我们会依照如下方式随着价格上涨调高止损点。在股价第一次真正的回调后（幅度在 8% 以上），我们就要准备提高止损点了。但实际上在价格调整结束、股价向前期高点（见图 6-21 中的 A 点）反弹之前，你不应调高止损点。如果它向下跌破调整低点（B 点），同时跌破 30 周均线，这时投资者应该提高其止损点，设到向下突破的这点。本例当中，调整低点高于 30 周均线，那么投资者可把止损点定在移动平均线以下（C 点）。当均线上升时，依次提高止损点（E、G、I 点等）。

在本例中，股价回落的低点是 21 元，对应的移动平均线价格是 20 元，那么止损点应该设在 C 点：19.875 元（低于整数价格 20）。最后需要注意的一点是，一定要在股价从 B 点回升接近 A 点的时候才提高止损点。

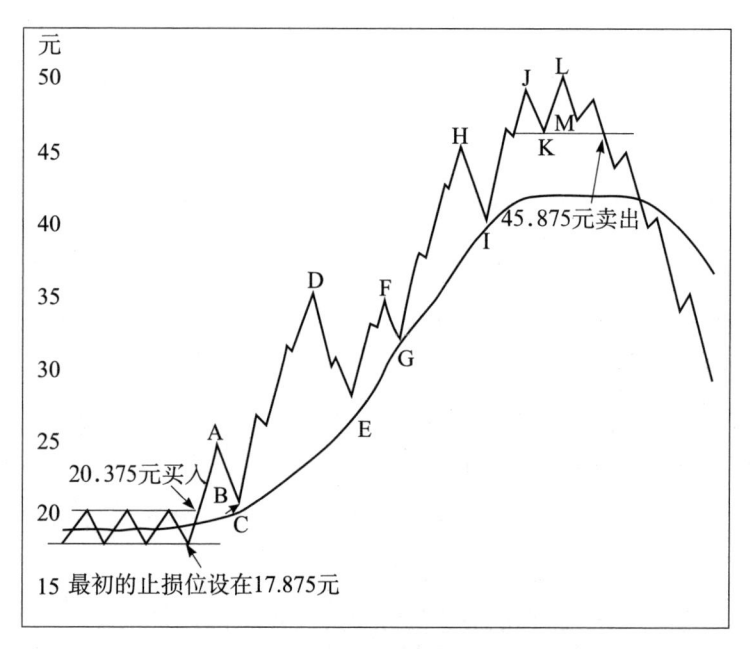

图 6-21 投资者运用追踪止损法的方法

接下来，该股在第一次回调之后，像正常的第二阶段股票那样迅速上涨。在涨到 35 元的高点（D 点）后又再次回调到 28 元左右。此时，均线已经上升到 26 元。那么现在，你应该将止损点提高到 25.875 元（E 点）。股价上涨至前期高点附近的 F 点之前不要再次调高止损点。下一次回调的低点（G 点）正好落在均线上，价格为 32.125 元。当股价再次上升接近 F 点时，再将止损点提高到 31.875 元（低于整数价位）。同理，当股价回调到 40 元后再次反弹时，止损点应调升到 I 点 38.875 元。这时，均线已经升到 39.25 元。

第6章 何时卖出

请注意，现在我们的策略要发生重要改变了！经过 I 点之后，均线不再上升而逐渐走平。一旦这样的情况出现，股票形成第三阶段顶部的可能性就变得很大，下一步支撑位和移动平均线顶不住的话就会进入第四阶段。因此，一旦股票进入高风险区域，你就应该更积极地进行止损操作。在股票 XYZ 的例子中，尽管 K 点在移动平均线**以上**，但你仍应该把止损卖点提高到 K 点。由于 K 点是 46 元，因此止损卖点应该为 45.875 元。在接下来的几个星期里，该股票形成了以 46 元为颈线的"头肩顶"形态。M 点的价格是 46.5 元，仅略高于 46 元，因此没有必要再次提高止损卖点。最终，该股票向下跌破 46 元，你在第四阶段来临之前以较好的价格卖掉了该股，保住了大部分收益。使用这一技术，虽然你没有卖在最高价上，但已经相当不错了，我们是以现实的眼光来说的。你的努力和时间通常可以获得十分丰厚的回报——以非常接近最高价位的价格卖出股票。你不会像没有卖出阿尔芬公司和 VM 软件公司的人那样回吐大部分收益（见图 6-3 和图 6-4），相反你可以用止损卖单在十分精确的价位上卖出股票，就像买入时那样。而且，当股票开始进入第四阶段时，股价的下跌通常会非常迅速，通过止损卖单，你在股价下跌的痛苦来临之前就出场了。

使用止损卖单可以把情绪和疑虑对投资的影响降到最低。当你忙于工作或享受假期时，在你不知道的情况下你的止损卖单已经被执行了。最好的是，你不必忍受做决定的痛苦。当有坏消息传出时你还应该持有这只股票吗？当你的经纪人听到了一些关于这只股票的负面消息时，你是否要卖出它？股票 XYZ 的价格是不是太高了，快要下跌了？现在，卖出操作变得机械化、制度化。最重要的是，我们让市场帮我们做决策。要说趋势，市场就是现实本身，让它自己判断比我们来回衡量了所有利弊做出的判断要准确得多。

理论已经足够了。现在我们来看看现实中的例子吧，这样在以后进行止损交易时你才可以更得心应手。图 6-22 是 20 世纪 70 年代天际线公司的股价走势，它为我们提供了一个绝佳的例子，应该如何运用我的这套方法进行追踪止损。天际线在 1970 年底突破 30 周均线进入第二阶段时，应该在 20 元附近买入（B 点）。最初保护性止损点应该在突破前回调低点的下方（A 点）。如果多头走势失败，你不会损失太大。在接下来的几周内，天际线首先上扬到 C 点然后回调。在下一波上涨中，股价抵达新的高点（E 点）。当股价在第二次上涨中接近前期高点（C 点）时，你应该将止损卖点调高到 D 点。应该注意的是，D 点的价位既低于前期的价格低点又低于 30 周均线。E 点之后，该股价格回调到移动平均线，然后又反弹回 E 点的水平，这时又该调整止损了。止损应该调升至 F 点（该点低于前一个调整低点和 30 周均线）。之后该股价格迅速上涨至 G 点，之后又下跌，在下一次股价上升到新的高点之前应该将止损点调整到 H 点。H 点的价位低于前一个调整的低点，而且略低于 30 周均线。再下一次的股价上升止于 I 点，I 点以后下跌，这次下跌止于 30 周均线。在下次价格上升到新的高点之前止损卖点应该调升至 J 点，这点的价位**既**低于移动平均线**也**低于前一个调整低点。

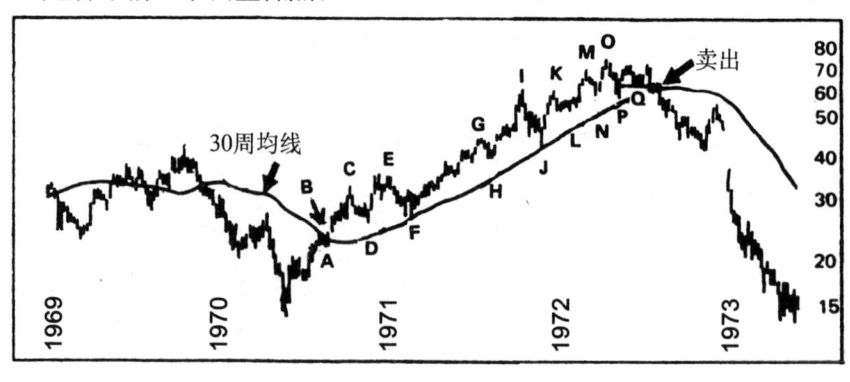

图 6-22　天际线公司

资料来源：Data Graph.

至此，即使该股价格继续升高，用以上方法也已经获得较高的收益。但是天际线的股价没有继续上升。它升至下一个高点 K 以后稍微跌了一点，然后又升至 M 点。此时，止损卖点应该升至 L 点。注意：L 点的价位低于前一个回调低点，也低于移动平均线（只要移动平均线是上升的，**投资者**在确定止损卖点时就应该留出较大的空间）。下一步，你就要把止损卖点提高到 N 点，然后到 P 点。但当移动平均线开始逐渐走平，表明第三阶段开始形成，就要压缩止损空间了。这时你应该将止损点定在 Q 点，即使 Q 点的价位高于移动平均线。

在 1972 年底，买入该股票的两年后，天际线跌破水平的趋势线，止损卖单在 Q 点被执行。接下来该股股价很快跌破了 30 周均线，进入了第四阶段。虽然你没有在最高的那一点卖出股票，但是你牢牢把握住了该股两年中的上涨，你的投资翻了近三倍！

乍看上去我们需要花费很多精力去关注这些止损点的变化，其实不然。两年里，我们只进行了几次调整。剩下的时间里，你需要做的就是放松地等待周期的形成。此外，你不必担心报纸上的新闻怎么说，也不用每个周末在持有还是卖出之间为难。最后，也是最重要的一点，你在市场由供求平衡刚转向供大于求时卖掉了股票。如果你没有卖掉，结局会完全不同，盈利会变为亏损。两年来积累的盈利在几个月内亏掉一点都不奇怪。把一个大石头推上山要比把它推下山费更多的时间和能量，股票也是一样。重力和恐慌会使它快速下跌。

图 6-23 中固特异轮胎公司的例子说明了如何轻松地、有纪律地获得利润。1986 年固特异轮胎股价超过 35 元时（A 点）应该买入该股票。最初的止损点应该设在 29.875 元（B 点），该点的价格刚好低于这只股票突破进入第二阶段前期的低点。当股价升至 50 元，又回落到 40 元时，就应该调高止损点了。止损点应该被调高至 39.875 元

（D点），这个价格低于上一个调整低点并且也低于30周均线。在此后的几个月内，止损点依次被调高到E、F、G、H、I、J点。在1987年10月，该股票跌破67元进入第四阶段，而你干干脆脆地以66.875元的价格卖出该股，丰厚的回报落袋为安。

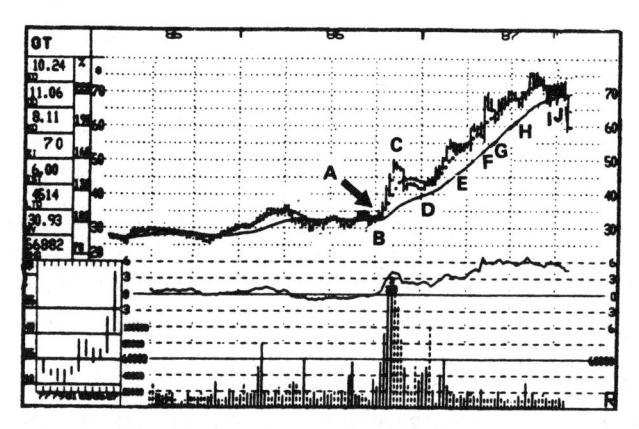

图6-23 固特异轮胎公司

图6-24中默克公司的走势说明，在股价上升过程中，即使股价时而略低于30周均线，你也可以继续持有它。但是，必须满足两个重要条件。一是均线必须呈上升趋势；二是股价回落不能低于前面调

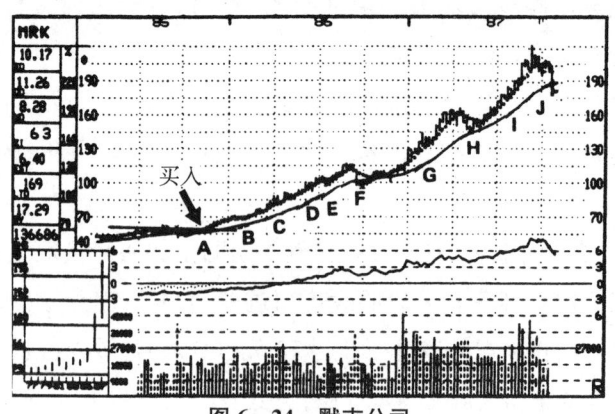

图6-24 默克公司

整的低点。如果在 1985 年，当该股股价向上突破阻力线时，你以 60 元出头的价格买入它，那么你的初始止损点应该设在 A 点。当它的价格一路上升时，你的止损点应该升至 B、C、D 点，以此类推。可以看到，虽然在股价上升过程中有回调的情况，并且所有的回调都在 30 周均线之上止步，但你的止损卖点应该**始终**低于 30 周均线。这是投资者应该时刻注意的重要一点，交易员的方式与此完全不同。

当止损点提高至 E 点后，股价反弹至一个新高，然后突然下跌并突破 30 周均线。此次股价并未跌到 E 点这个止损卖单被执行的价位。接下来，默克的股价在 90 多元到 115 元之间震荡了挺长时间，然后突破 115 元再次上行。此时，止损点应上调至 F 点。在之后的几个月内，随着每次股价的调整，止损价格应该调升至 H、I、J 点。在 1987 年 10 月，默克的股价跌破 190 元时，止损卖单被执行。虽然你没有在该股股价的最高点卖出它，但是你卖出的价位已经非常接近最高价了，通过这种操作，你使自己的本金翻了三倍，这是相当不错的成绩！

这种既保护盈利又限制损失的方法非常有效。它在几年之内会给你的投资带来不可估量的成功。但是不要认为这种方法或者我教给你的其他方法是万无一失的。这种方法也有它的不足，它增加了交易成本。不过，因为要用这种方法来有纪律地获得高额回报，花出去的只是小钱。

图 6-25 中沃尔玛公司的股票是止损后市场反涨的例子。如果你在 1985 年以 15 元左右的价格买入沃尔玛这只股票，应该将初始的止损点定在 A 点。几个月后，止损点应该依次调升至 B、C、D、E 点。但 1986 年底这只股票跌破 22 元的支撑位。更糟的是，此时它的移动平均线不再上行，并且股价不久便跌破了移动平均线。这些迹象表明，沃尔玛横盘整理的第三阶段已经结束，开始进入股价下跌的第四

阶段。在 21.875 元处，止损指令被执行，该股票被卖出。这时，止损卖单确实锁定了正在减少的收益。但是在几个月后，这只股票价格却再次回升并且往上突破了 25 元的阻力位。这时，很显然之前的下跌是个假摔，很可能是为新的上涨铺路的。

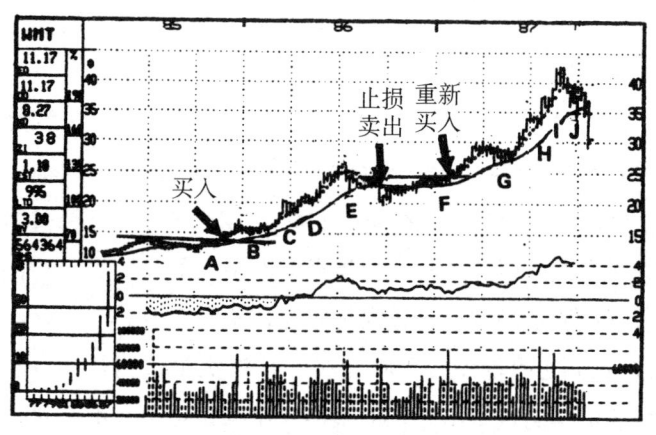

图 6-25　沃尔玛公司

遇到这种假动作，在股价下跌时卖出，股价上涨几个百分点、危险信号解除后再买回来的做法一点没错。可以将你放弃的这几个百分点看作保险费，就好像你为自己的房子上火险或防盗险而交的保险费一样。为防止你的股票头寸在第四阶段遭受损失而花这笔钱是值得的。在沃尔玛这个例子中，第一阶段的交易中每股获益约为 7 元。股价超过 25 元再抬升势时，可以再次购入此股票，新的初始止损点应设在 F 点。随着股价的升高止损点依次升高，一直到 I 点，35 元之下一点。到 1987 年 10 月，该股股价下跌触及止损点，你卖出该股获得第二笔丰厚收益，而此时别人还在犹豫不决。

沃尔玛的例子可以教会你如何处理这种止损后市场反而上涨的情况。用我的方法，你仍然可以获得两笔不错的收益。在投资中，最使人百爪挠心的是盈利得而复失，甚至最后以亏损状态出局。这是一种没必要经历的痛苦感受。在第 1 章的开始，我曾举过几个这种"来得快，去得也快"的例子。图 6-26 中英特逻辑公司的股票就是另一个这样的例子。不过，现在你已经会正确地使用止损卖单了，再也不会处于那样的境地中了。许多投资者在 8.25 元时买入了英特逻辑这只股票，他们中很多人赚到了这只股票上涨的利润却不知道该在什么时候卖出它。

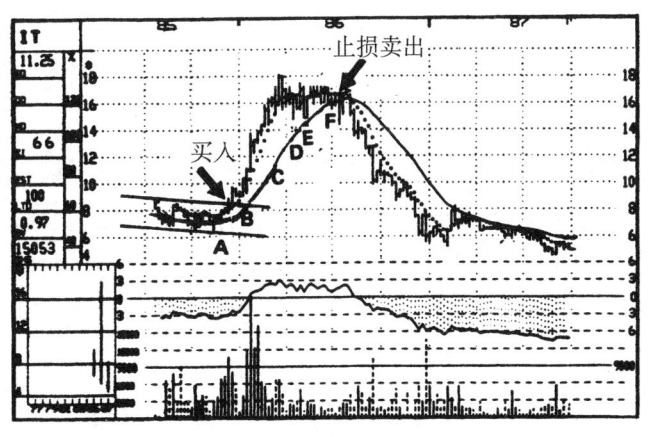

图 6-26 英特逻辑公司

从现在起，你只能在公园里坐过山车时体验这种刺激的感觉了。如果你在英特逻辑向上突破阻力区域时买入它，那么你应该在 A 点设定初始止损卖单。接下来的几个月内，你应该如图 6-26 中所示调高止损点。当均线走平，止损卖单被执行时，你应该很高兴，因为通过止损卖单你已经在麻烦来临之前锁定了一笔收益。虽然你没有在最高点卖出这只股票，但是你在几个月之内已经获得了很高的收益。而且最重要的是，你成功地避免了第四阶段下跌可能给你带来的损失！相信我，即使偶尔卖出以后市场没有如期下跌，使用止损卖单仍然是十分值得的。

➤ 交易员的卖出方式

有几个关于交易的问题最常被问到。如何定义交易员？应该交易吗？为什么终止交易？投资和交易哪个更好？假如你是市场老手，你会知道自己是倾向于交易还是投资。但是新手往往不知道自己该走哪条路。令人惊讶的是，一些已经入市几年的人也不清楚自己的风格。他们以为自己是投资者，而事实上却有交易员的心理，所以操作得很不怎么样。

因此在介绍交易员的卖出方式之前，我想先谈点哲学。我认为在交易和投资哪个更好的问题上，没有一个绝对的标准。我认识很多成功的交易员，同样也认识很多成功投资者。我认为，对于大多数市场参与者尤其是新手来说，用投资的方法获利更简单一些。与交易相比，投资获利需要付出的时间更少，需要的技术更低，情感上更容易接受。那为什么有人喜欢交易呢？很简单，交易员有更多的挑战和行动！大多数投资者天性更保守，他们希望自己的生活放松而平静；交易员则喜欢生活在峭壁边缘，他们享受着在火线上做决策带来的战斗战栗感和竞争紧张感。

不要浪费时间去判断交易和投资哪个才是更好的赚钱方法。没有最好的方法，如果运用得好，哪种方法都能成功。你应该认真考虑的是，你是哪种人，哪种方法更适合你。审视一下你的特点，然后争取成为你能做到的最好的投资者或交易员！如果你决定投资，你的股票跌了六七个点，你刚卖了它，它就涨起来了，这种情况令你非常气愤，那么这是非常危险的。因此，与你自己进行一次坦诚的对话，如果你明显属于其中一类，那就站到那一队去吧。有趣的是，有相当一部分人是处于中间地带的，哪种方法都能适应。如果你就是这类人，我建议你采用混合的方法。大多数时候采用投资者的方法，但当一些市场指标（我在第 8 章中将讲到）显示出强烈的卖出信号时可以进行一些交易。当你的股票飙涨并且**严重超买**，远离 30 周均线时，可以考虑挣些快钱。这种情况下，用 1/3～1/2 仓去挣快钱，剩下的仓位用追踪止损方式操作。

"哲学"就谈这么多。现在我们说些具体的。正如投资者有明确的规则要遵守一样，交易员也有规则。由于交易员时刻准备着决策，因此他们的规则没有投资者的严格，但仍然有一些要遵守的明确的指导方针。

第一项交易技巧就是追踪止损。在使用这项工具时，交易员应该比投资者积极得多。只要股票还处于第二阶段，投资者们就会希望尽可能长时间地持仓。他们接受股价上涨过程中的回调，也接受再次上涨之前长达数月的震荡调整。而交易员认为时间就是金钱。他们不仅希望避开所有的大幅调整，而且也希望避开需要横盘数月的股票。因为他们可以在这只股票来回拉锯时将其卖出，转而买入那些刚进入强劲上涨阶段的、令人激动的股票。因此，交易员**不应**等到股价跌破 30 周均线时才卖出股票（实际上，如果股票 XYZ 的价格在 30 周均线上保持得很好，之前的卖出又把握得很好，交易员往往会在股价拉回均线附近时再次买入它）。

就像我们学习投资时一样，我们也要学习一些具体内容以便更好地理解交易。图 6 - 27 中股票 XYZ 在 18.25～20.25 元盘整几个月后，终于在 20.375 元处突破。这时，我们应该在 20.375 元处买入该股票。但在这个例子中，最初止损点的设置就与投资时不同了。作为一个交易员，你希望看到的是这只股票快速小幅上涨（以年为单位来看，100% 的平均收益率已经很高了，但是如果 1 个月可以盈利 20%，那么年收益率就是 240%）。如果判断错误，交易员只接受较小幅度的亏损，如果这只股票是只大牛股，它不会大幅跌破其突破点。所以你应该将止损卖点设定在最近一个低点的下方。如果没有任何低点，那么你可以玩玩下列数字游戏（投资者不应该采用固定的百分比）。多年的经验告诉我，如果真是个短期内的大牛股，突破后其回调不会超过突破点下方4%～6%。所以如果你找不到邻近的恰当的止损点，你可以将它设置在突破点下方4%～6%处。但是，一定得在整数价位下方。例如，如果向上突破点是20.375元，它的4%略高于0.75元，低于向上突破点4%的价格是19.625元，低于向上突破点5%的价格是19.375元。因为19.5元是一个心理上的整数价位，所以你的止损点应该设在19.375元（A点）处（股价低于20元时，可以将每个0.5元视作整数，但在20元以上，止损点应该设定在实际整数的下方，如21元、22元等）。

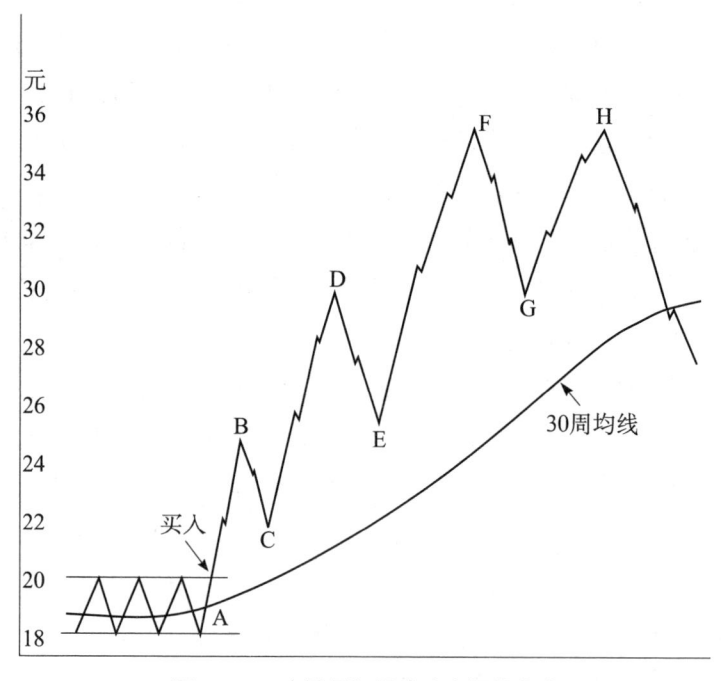

图6-27 交易员运用追踪止损的方法

接下来，该股票涨到 25 元，又回调到 22 元（C 点）。交易员不应该过分在意 7% 以内的回调，只应该对比较有意义的波动采取行动。一旦你的股票回调止于 C 点，而后股价反弹接近到之前高点（B 点）的水平，你就应该将止损点调升到 C 点下方一点（21.875 元）。记住：如果前期的低点是 22.125 元或 22 元，那么止损点应该略低于整数价位，在 21.875 元。

接下来的几个星期中，XYZ 这只股票涨到 D 点（近 30 元），又回落到 E 点（25.5 元）。当 XYZ 涨到接近 D 点的价位时，应该将止损点提高到 25.375 元（恰好低于 E 点）。以此类推，接着将止损点调升到 29.875 元（G 点）。最后，在双重顶形成之后（双顶为 F 点和 H 点），你应该在 29.875 元的价位上卖出所有的股票。你应该时刻牢记的一点是，对于一个交易员来说，**永远都不要**在股价低于 30 周均线的情况下持有该股票，哪怕只是低一点点。

图 6-28 中雷诺兹金属公司的股票向我们展示了在现实中交易员如何使用止损卖单。25.125 元时该股票巨量突破，应该在此位置买入它。最初的止损点应该定在 23.875 元（A 点），这个价格正好略低于

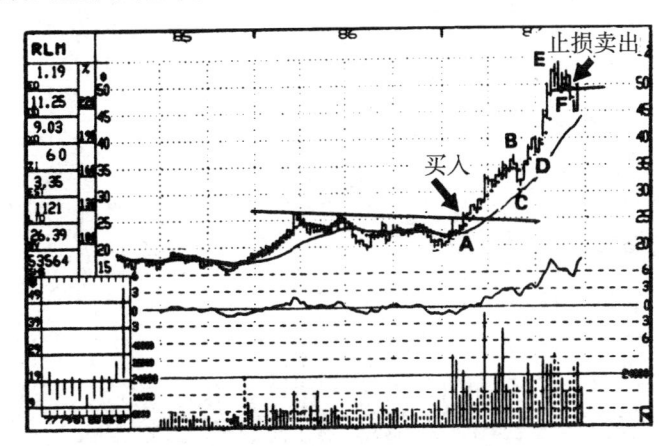

图 6-28　雷诺兹金属公司股票周线图

24 元（25.125 元的 4％是 1 元，那么 25.125 元减去 1 元等于 24.125 元，但这个价位正好高于心理上重要的整数关口。25.125 元的 5％等于 1.25 元，25.125 减去 1.25 等于 23.875 元，正好低于一个整数价格）。这只股票在快速上升到 37.375 元（B 点）之后，有一次显著的下跌，价格回调至 31 元。当雷诺兹再次上涨到 37 元附近时，应该将止损点调高到 30.875 元（C 点）的水平上。然后该股又上涨到 40 元，又经历了一次超过 7％的波动，你应该做好下一次调整止损点的准备。当股价再次回升到前期高点附近，然后超越该价位时，止损点应该被调高至 36.875 元（D 点）。在这之后，雷诺兹的股价直线上涨到 54.25 元（E 点），然后回调，回调低点恰巧为 49 元，然后又朝着前期高点继续上涨。接着，雷诺兹形成了一个五周的横盘区间，这在股价大幅上涨之后是一个令人担忧的信号。交易止损点因此应该调升到 48.875 元（F 点）。

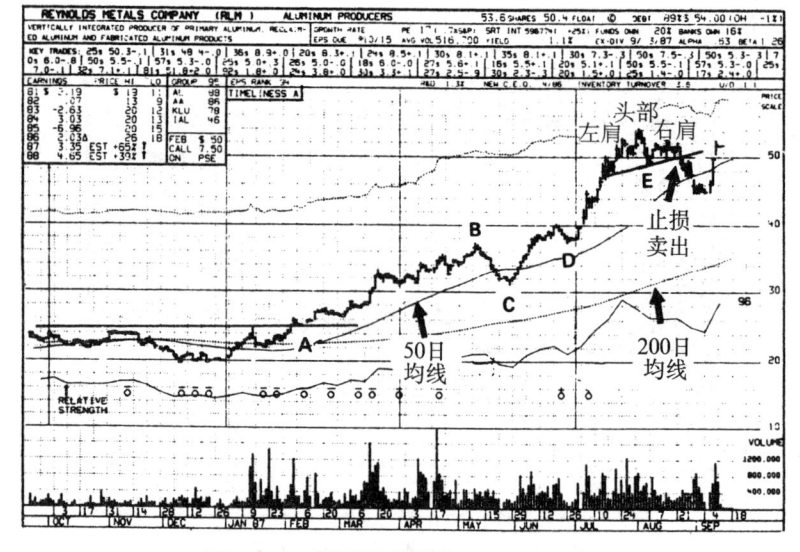

周线图 6-28 并不如日线图 6-29 那样明显，从图 6-29 日线图

图 6-29　雷诺兹金属公司股票日线图

中可以清楚地看出，该股票形成了一个小的"头肩顶"。因此，雷诺兹一旦向下突破 49 元这一重要的支撑，交易员就该稳稳当当将 6 个月来 100%的收益落袋为安了（年化收益率 200%）。这只股票是否会跌破 45 元然后又涨回 50 元以上已经不重要了。强劲的上涨动力已经过去了，这就是交易员与投资者不同的地方，只有在"火箭"动力全开时，交易员才想持有那只股票。

▶ **顺势获利**

我刚刚讲述的交易员使用的止损技巧易于操作，而且能在一贯性的基础上带来丰厚的利润。但是，如果你想在交易技巧上再上一层楼，获得更多的收益，就应该学习如何使用趋势线并将它与交易计划结合起来使用。

在很多情况下，有效的趋势线并不存在，你只能采用止损卖单的概念。但是一旦明显的趋势线形成，运用它，因为它可以帮你锁定更多的利润。当股价跌破趋势线时，至少应该卖出部分仓位。其余的可以采用止损方式处理，通常止损点比跌破趋势线的价格低。

将趋势线融入你的交易计划时，可依照图 6-30 的方式开始。如果以 20.375 元在突破点买入，初始的止损点应该为 19.375 元（A 点）。然后当股价回落后再次涨回 G 点水平时将止损点调高至 B 点。一条明显的趋势线需要连接**至少三个点**。如果有明显的趋势线形成，它可以帮助你分析在什么地方设置止损点。当 XYZ 经过了 C 点向上反弹后，止损点应该低于 C 点。这里就是趋势线能帮你的地方了。这条趋势线在几个月的时间内才形成，而且至少经过三个低点，因此你可以将止损点提高到略低于趋势线的地方。首先，你要将止损点调高到 D 点，几个星期之后再调高到 E 点和 F 点。因为这条趋势线是上升的，你可以在股价震荡（如 I 点以后）的情况下，提高一半仓位的止损点。现在，一半仓位的止损点在 C 点，另一半仓位的止损点则持续调升到 D、E，最后到 F 点。当股价急速下跌时，止损单在 F 点被执行。即使股价不是急速下跌，而是在一定区间内横盘，对于交易员也不是好事，因此首先锁定一半的收益是很好的。当股价真正开始下跌，另一张止损单在第二个止损价上被执行时，交易员又获得另一半丰厚收益。

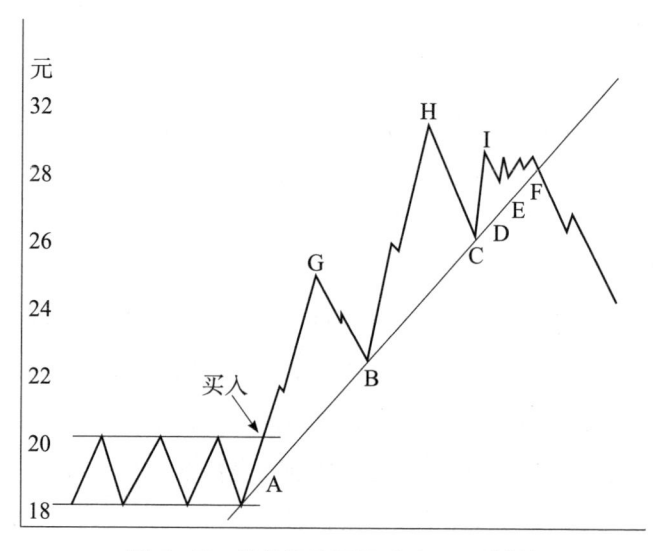

图 6-30 趋势线的运用（以 XYZ 为例）

图 6-31 和图 6-32 中计算机科学公司和溥茶比俊公司的股票显示出运用趋势线的好处。当计算机科学公司突破其下降趋势线并站上 38 元的阻力位时，应该买入它。最初的止损点应该设在低于整数价 36 元的水平上（38.125 元的 5% 差不多是 2 元，38.125 减去 2 等于 36.125 元。应该将止损点设在低于重要的心理关口 36 元的水平上）。在该股股价上涨到 40 元，继而下跌到 37.375 元后，应该将止损点提高到 36.875 元。到目前为止，与之前所说的止损操作法完全相同。

不过，接下来就有所不同了。你可以在图 6-31 上画出一条至少连接三个点的趋势线（如点 1、2、3、4 中任意三点）。这条线可以被延长和修改，之前几周计算机科学公司的股价一直沿趋势线上升，于是我们知道这条趋势线是有意义的。因此，至少一半仓位的止损点应持续调高到该上升趋势线的下方，注意低于心理整数价。如果你的操作**非常激进**，你可以只设一个止损点，就在趋势线下方。如果你相对保守一点，可以将一半仓位的止损点设置在持续上升的趋势线下方一点，而另一半仓位的止损点则设在最近一次调整低点的下方。有意思的是，在计算机科学公司的股价上涨 7 个月后，从买入时的 38.125 元涨到 61 元，两个止损点相互靠拢。在 1987 年 4 月底和 5 月初，趋势线上涨至 57.5 元，一半的仓位在 56.875 元处被止损卖单保护。由于 55 元是该股票的重要支撑位，所以另一半仓位的止损点是 54.875 元。5 月，两个止损卖单都被执行，锁定了一笔丰厚的收益。

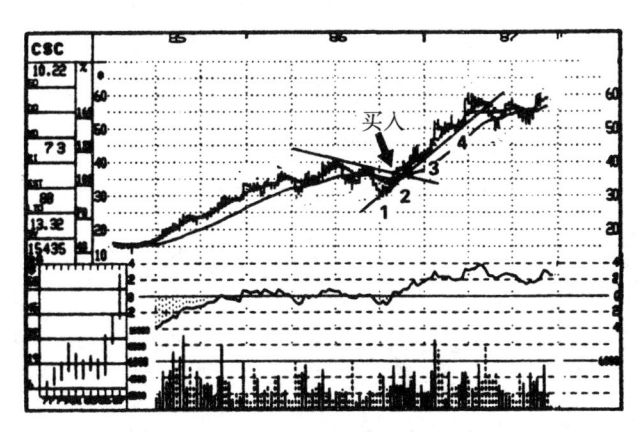

图 6-31 计算机科学公司

值得注意的是，计算机科学公司股票的价格并没有一直下跌。它跌到 49.25 元后又上涨至 55 元。不过，对于一个交易员来说，他的目标已经完全达到了。在持有这只股票的 6 个月中，这只股票持续快速上涨，交易员得到了丰厚的回报。在止损卖单被执行以后的 4 个月内，虽然股价有所上涨，但只比当初的卖价稍微高一点。因此，对于一个交易员来说，我们希望在股票上涨动能最强劲的阶段持有它，趋势线正确地告诉我们旅程何时结束，何时应该下车。

图6-32中溥茶比俊的股票走势又一次说明一条有意义的趋势线在交易中非常有用。1985年底，当溥茶比俊突破下降趋势时，应当在5.5元处买入它。从1986年初（见图6-32中的1点）起，它开始形成一条向上的趋势线，此线在之后的3个月内又通过了另外两个点（2、3），从而形成一条重要的趋势线。之后的4个月内又有两个点（4、5）落在这条线上。因此在止损卖单之外，这么重要的趋势线应该被整合到你的交易计划中。当股价在13元处跌破趋势线时，一半的仓位被卖出，8个月获利130%。另一半仓位在跌破前期低点12.5元时被卖出。与前面的情况相同，这只股票并没有进入第四阶段继续下跌。但是在真正下跌前8个月就抛售该股锁定利润是非常有意义的，因为在卖出股票后的8个月里该股的价格比卖出时的价格还低1.5个点。交易员要遵从趋势线的指示，因为它能告诉我们何时上涨动力消退，何时胀鼓鼓的气球开始漏气了。

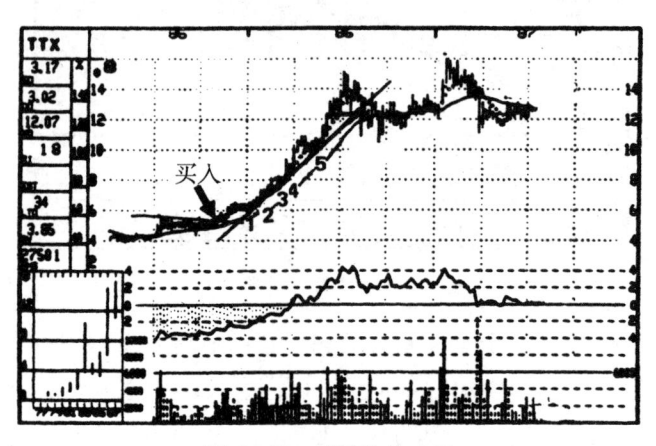

图6-32 溥茶比俊公司

测量涨幅

在结束关于交易的内容前,我还有一个小技巧要告诉你,它可以提高你的交易水平。

多年来,技术专家们用各种理论和博弈模型来对股价拐点进行预测。从最简单到最复杂的模型我都有所研究。但是我不会介绍这些模型来加重你的负担,因为它们不值得我花费那么大的工夫。但这里有一个概念你要清楚,因为它确实是非常精确的。如果在你的交易"武器库"中加入它,你就可以随时上火线了。这个交易的衡量方法被称为**"摆动法则"**。这一法则并不常用,但一旦使用,你便可以清楚地知道股价的上涨在哪里结束。它可以精确得如同在今天读下周的报纸一样。所有你要做的就是在股价重要的下跌前记下顶点价格,并用顶点价格减去接下来的低点价格得到一个差。在图6-33中你可以看到股票XYZ的第一个顶点价格是26元(A点),紧接的一个低点价格

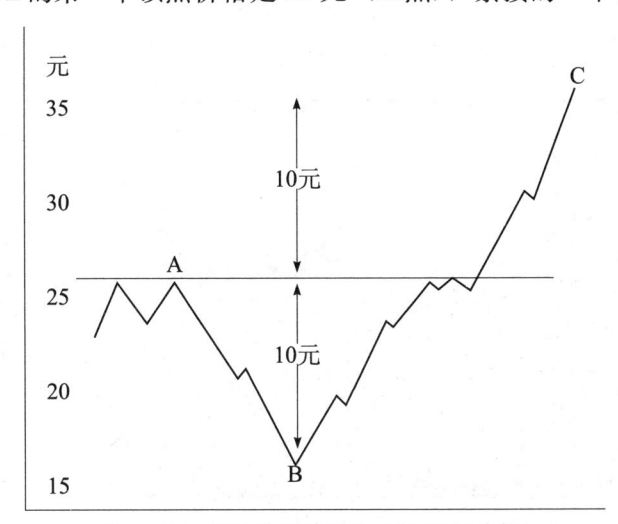

图6-33 摆动法则的运用(以XYZ为例)

是 16 元（B 点），那么差价就是 10 元——26 减去 16 等于 10。

下一步就是当 XYZ 再次达到 26 元时加上 10 元。26 加 10 等于 36。这一价位便是近期潜在的目标价位。很显然，这个价位是估计的，股价的顶点很可能是 35 元或者 38 元，但都在 36 元附近。这就为近期顶部形成敲响了警钟。

艾丁公司（见图 6－34）的股价在 1986 年达到顶点价格 27.625 元（A 点），然后股价开始下跌。当下降趋势结束，该股票股价达到 17.5 元（B 点）的谷底。1987 年初艾丁的股价突破 25 元的阻力位。这次股价上涨超过了颈线并形成了"头肩底"形态。这只股票不久就迅速上涨，超过了 1986 年 27.625 元的顶点。根据摆动法则，价差是 10.125 元（27.625 减去 17.5 等于 10.125）。我们现在就可以预测艾丁在下一次大回调之前可能会涨到什么水平。在顶点价格 27.625 元上加上 10.125 元等于 37.75 元。接下来，数周过去了，艾丁越来越接近这一价位，你猜它的顶点 C 对应的价格是多少呢？虽然不是 37.75 元，但是与 37.5 元相差不远！结果不错！所以运用摆动法则的最佳方法就是在预测价位附近卖出一部分仓位，然后在止损点被触发

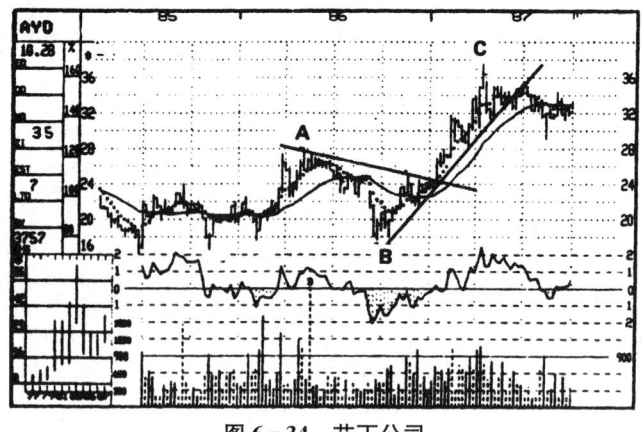

图 6－34 艾丁公司

时，卖出剩余仓位。这个例子中，另一部分的止损价是 33.875 元，因为趋势线在 33.875 元被跌破。

艾丁不是特例，我们再来看一下图 6-35 中锐步公司的股票图形。1986 年中期，该股票的第一个顶点在 17.625 元（A 点）。随后，股价跌到 B 点，跌了 7.375 元。17.625 加上 7.375 等于 25。最后，股价在 25.25 元（C 点）停止上涨！

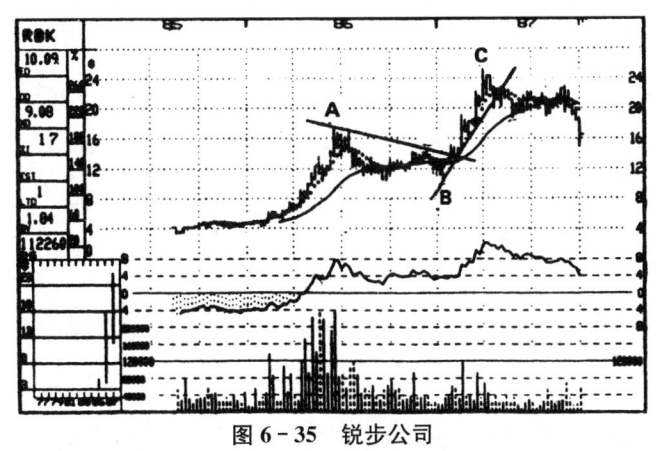

图 6-35 锐步公司

最后，我们再来看看图 6-36 中老虎国际公司的例子。1986 年该股票在 6 元出现了一个买入信号。在此之前，它从 1985 年 10.5 元的

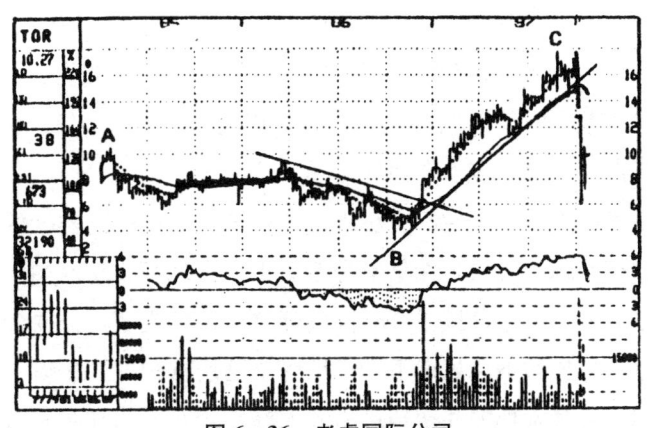

图 6-36 老虎国际公司

高点（A点）跌到 3.625 元（B点），总共跌了 6.875 元。10.5 加上 6.875 就得到一个目标价格。根据摆动法则，我们算出的目标价格是 17.375 元。令人难以置信的是，后来该股的实际高点就是 17.75 元（C点），然后老虎国际很快跌到 6 元以下。

摆动法则并不是在每一个例子中都如此有效，但总的来说，在大多数例子中目标价格都准确得惊人。因此当有机会使用这一令人称奇的工具时，一定要用好它！在目标价位附近至少卖出一部分仓位，再用其他的止损工具来卖出其余仓位。综合运用止损卖单、趋势线和摆动法则，你的交易将会变得有纪律、易赚钱。

➤ 在赔中学会赚

不管我的方法有多好，你都不可能每一次都成功。战无不胜只存在于想象中。你如何面对生活决定了你在投资上能取得多大的成功。从我多年的经验来看，"失败乃成功之母"是千真万确的。想想这句话。在一两只股票上失利真的是件非常糟糕的事情吗？对于大多数人而言，是的。这就是他们总是做出错误决策的原因。但对专业人士而言，这就是现实，好比做生意的成本。专业人士并不会因为一只股票赔了钱而失眠，他们会从两个更重要的方面来评价自己的投资：（1）**所有仓位的净收益**（只要净收益是正的，他们就很高兴）；（2）如果股价走势和预期的相反，应该在何处离场。

这是用成熟的、理性的方法跟市场打交道，但能这样做的人却很少。当你打网球的时候，你是不是希望每个发球都成功？如果你是一个现实主义者，就应该接受有时候发球会失败的现实，只要大多数情况下击球得分你就不会焦躁不安。训练自己用这种方式思考是十分必要的。你一定会发现那些期望过高的人经常会在网球和高尔夫球比赛

第 6 章 何时卖出

中失利。不能很好地控制情绪,情绪就极具破坏性。我曾经见过一些投资者,他们本来很理性地投资(尤其在牛市中),但仅仅一部分仓位的失利便摧毁了他们所有的投资策略。他们非但没有认识到最初小小的损失是很好的经验教训,反而在股价下跌时变得愤怒和固执。当股价下跌到一个比较低的水平时,他们向下摊薄继续买入,白白地将大把资金扔到处于第四阶段的股票上。更糟的是,当开始亏损时,他们卖出那些继续上涨的股票来进行向下摊薄的买入。从短期来看,这样让他们感觉不错,因为他们拥有的股票数量增加了。但是几个月以后,他们的投资组合就会反映出这种短视做法的后果。很简单:这种错误策略使得他们的投资组合里第四阶段股票增加而第二阶段股票减少。

是什么驱使我们进行这种破坏性的行为呢?一个词:自负!太多的交易员和投资者都觉得如果自己赚了大钱,那么自己就是天才,否则自己就是蠢材。其实不是这样的。如果你用糟糕的方法,即便赚了钱,也只说明你运气好,并不能说明你有多棒;如果你用可靠的、有纪律的方法,即使赔了钱,你的表现也是相当明智的。好好跟自己谈一谈,确保在做投资决定的时候不会自负。不要因为要在鸡尾酒会上吹嘘你是个赢家而在市场上操作,你投入时间和资金是因为享受从市场中赚大钱的挑战。

过于自负的破坏性后果会随着时间的推移显现出来。坐在经纪人的办公室,听听他们和客户的谈话。你经常会听见人们说只要反弹到保本价位他们就要马上卖出。为什么是保本价呢?为什么不是它反弹到阻力线,即使会损失一点的时候呢?自我导向型的投资者甚至经常说"我不是哑巴"。他们把自尊与赚钱、赔钱联系在了一起。当他们投资失败时,他们的个性会使其迁怒并责怪其他人——身边的任何人都可能会变成替罪羊。那么还有什么人比身边的经纪人更可能成为替

209

罪羊呢？我们都遇到过不是那么出色的经纪人，但他们并不能强迫你买入或卖出某只股票。如果他们真的不能胜任，他们也不能强迫你继续雇用他们。说到底，这些都是你自己的选择，所以学习如何对自己的行为负责是非常重要的。如果你的行为产生了好的结果，那么就继续做下去；如果你的行为产生了不好的结果，那么就想想为什么，然后，改进你的行为。坐在驾驶座上的是你，而不是你的自负。1987年10月股市暴跌时，发生在迈阿密的一个例子很有力地说明了在交易失败时极端自负的心理将产生多么严重的后果——迈阿密的一个投资者由于在股票市场上损失惨重，在自杀之前先杀了他的经纪人。

要确保你不会让任何单笔损失失控。第一，像共同基金一样来对待你的投资组合，关注整体的回报；第二，保证一定要在有止损保护的情况下持有股票的空头或多头。这样就会保证你在投资中不会意气用事，任何单只股票的损失都不会给你的投资组合带来灾难性的影响。

现在让我们来学习一下我在《专业价格分析者》中提到的真实情况吧。分析牛股固然十分有趣，但学习如何应对逆境也是十分重要的。

美国资本管理公司（见图6-37）的股票在1987年1月突破了24元的阻力位，并且相对强度线也进入了正值区域。所有的指标看上去都预示着这只股票的价格要飞涨了。但是奇怪的是它不涨反跌。对于交易员来说，这**通常**是一个重要的警告。如果一只股票突破后没有强势上涨，那么交易员就应该立即减仓，同时用突破点下方5%的止损点来保护剩余头寸（低于整数价位）。在美国资本管理公司的例子中，止损点应该是22.875元。这对于交易员来说损失是非常小的。当股票没能向上突破时，投资者也可以根据常识适当减仓。同时，投资者的止损点应该设在22元这个略低于移动平均线的水平。因此，当这只股票走势转弱时投资者将承担9%的损失。假如没有按纪律操作，几个月后，小损失会变成65%的巨大亏损——几个月后美国资本管理公司股价跌到8.25元。

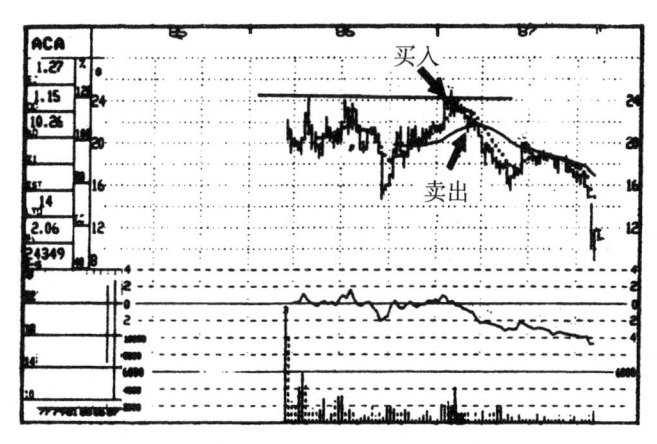

图6-37 美国资本管理公司

图6-38是另一个貌似牛股实际却变成熊股的例子——罗林斯环境公司。根据我们对图形的分析，当罗林斯环境在23.5元超过阻力位时应该买入。但股价到达26元后，迅速拉回并跌破了23.5元这一

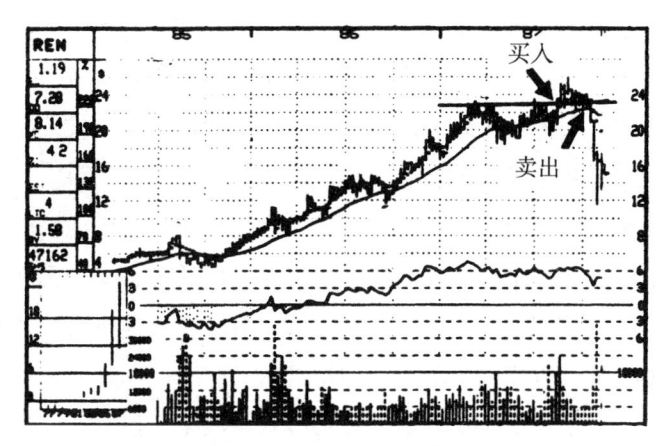

图6-38 罗林斯环境公司

突破点，对于交易员来说这是一个接受小幅损失、抛出该股票的非常好的理由，因为适合交易员交易的股票很少跌到初始突破点以下。对于投资者来说，由于前期的低点正好略高于 22 元，所以他们的止损点应该在 21.875 元。这时的 30 周均线价格为 22 元，因此当罗林斯环境向下突破 22 元时，投资者就应该承受 7% 的损失卖出这只股票。几个星期以后，这只股票的价格跌到 11.5 元，那可是 50% 以上的损失！

教训很明显：一定要用止损卖单保护你所有的头寸，即使每只股票情况不同，也不可以有例外。

➤ 卖出的哲学
——保住你的利润

仅仅了解卖出的技巧还不够，你还必须理解与这种方法相伴的制胜哲学。大多数市场参与者对盈利和亏损的看法是很奇怪的，他们的这些看法往往会导致糟糕的决定。如果问那些投资者，以 40 元的价格买入股票 XYZ，当该股股价跌到 20 元时他们损失多少，十有八九会回答：没损失！传统观点认为，只要不卖，就没有损失，或者只有账面上的损失。这太荒谬了！收盘价是多少，你的股票就值多少。它是一项资产，只要市场开门，你随时可以卖掉。但是，就是因为这些荒谬的观点，很多投资者认为他们已经损失的 50% 并不是一种损失，他们会继续持有，等待着股价涨回买入时的价位，这样他们就不会因赔了钱而觉得自己很蠢。这种做法不但使他们需要忍受毫无必要的资产贬值，而且使他们失去了投资新的第二阶段股票的机会。还有更荒谬的。如果他们以 40 元买入一只股票，当它涨到 80 元时，他们又认为自己有收益了，即使他们还没有卖出这只股票。他们已经在讨论怎么花"他们的"钱了。其实他们应该意识到，如果没有恰当的保护，

第 6 章 何时卖出

本应得到的收益将白白流走。

一旦你重新审视这种思维方式，你会不自觉地改变行为。想一想，如果你在 40 元时买入 1 000 股股票 XYZ，当它涨到 80 元时，你的 4 万元已经变成了 8 万元。你可以把这些钱取出来，并把它投资到另一只股票上。如果你想把它作为你的房子的定金，也是可以的。如果你没有好好照顾你的"生意"，没有使用止损单而让你的股票从 80 元跌到 40 元，那么你就损失了辛苦赚来的 4 万元钱。

我强烈建议你在每个周末都将你的投资组合的现值列成表。如果周与周之间的价值相差几个百分点，那是很正常的，不用担心。但是如果你发现你的资产一下子减少了 20% 或 25%，那么一定是有什么不对了。如果你设定了止损还出现了这种情况，很可能是由于买股票时风险太大，距止损点太远。如果不是这样，那么可能是由于市场整体走势不佳使你连续抛售头寸，从而造成了多笔小损失。在这种情况下，只要将边界线移动到可能盈利的水平上就可以了。在第 8 章中，我将教你用几个非常容易计算的指标来防止这样的情况发生。但是，在不断列表计算你的投资价值的同时，你要更加严肃地对你的资产进行调整，防止到手的利润白白流失。

看图 6-39 中 TS 工业公司的走势，它在 1987 年 10 月大跌，你能从图中看出我要说的问题。许多投资者一度在这只股票上赚了很多，但最终全部还给了市场，甚至还倒贴了一笔钱。如果你在高位不卖导致最终赔钱，绝对没有任何借口。我在 1986 年推荐了它，当时它的价格低于 10 元。在接下来的 1 年半里，这只股票进入了第二阶段，从来没有跌破过 30 周均线，甚至小的支撑都从没有跌破过。在 1987 年 9 月底，这只股票在 31 元的上方貌似形成了一个坚固的支撑，然后继续上涨并触及 34.5 元的高点。这时移动平均线逐渐丧失上升动力转而走平，所以我将止损点提高到 30.875 元。几个星期以后，止损单被执行,我们获得了200%的收益。但是那些没有投资计划和认为这只股票会继续上涨的人怎样了呢?在我卖出股票后的几周之内,这只股票跌了92%,跌到2.75元!三周就吞掉了两年积攒的全部收益!只要严格遵循你现在所知道的纪律,你就永远不会因为这种市场噩梦而失眠。

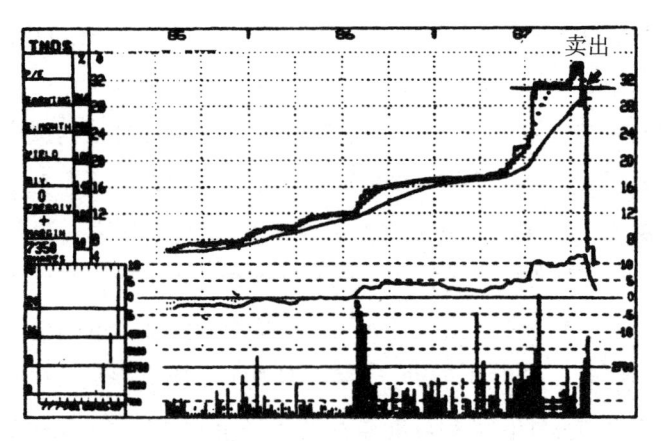

图6-39 TS工业公司

第6章 何时卖出

测 试

1. 第四阶段的向下摊薄操作，只能在交易量放大的情况下进行。

正确　　　错误

2. 在进行股票的柜台交易时，你只能委托限价止损卖单，而不能委托纯粹的止损卖单。

正确　　　错误

3. 对于投资者来说，成功的卖出操作的关键在于正确地使用追踪止损卖单。

正确　　　错误

4. 交易员和投资者只有在持仓股票所属板块和整个股市都呈牛市时，才能在不使用保护性止损卖单的情况下持有处于第二阶段的股票。

正确　　　错误

5. 你在股票 XYZ 向上突破下降趋势线时，以 78.5 元买入它。前期的股价高点是 82 元，B 点这一调整低点的价格是 72.75 元。如果 XYZ 上行超过 A 点，你估计这次上涨能达到的最高价是多少？

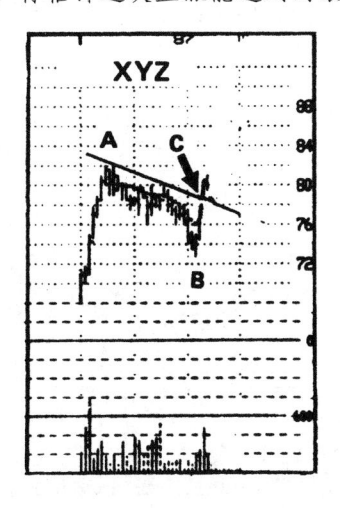

A. 87.75 元　　　　　　　　B. 82 元
C. 89.25 元　　　　　　　　D. 91.25 元

6. 股票 XYZ 在 36 元向上突破下降趋势线时适合交易员交易。此后的几个月内，该股图形形成了一条明显的上升趋势线，该线连接了至少三个点。

正确　　错误

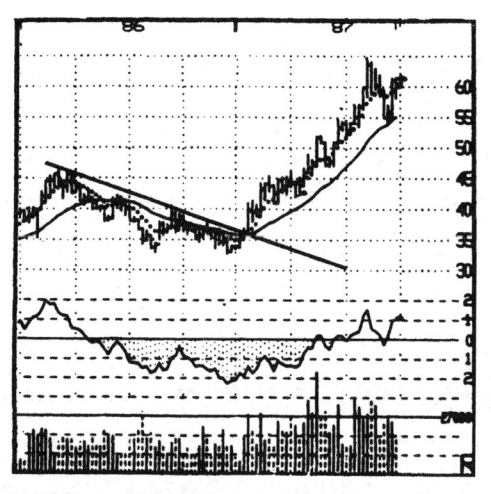

7. 下图中优尼科公司股票的几个止损点（A～E 点）对交易员来说都是有效的止损点。

正确　　错误

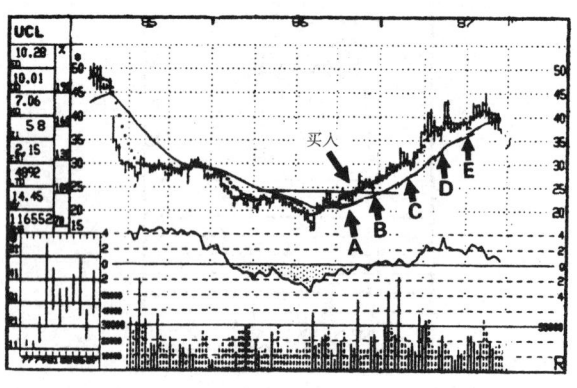

答　案

1. 错误。在第四阶段的任何时候都不能做向下摊薄操作。

2. 错误。在柜台交易中任何止损卖单都不能被委托，因此投资者必须与经纪人就委托单做沟通。

3. 正确。

4. 错误。在没有保护性止损卖单的情况下，交易员与投资者都不应该持有任何头寸。

5. 选 D，91.25 元。这只股票是西夸公司的股票，该股股价在 1987 年 8 月停止上涨，最高价是 91.5 元。

6. 正确。该图是美国铝业公司的图形，图中画出了趋势线，该线通过了四个点。

7. 错误。交易性止损点应该仅略低于前期的低点，而不是低于 30 周均线。图中 A、B、C、D、E 点都是有效的投资性止损点。

第7章

卖空：获利捷径

虽然从长期来看，股票市场的整体趋势是向上的，但仍有多于1/3的时间是下跌的。对个股来说也是这样。大多数投资者认为在这种时候应该离开市场或者清空某些股票。在这一阶段，他们满足于银行或货币市场基金提供的微薄回报，等待所谓的"熊市"结束。

个人投资者不是唯一长时间按兵不动的人，他们的经纪人不比他们强——反而更危险。在股市下跌时，他们也得干活，还得挣佣金，于是他们建议客户购买那些正在下跌的股票——其实这些股票往往还有相当大的下跌空间。

本章是全书中最重要的章节之一。本章讲的是卖空。请带着一种开放的思维仔细阅读。如果你对卖空这一概念还不是很熟悉，请回过头去复习第1章中关于卖空和向下突破的定义。

我一直很奇怪为什么众多的市场参与者都拒绝卖空。很多人根本不考虑卖空。他们从不卖空股票，就好像不会拿自己家里的房产证到乌烟瘴气的拉斯维加斯赌场上做赌注一样，他们认为卖空的风险跟赌博类似。这样就可以理解为什么一提到卖空他们就很抵触了。但是这些害怕没有根据，实际上他们因此错过了一种快速赚大钱的机会。统计表明，股票价格下跌的速度要快于上涨的速度，因此，如果你学会了卖空这样的"扣杀"技巧并充分利用，那么你将在游戏中领先。

股票跌得比涨得快，是因为害怕会引起恐慌性反应，而贪婪则需要时间来升温。1987年10月股市暴跌可以证明这一点。市场在几天内就跌掉了之前一整年的收益。图7-1和图7-2选自《专业价格分析者》，它们清楚地表明，糟糕的技术形态和熊市结合起来会产生赚钱效应这一"化学反应"。

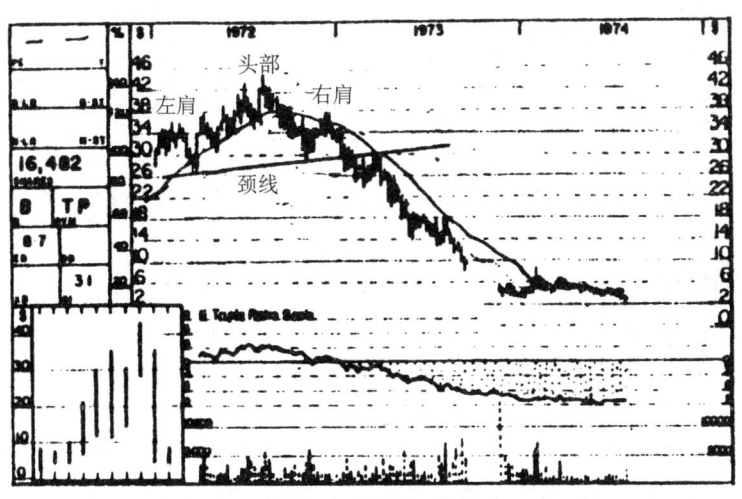

图 7-1 提词器公司

许多人都是乐观主义者，从下跌中获利违背他们的天性。但是如果你只做多，就好像开了一辆只有前进装置的车。虽然前进装置用得更频繁，但是当你偶尔遭遇堵车而需要调转车头时，如果你不能倒车就非常危险了。股票市场也一样。长期来看，牛市中间隔着熊市。例如，从1960到1987年这28年中只有8年是熊市，但是在熊市中的错误操作却会吞噬你在牛市中获得的大部分收益。不利用卖空来抓住熊市的机会，你的投资组合就是个跛脚，路走不远。与学习在牛市中挑选最强势的股票买进一样，在熊市中单纯而符合逻辑的做法，就是学会选择最弱势的股票卖空。

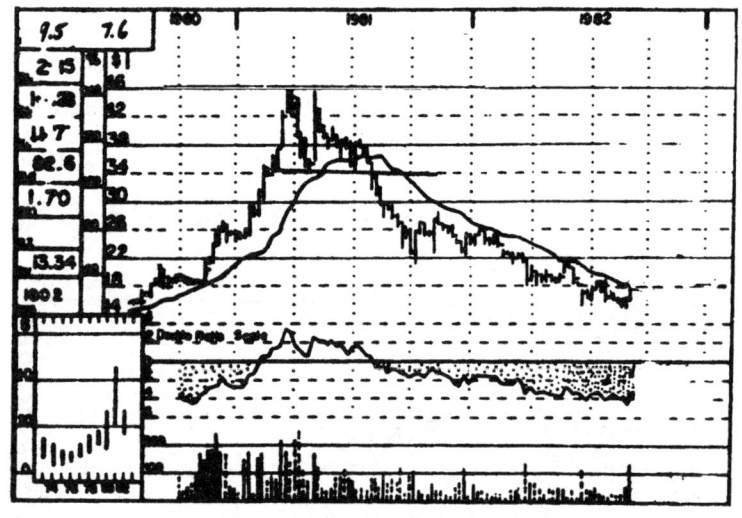

图 7-2　电子控制与系统公司

➤ 为何卖空如此令人害怕

如果你遵循我的原则，我相信你会了解到卖空的风险不比做多大多少。但是，为什么那么多人拒绝卖空呢？为什么有那么多人对这种非常重要又可以赚钱的技术怕得要命呢？下面我列出了这些年中最常听到的几种说法。

许多投资者认为卖空不是美国式作风，他们认为美国人应该支持本国公司，等待公司业绩好起来。他们认为这跟为本地的棒球队和足球队加油是一个道理，卖空表示不忠诚。而且，大部分美国人都是天生的乐观主义者，而卖空经常被认为是悲观主义者消极的处世态度。

我对上述观点的反应很简单。对市场状况和经济环境有清醒的认

第 7 章 卖空：获利捷径

识，这是完全没有错的。周期循环是生命的本质。当一只股票处于下降的第四阶段时，固执地持有它跟爱国没有一点关系。如果说在股票价格下跌时卖出股票避免损失是理性的，那么在股价下跌中盈利也是合理的。

卖空同时也发挥着十分有效的作用。当股票价格急剧下降时，卖空可以增加股票下跌的流动性，使股票价格最终见底。而且当一个人卖空某只股票时，他必然在未来的某个时点以某一价格买回该股票。每一笔卖空都意味着未来对股票的需求。当股价下跌时，卖空的人买回股票，这一需求实际上减缓了股价的下跌。

没有一个我认识的专业人士认为卖空是不爱国的表现。更重要的是，他们自己会积极地进行卖空操作。如果大家都为了"爱国"而持有股票，把卖空的机会留给那些专业人士，我想他们会非常乐意接受。

拒绝卖空操作的人提出的第二种理由是个经典借口：**你会赔掉一切**！这种观点认为：如果你以 40 块钱的价格买入一只股票，最坏的情况是这家公司破产，股票价格为零。但是如果你卖空，损失没有下限。由于这个"没有下限"给人大到无法估计的感觉，这一理论上的可能危险使大多数投资者在适合进行卖空操作时止步不前。他们根本不考虑卖空操作，而是进行他们觉得安全的操作，例如，在熊市中买入第四阶段的股票。

现实中，一只股票的价格不可能永远上涨，所以，卖空时也不会出现损失无限大的情况。如果前面你已经对我的方法进行了充分的阅读和消化，那么现在你应该已经猜到我的方法：保护性止损买单。这一措施将确保你绝不会遭受无限大的损失，也不会经受痛苦和煎熬。这与我教你的做多技巧没什么不同。设定适当的保护性止损卖单可以保证，当任何一只股票由 40 元跌到 0 元时，你不会持有它。同样的道理，一个设定得很好的保护性止损买单可以保证，当任何一只股票由 40 元涨到 200 元时，你绝不会卖空它！一旦你学会如何运用这项重要的工具，你就会发现亲戚朋友告诫你别从事卖空是完全没有道理的。你不会像那些业余人士担心的那样亏掉你的房子、车子，甚至孩子。最坏的情况也就是市场行情与你预计的正好相反时，你也只不过遭受 10%～15% 的损失。这与做多时遇到价格下跌止损出局产生的损失差不多。

一旦学会了正确地看待市场，你就会明白这只不过是简单的数字游戏。当一只第二阶段的股票在 40 元处向上突破时，买入它并设定 35.875 元的止损价，与一只第四阶段的股票价格是 40 元时，卖空它并设定 44.125 元的止损价，这两种做法根本没什么不同。在这两种情况下，如果你判断失误，损失都是 10% 左右。忘掉无聊的"风险无限大"吧，根据我的方法，你永远都不会遭遇做多时股价跌到 0 和做空时损失无限大的经历。

➤ 卖空时常见的误区

在告诉你正确的卖空方法，以达到收益最大化、风险最小化的目标之前，我列出了几种投资者卖空时最常见的误区：

1. **用"价值高估"作为卖空的标准**。不要跌入一看到高市盈率就想卖空的陷阱。我之前讲过价值高估的主观性。价值高估是一个模棱两可的概念，在挑选卖空对象时，这个概念靠不住。接下来我会举很多例子证明，有很多股票的市盈率看上去已经非常高了，但它接着越涨越高。图 7-3 中通用数据公司的股票在 1984 年初熊市刚刚开始的时候，看上去应该进行卖空操作了。它的市盈率高达 35，并且整个市场也开始走弱。但是，在接下来的 8 个月中，道琼斯工业指数下降了

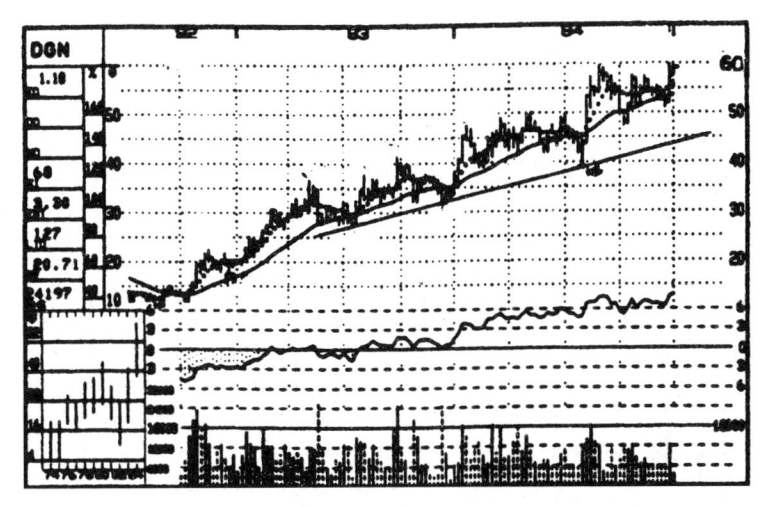

图 7-3 通用数据公司

200 点，但通用数据公司的价格却从 30 元涨到了近 60 元！这只股票处于上升的第二阶段，现在你已经知道了，对于处在这个阶段的股票是绝不应该考虑卖空的。

而很多处于第四阶段的股票，虽然卖出信号出现时市盈率很低，却会成为绝好的卖空标的。图 7-4 中韦恩-珂斯卡公司的股票，在 1972 年股价跌破 11 元时，其市盈率只有 10。但是一年以后，它的市盈率居然更低，股价也跌到了 4.5 元。这充分说明：价值高估不是卖空的标准，虽然它是一般市场参与者最经常采用的方法。

2. **因为股价涨得太多而卖空**。很多交易员和投资者采取的另一种具有毁灭性的操作方法是，他们觉得某只股票涨得太多时就对它进行卖空。如果你是一个俄罗斯轮盘赌徒，那么这个方法适合你。中弹和遭受巨大的损失是迟早的事儿。在股票还处于第二阶段时就卖空的人不明白他们为什么输得一败涂地。但是当你对阶段分析有所了解之后，你就会明白那些在第二阶段就猜顶的人是多么不要命。图 7-5 中安杰利卡公司的股票走势图很好地展示了如果你去猜顶会发生什

223

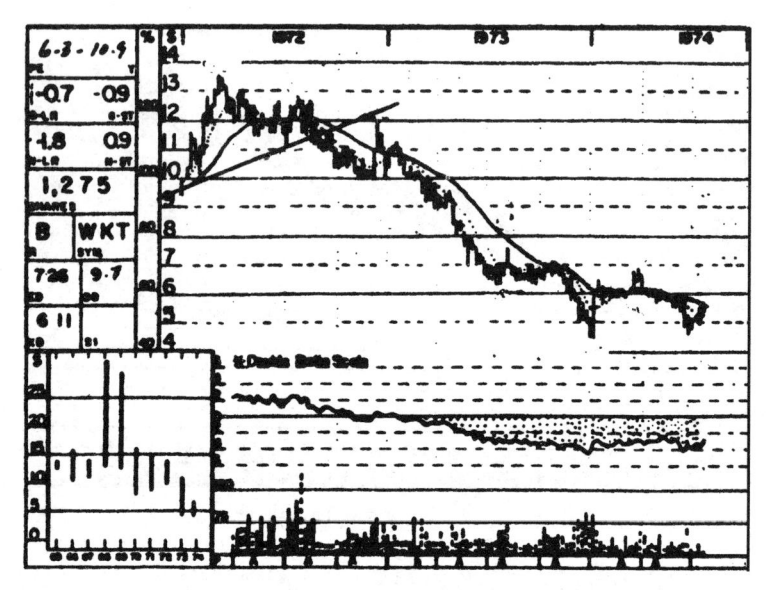

图7-4 韦恩-珂斯卡公司

么。1981年4月是熊市的开端,安杰利卡的股价已经翻番并创下新高:14元。8个月以后,尽管道琼斯工业指数跌了200点,这只股票的价格却上涨到了25元。

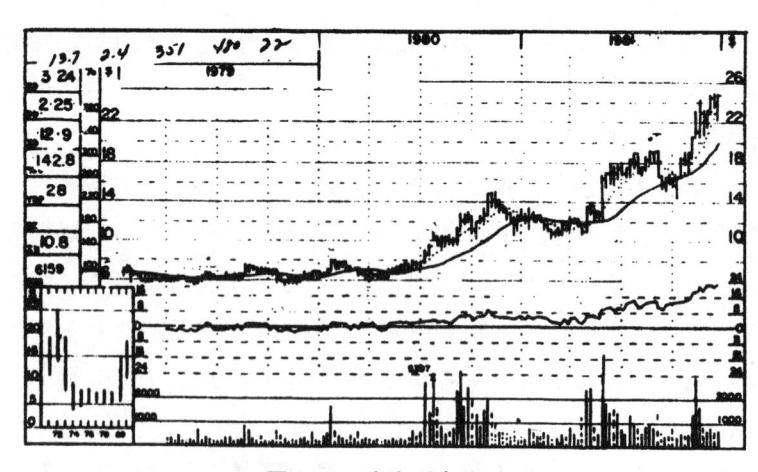

图7-5 安杰利卡公司

3. 落入诱空的陷阱。股票市场不会出现"天上掉馅饼"的情况。我们见过许多例子，机会好到不像真的，极少的投入看似可获得极大的回报。深入调查后会发现，直觉是对的，天下没有免费的午餐。在市场上会出现诱空的情形。这样的股票，其价格已经远远高于其合理价位，看起来就要下跌了。每个市场周期中都会出现几只这样的股票，它们的价格最终会暴跌——但它暴跌之前，你的空头仓位已经遭受了巨大的损失。这样的股票具有之前我提醒过你要提防的特征：高市盈率和价格飙升。另外，这样的股票通常由于价格显著上涨而吸引媒体的关注。最后，也是最危险的是，这类股票的融券余额（某只特定股票目前被卖空的总股数）相对于平均日成交量来说相当高。尽管很多股票的融券余额都是日成交量的三四倍，但那些非常明显地被做空的股票，它们的融券余额常常是平均日成交量的五倍甚至更高。

1972—1973年的鲍马尔公司和1986—1987年的家庭购物网的股价走势图都很好地说明了我的意思。鲍马尔（见图7-6）的股价从2元涨到了10元，然后达到15元，又达到20元。这是非常疯狂的。越来越多的基本面分析报告都说这只股票缺乏基本面的支撑，股价必然会狂跌。那些基本面分析专家是对的，即使全国每台便携式计算器都是鲍马尔公司生产的，它的股票价格还是太贵。但这些基本面分析人员和那些卖空这只股票的人不明白的是，只要鲍马尔的股票处在第二阶段，股价还可以变得更贵。他们没弄明白的第二点是：市场上有太多人卖空这只股票。25万股被卖空，相当于日均成交量的10倍。巨量的空单反而推升了股价，因为股价只要一涨，空单持有者就互相踩踏，被迫以更高价买回股票来平仓。这正是鲍马尔的股票经历的真实情况，它的股价不断上涨到30元、35元、40元。一周又一周过去了，虽然1973年的前10个月整个市场是熊市，但是越来越多的做空者因为做空鲍马尔而赔得一塌糊涂，鲍马尔最后涨到了45元。现在，你该明白，在 1972—1973 年，是不应该对这只股票进行卖空的，因为长期移动平均线在不断上升。（在均线停止上升并且股价跌破均线的时候，会有暂时的大笔卖出。由于存在大量的融券余额，这时也不要进行卖空。如果你在这时卖空了，那么当股价反弹回均线时，你只能保本。）

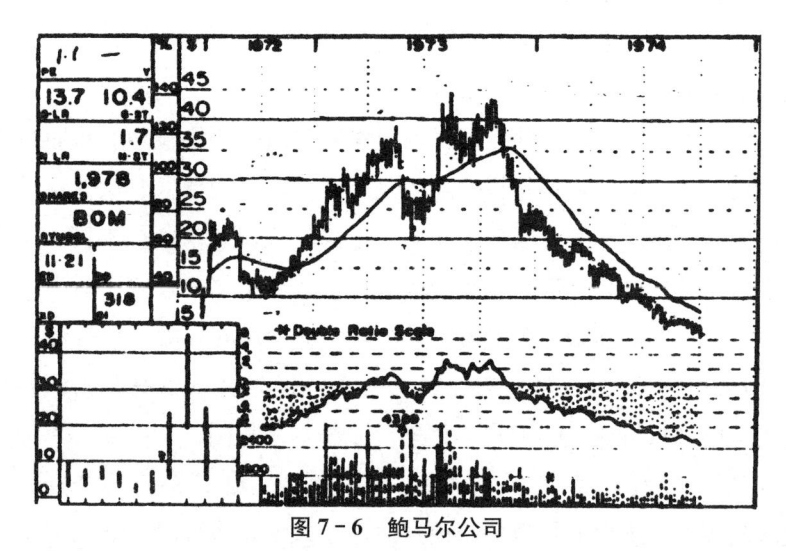

图 7-6 鲍马尔公司

切记：当某只股票的股价高于 30 周均线时，千万不要对它进行卖空。如果你完全理解了我教给你的做多的方法，你也就会明白应该如何卖空——做多和卖空存在相似而简单的对应关系。就像不要在股价低于 30 周均线时买入一样，不要在股价高于 30 周均线时卖空，不管那个机会看起来多么诱人。

有意思的是，1973 年底，鲍马尔的股价接近 45 元，在此之后，它跌破了均线，此时均线本身也掉头向下了。那时，大多数卖空这只股票的投资者已经遭受了严重的损失，他们心生厌恶，不想再听到有关这只股票的任何事情。而市场不以人的意志为转移，这只股票在接下来的两年内暴跌，股价跌到了每股 1 元以下。

第7章 卖空：获利捷径

图7-7中家庭购物网的股票是诱空的另一个例子。图7-7并没有完全显示出这只股票在1986—1987年间发生的令人难以置信的故事，因为它曾经两度进行拆股，相当于每一股拆为六股。但你只要简单看一下图就会发现是卖空者在折腾。这只股票是以18元的价格上市的，在第一个交易日结束后股价竟然高达47.75元！也就是说，如果投资者以18元的价格买入这只股票，那么他在第一个交易日的收益率就是150％！接下来，该股票价格一路突破50元、55元、60元，达到65元。这还只是开始。这时，一些人看空的人蠢蠢欲动了，他们觉得股价太高，得跌了。由于越来越多的投机者打赌它的价格要急剧下跌，所以该股票的融券余额达到了日均成交量的10倍。同时，分析师们的报告也指出该股股价被高估。但是它处在第二阶段，并且它的空头头寸太大了。所以，发生了什么呢？那些可怜的被诱空的人，眼睁睁看着该股股价从100元径直涨到了282元（按复权价计，如果不复权是47元）！然后，和其他例子一样，过早卖空者输光离场以后，这只股票见顶了，然后跌破均线一路下跌。

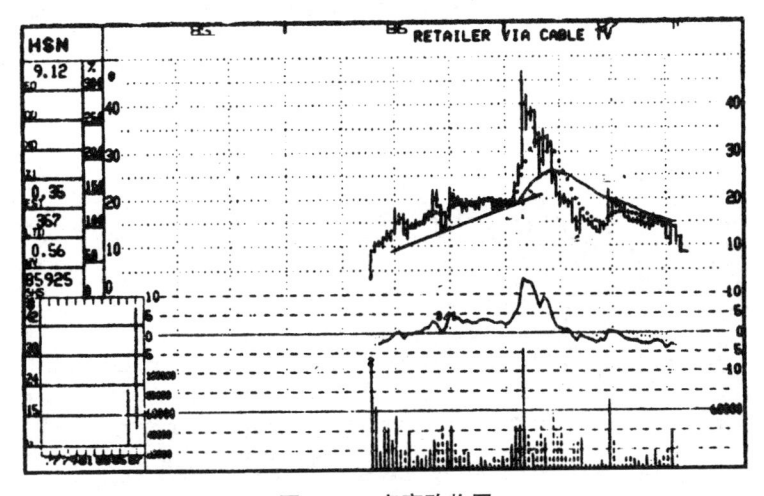

图7-7　家庭购物网

▶ 卖空时的其他错误

如果你想通过卖空盈利，除了上述我指出的三个误区外，你还应该注意其他的问题。注意不要对太"小"的股票进行卖空，这是非常重要的。所谓的太"小"，是指每日成交量太小。记住，如果一只股票的日成交量太小，你的平仓行为会使股价上涨。另外，当一只股票的成交量很小时，不需要多大的买入量就能引起空头恐慌，导致空头轧平（由于卖空者不得不高价买回股票平仓而导致股价上涨）。

另一个严重的错误是卖空强势行业中的个股。我教给你的所有买入的规则仍然适用，只是相反而已。你应该在熊市中卖空一只弱势行业中的弱势股票。

图 7-8 中美国铝业公司的股票在 1973 年初 36 元处跌破均线（A 点）时，看起来很弱。在这一年的晚些时候，它在一个更高的价位——47 元处再次跌破均线（B 点），看上去更不堪一击了。但是，

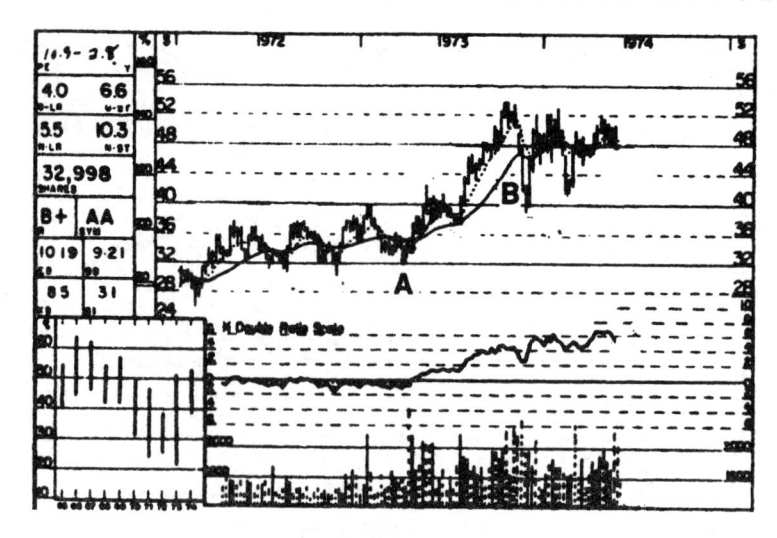

图 7-8　美国铝业公司

第 7 章 卖空：获利捷径

在这两个时点，你都应该忽略它而去寻找其他股票进行卖空。因为图 7 - 9 显示铝业板块走势相当强势，该行业相对强度线持续走高。

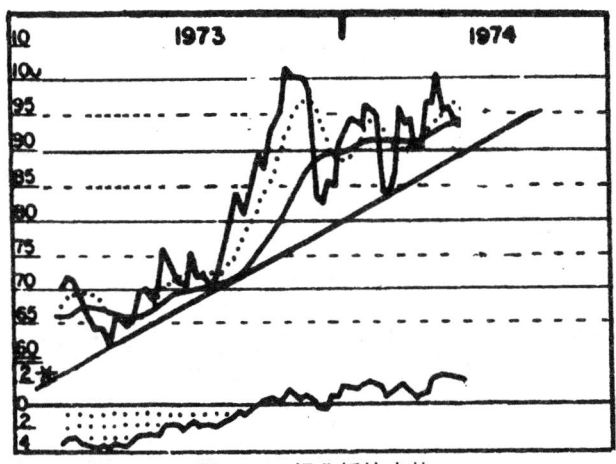

图 7 - 9　铝业板块走势

而图 7 - 10 中太平洋西南航空公司的股价下跌丝毫都不会令人感到惊讶，它是一个很好的卖空对象。这是因为航空业（见图 7 - 11）此时也正在经历艰难时期，个股表现也就好不了。

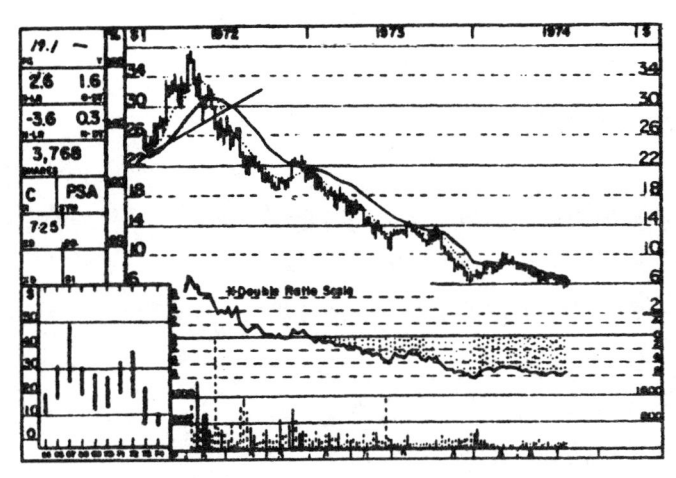

图 7 - 10　太平洋西南航空公司

最后应该注意的是：**绝不要**在不进行保护性的买入止损的情况下进行卖空操作！如果你是在纽约证券交易所或者美国股票交易所进行卖空操作，应该设定一个撤销前有效的保护性止损买单。但如果你进行的是柜台交易，就一定要确保你的经纪人在价格达到你的止损买价时可以马上为你平仓止损。

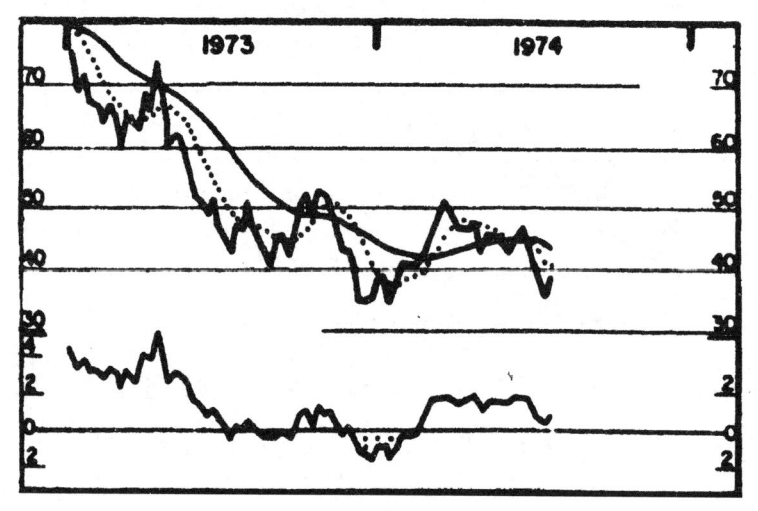

图 7-11 航空业板块走势

➤ 卖空的戒律

- 不要因为股票的市盈率过高而卖空。
- 不要因为股价涨得太高而卖空。
- 不要对每个人都认定会下跌的股票卖空。
- 不要对成交量太小的股票卖空。
- 不要对处于第二阶段的股票卖空。
- 不要对强势行业中的股票卖空。
- 不要在没有止损买单保护的情况下卖空。

如何正确操作

我们已经知道不可以做什么,现在让我们开始学习如何有纪律地、不带情绪地、成功地卖空。首先要做的就是要找到一只在过去一年中涨幅很大的股票。但不仅仅如此,因为许多业余投资者也是这么做的。你还要保证你选的这只股票已处于第三阶段,它的均线已经走平,如果均线已经开始向下就更好了。同时它横盘整理长达数周,这显示头部正在形成。最后,要选准一个好的时机介入,例如跌破移动平均线时,因为这标志着该股已进入第四阶段。

图7-12说明了以上观点。只要XYZ这只股票价格上升、移动平均线上升,你就不应该考虑对它进行卖空。但是当移动平均线开始下跌,头部形成时(A点),股价下跌的可能性就非常大了。

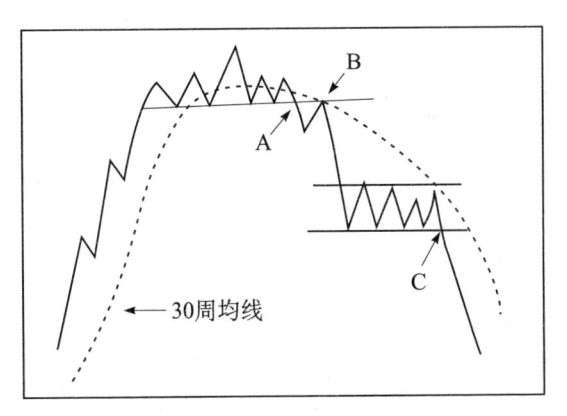

图7-12 理想的卖空操作

何时卖空

下一个要解决的问题是:什么时候是进行卖空的最佳时机呢?是

在最初的下跌突破点 A 点，还是突破后回拉到下跌突破点的 B 点呢？再次重申一遍，我们所学的关于做多的知识完全适用于卖空，只是将步骤反过来就行了。之前我说过，对于向上突破，在回抽时买入风险更小，但是也有可能价格上涨后根本不回抽，导致你完全错失机会。因此我在前面强调对于投资者来说最好突破时买一半，回抽到突破点时再买剩下的一半。对于交易员来说，则应该在初次突破时全部买入。卖空遵循同样的道理。交易员应该在最初向下突破的点上建立全部空头仓位，意识到这一点非常重要。虽然当股票初次下跌后可能反弹回突破点，但这种可能性比向上突破后的回抽要小得多。原因很简单，股价因恐惧心理而下跌，一旦恐惧变成恐慌，恐慌又失控，股价就会暴跌！对于那些希望风险最小化的保守的投资者来说，可以在下跌突破点进行一半头寸的卖空操作，在反弹回下跌突破点时再进行另一半操作。

图 7-13 是《专业价格分析者》1973 年推荐给投资者的卖空标的——通用医疗公司，图中说明了上面我讲的问题。即使它被高估，

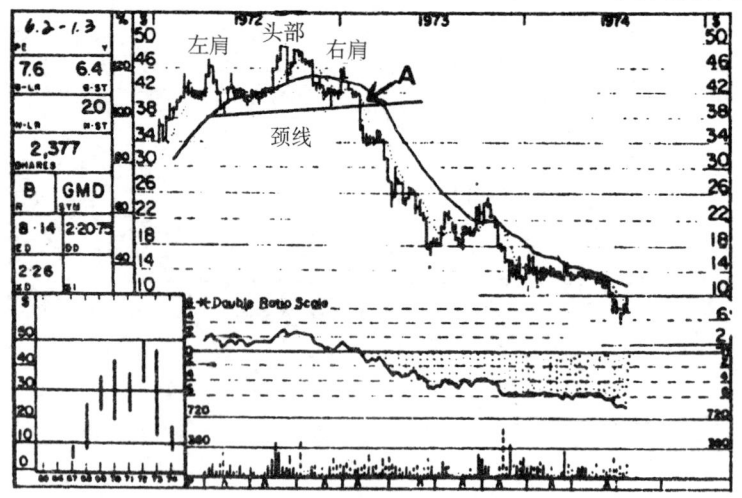

图 7-13　通用医疗公司

即使它的市盈率高达47，只要它还处在第二阶段，那么我们就应拒绝跟其他人一起对它进行卖空。但一旦移动平均线停止上升，并且头部形成，那就该把它列入卖空名单了。当股价跌破A点并垂直下跌时，就是我们享受卖空乐趣的时候了。

采取有利的步骤

如同买进时采取有纪律的步骤一样，卖空时也有一系列步骤。

1. **市场**。首先需要关注的就是市场的整体趋势。我并不是说牛市就不能卖空，但牛市卖空只能是例外，而不能是原则。在第5章中，我举例说明了在1973年市场整体为熊市的情况下，也应该买入像国家半导体这样具有显著上升趋势的股票。同理，当市场整体走势为牛市的时候也应该卖空有明显下跌趋势的股票。在熊市中买入国家半导体相当于为你未平仓的卖空做对冲；同样地，如果你在牛市发现了一只特别弱势的股票，也可以用它来为多头进行对冲。不过，一般来说，我们要简化问题。当市场整体趋势走牛时，你应该主要做多；相反，当整个投资环境恶化时，你则应该主要卖空。卖空的首要条件就是市场的整体形势呈负面（如1962年、1966年、1973—1974年、1977年、1981—1982年）。市场刚走熊，这时的卖空属于激进操作。当市场最终确立熊市走势，如1973年（见图7-14），就可以轻松从卖空操作中赚大钱。所以，一旦我们发现市场中大部分股票都低于30周均线、处于第四阶段，并且大部分长期指标（将在本书第8章中介绍）也都是负值时，就是我们寻找适合的卖空对象的时机了。

2. **板块**。下一步就是要挑出那些表现得明显弱势的板块。我们通过看图形来发现那些走势不好的板块。要寻找的板块应该已经跌破30周均线。另外一个关键点是相对强度线已经开始向下。最后，十分重

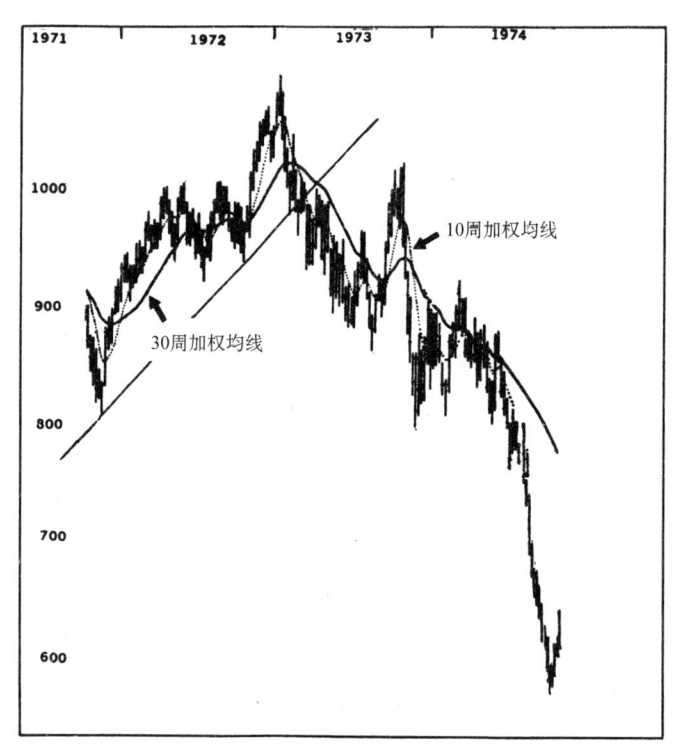

图 7-14 道琼斯工业指数（周线）（1971—1974 年）

要的一点是该板块内的若干只个股技术上都走得很弱。

图 7-15 和图 7-16 表明，卖空最大的赚钱机会来自熊市中最弱的板块中的个股。1973 年初《专业价格分析者》推荐卖空克莱克公司的股票，结果卖空者获得了丰厚的利润，这并非巧合。这只股票符合所有适合卖空的标准：市场是熊市，所属板块表现弱势，克莱克破位下行并形成"头肩顶"形态（在本章的后半部分，我将详细介绍这一重要并可盈利的形态）。

3. **个股形态**。现在让我们进一步提炼一下卖空的过程。一只可以卖空的好股票需要具备几个要素。要卖空，我们就不仅仅要找到一只"还行"的股票，而是要找到最适合的股票。这里有一些方法可以帮

图7-15 克莱克公司

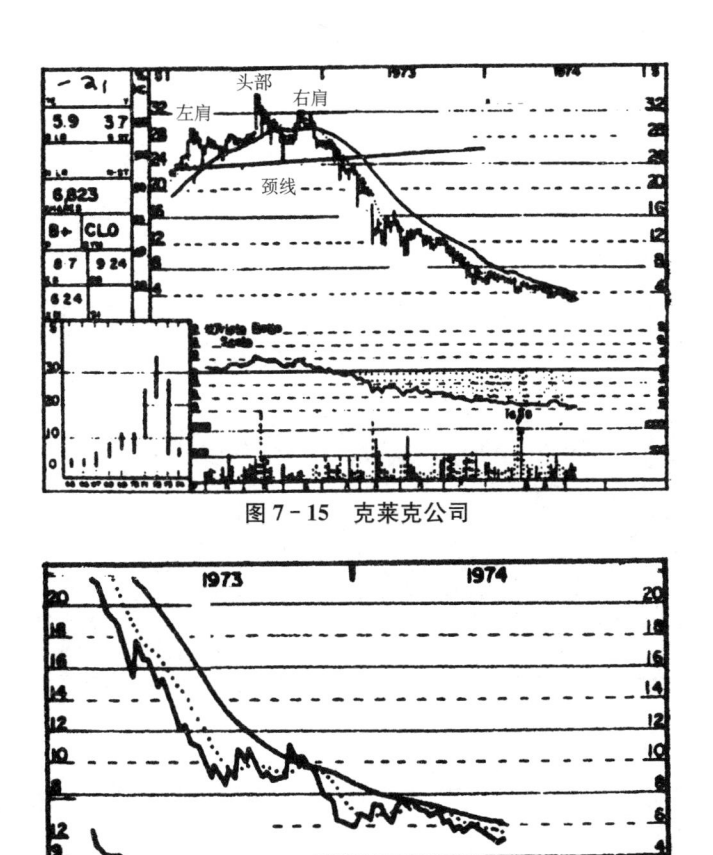

图7-16 玩具板块走势

你从沙子中挑出金子。首先要确定在头部形成以前,这只股票已经疯涨过。如果这只股票在第二阶段只是正常上涨,那么它很可能只会小幅回调,然后止于先前的支撑位。但是如果在第三阶段头部形成以前,它疯涨过,那么暴跌的可能性将非常大。第二点要特别注意的是这只股票在向下突破点附近有没有支撑。

下面有两幅图,图中的两只股票都形成了第三阶段头部,将要跌入第四阶段。图 7-17 中西北航空的股价只是小幅度下跌，因为它在 22 元的价位上有支撑，这个价位与向下突破点 26.875 元相差不大（A 点）。因此，西北航空的股价在 22 元左右获得支撑很正常。而图 7-18 中的海勒姆·沃克公司的股价一旦跌破 20 元（A 点）后，就没有支撑位了，所以它的价格下跌幅度相当大。

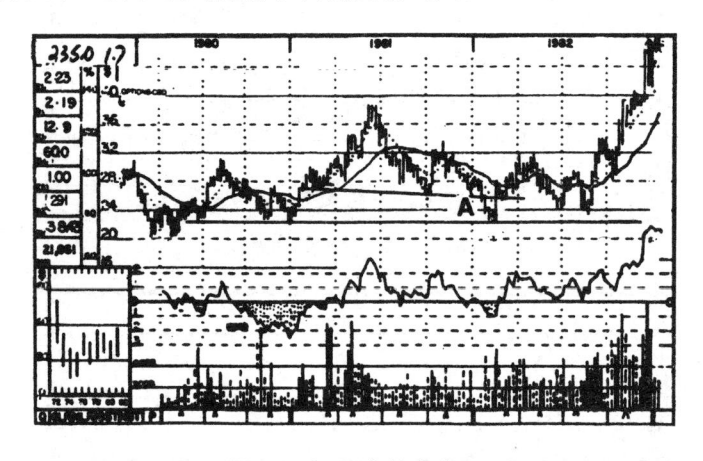

图 7-17　西北航空公司

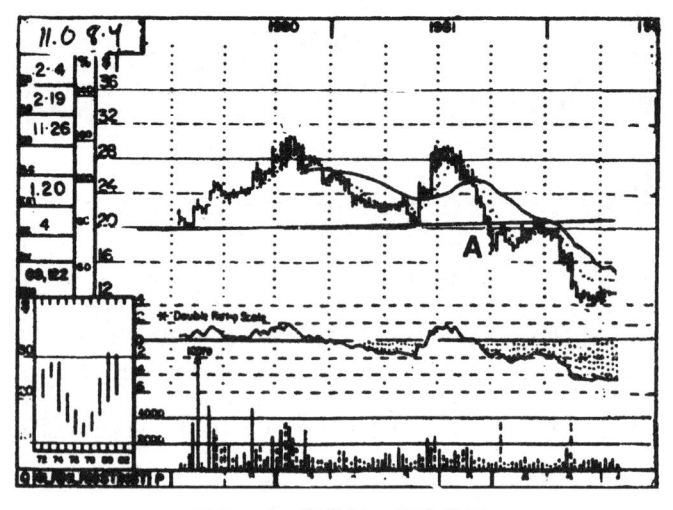

图 7-18　海勒姆·沃克公司

4. **相对强度**。绝不要卖空一只相对强度正值很高的股票,尤其是它的相对强度还在走高时。如果它下跌而你持有它,你当然应该卖出它,但不要卖空它。如果相对强度线只是略高于零值线,那么它的价格一定已经出现头部并且开始下跌,这时对它进行卖空是可以的。如果一方面股价破位下跌,一方面相对强度线跌入负值区域,那么这种股票就是卖空时应该选择的 A^+ 型股票。

图 7-19 中 1974 年美国钢铁公司的例子就很好地说明了即便跌破支撑位(见图 7-19 中的 A 点,42 元),也不能对相对强度值很高的股票进行卖空。虽然它的价格出现了下跌,但是它的相对强度很健康,因此卖空它挣不到钱。而图 7-20 中 1972 年艾伦公司的股票就很适合做卖空。它的相对强度很低,并且当股价跌破 19 元(A 点)的支撑位时,相对强度线也跌破零值。只要瞄一眼这个图,就可以知道这只股票进入了大幅下跌的第四阶段。

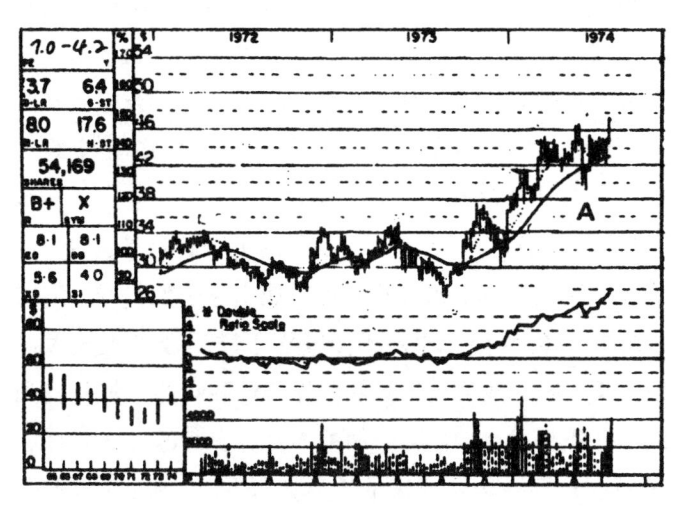

图 7-19 美国钢铁公司

5. **成交量**。现在,注意了!当我们寻找向上突破的买入点时,成交量是一个非常重要的指标。如果一只股票的成交量放大不明显,千

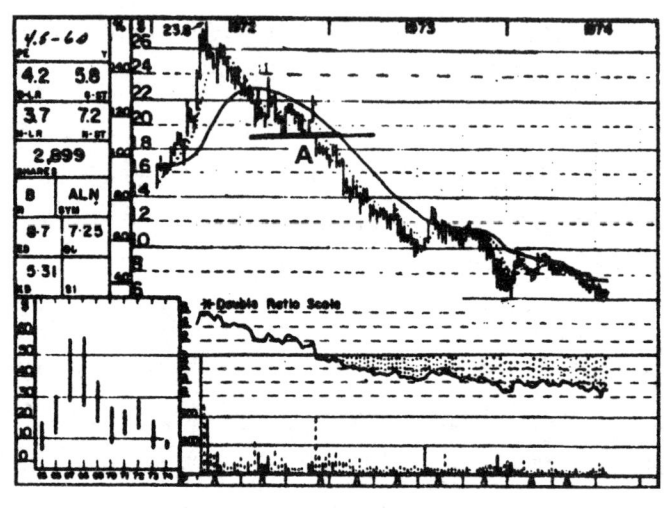

图 7－20 艾伦公司

万不能买入它。如果你买入了一只成交量放大不明显的股票,你应该在它开始小幅上涨的时候就卖掉它。**而卖空则完全不同**。成交量不是决定卖空成败的必要因素,如果成交量显著放大,确认了下跌,这非常好。但成交量没有放大,股价依然可能下跌。上升需要动力,下跌靠自重就可以。有很多例子可以证明这一点,如 1973 年的乔纳森·洛根公司,成交量并无明显变化,但卖空者却大获全胜。乔纳森·洛根公司(见图 7－21)在 55 元(A 点)附近跌破趋势线时完成了重要的头部构建。注意,与之相对的 B 点,成交量仍然很低,但这并没有阻止它出现 90% 的跌幅!如果成交量在下跌突破点上放大,情况更糟。所以,买入时,成交量是必须首先关注的指标,但是找到了适合卖空的股票并进行卖空操作时,却可不必过多考虑成交量的问题。

6. **支撑**。最后一个要考虑的因素是股价下方最近的支撑位有多远。理想的适合卖空的股票应该经历了第二阶段连续的疯涨,并且在上涨过程中没有明显的盘整。如果股价上涨速度慢,并且在向下突破不远处有一个大的成交区域支撑股价,这样的股票会很抗跌。

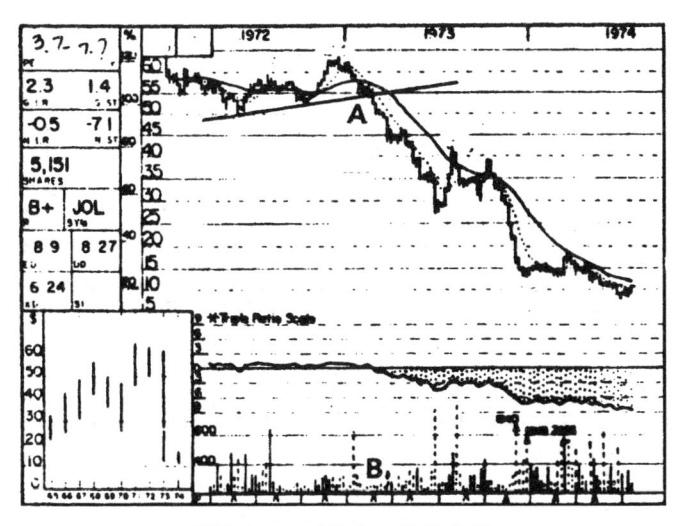

图 7-21 乔纳森·洛根公司

图 7-22 中太平洋科技公司和图 7-23 中美国第一银行的股票证明了以上观点。太平洋科技在第二阶段股价连续上涨，上涨过程中没有明显的盘整。所以，它的下跌过程几乎与上涨过程对称，而且跌得比涨得还快。

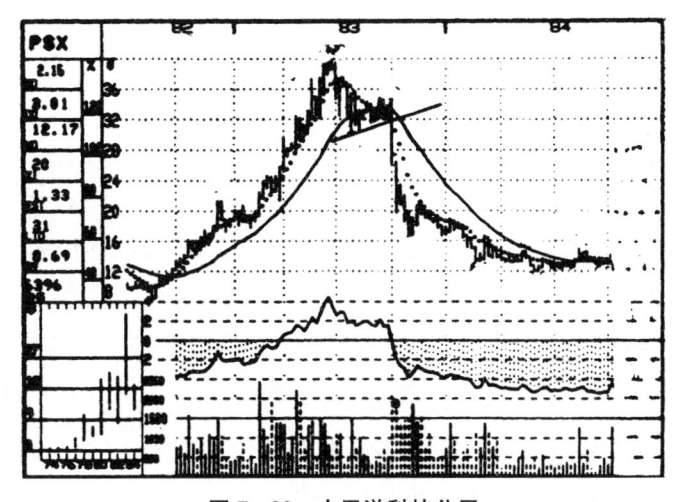

图 7-22 太平洋科技公司

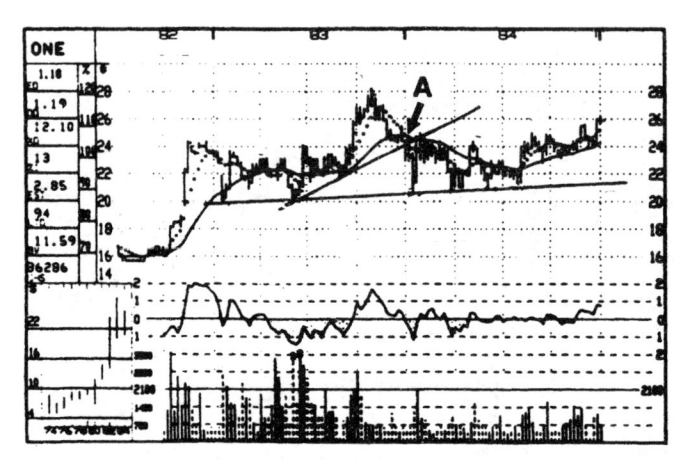

图 7-23 美国第一银行

图 7-23 中美国第一银行的股票走势图与图 7-22 不同，其结果也就不同。首先，它的股价上涨过程慢得多，没什么让人兴奋的。此外，在股价到达 28 元之前，在 20~24 元有较长时间的盘整合较大的成交量。所以当美国第一银行的股票跌破 30 周均线和趋势线后（A 点），它的下跌是**非常**缓慢的。虽然有多次尝试，但最终也没有跌破 20 元这一重要的支撑位。所以，当你挑选卖空对象时，一定要挑选支撑最小的股票。

➤ 下单

当你选好一两只适合卖空的股票后，就得知道该如何下单了。如果某股票的向下突破价格是 24.875 元，那么就要在 24.875 元的价位下一个止损买单，在 24.375 元的价位下一个限价卖单，委托交易的数量就是想要交易的股数。这是与做多相比又一个不同点。买入时，对于成交活跃的股票，止损单和限价单之间只要有 0.25 元的价差就行了。但是在卖空时，这个价差却至少要 0.5 元，如果该股交易不活跃，这个价差还要扩大。为什么呢？在纽约证券交易所和美国股票交易所有一个陈旧的规则叫作"**报升原则**"。该原则规定卖空的价格必须高于最新的成交价。我认为，这一原则是1929年股灾的产物，十分荒谬且缺乏逻辑。为了阻止所谓的"熊市突袭"，没什么头脑的交易所想用这个办法阻止卖空者引起的股价暴跌。从交易的角度来说，这是对牛市的一个巨大的偏袒。你能想象如果他们告诉你"你只能在股价下跌时才能买入股票"吗？这是绝对不合理的，我相信早晚有一天"报升原则"会被取消！正是由于"报升原则"的存在，你才要给自己留一条后路而把价差加大。

与买入一样，你的委托单应该是"撤销前有效"的。在柜台交易中，你一定要依靠经纪人，因为你不可能亲自下止损单。但柜台交易有一点好处，就是没有"报升原则"的限制。因此，如果你发现某股票跌破25元，而24.875元是你应该进行卖空操作的价位，那么只要它的价格到达24.875元，你就可以让经纪人立刻替你进行卖空操作。在熊市中，这绝对是一个优势！

▶ 永远不迟

截至目前，我们都在讨论向下突破附近的卖空。那么，如果一只股票的价格已经跌了不少了，还来得及对它进行卖空吗？答案是相当肯定的！在股票的头部附近进行卖空是最理想的，因为那样潜在利润更大。记住，那些大熊股在股价到底之前会越来越熊，越来越弱。在股价下降的第四阶段对它们进行卖空是交易员的好策略，因为这时的下跌通常是迅速而剧烈的。但是这个策略只适用于那些在下降的移动平均线下方震荡，然后再次向下突破的股票。

这种卖空类型与对第二阶段的股票追加买入是一个道理。就像追加买入的人大多数是交易员一样，在股价下跌后继续卖空的人大多也是交易员或者是非常激进的市场玩家，因为当股票再次跌破移动平均线时价格下跌会非常快。图7-24中温纳贝戈公司的股票价格已经从近50元跌至22元，震荡整理之后，在21.875元（A点）再次破位下跌，迅速产生了大量利润。这样形态的股票，又处于跌得没人要的板块中，就成为极佳的卖空对象，如果像温纳贝戈这样曾经被机构投资者追捧过的就更好了。一旦机构的偏好转变，它的股价在恐慌性抛售之后必然长期下跌。

尽管股票价格下跌得很快，仍然要考虑潜在的下跌幅度。像温纳贝戈一样从22元跌到3元是一个非常大的下跌幅度。千万别对不符合条件的股票进行卖空。一定要看好：整理已经完成，新一轮下跌又开始了。然后，你要选择一个合适的价位入场卖空，上方阻力明显，可以设定很好的保护性止损买单。

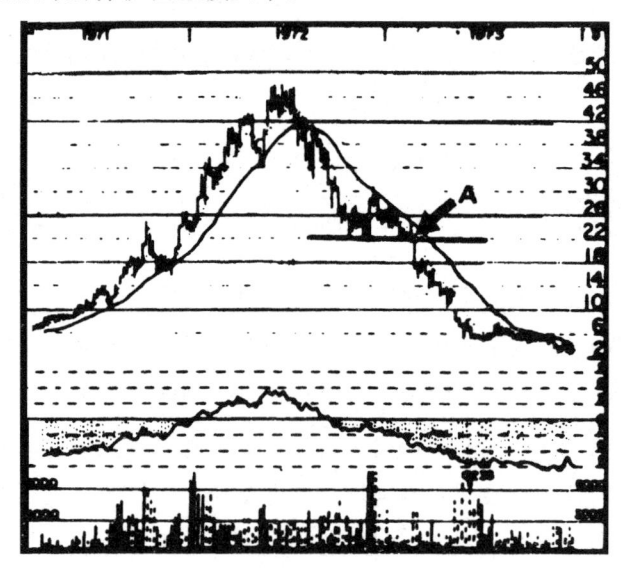

图7-24 温纳贝戈公司

▶ 特别的盈利形态

在前面第 4 章中，我已经讲过头肩底形态的重要性，头肩底预示着股价难以置信的涨幅。反过来也一样。头肩顶形态（尤其是在暴涨之后形成的头肩顶）往往给出最可盈利的卖空信号。虽然头肩顶走势不常见，但比头肩底要常见一些，在它出现时进行卖空很可能获得丰厚回报。实际上，当你看到好多股票出现这种形态时，市场的顶部也就到来了。

形成有效的头肩顶形态的第一个要素是这只股票已经强烈、持续、大幅上扬。这种形态之美在于它能甄别趋势的反转。如果在反转之前该股票价格没有大幅上扬，那么忘了它吧，它的下跌也不会令人兴奋。那些晚到的买家在上涨末期蜂拥而至地追涨，使得成交量大幅高于平均水平。紧接着的回调中，利润回吐（见图 7-25 中 B—C 段）。股价跌到 C 点后就会反弹，达到新高（D 点）。在这次上涨中，成交量不再增大，常常还比第一次上涨时缩小。这是趋势反转的第一个信号。成交量的萎缩反映出：在此价格水平上，市场买入意愿已经减小。

第二次调整（D—E）很快到来。这是趋势反转的第二个信号。到达 D 点以后，股票看似由于追涨者贪婪的购买而进入一个新的上涨阶段，但是，实际上，股价只是比前一个高点上涨了几个点，然后快速下跌。这次的回调(D—E)明白无误地说明弱势开始呈现。我在前面已经说过关于支撑区域的问题，当股价开始下跌时，第一个顶点（B 点）可能形成支撑。但第二次下跌一直跌到之前的低点水平（C 点），这又成为一个明显的负面信号。

现在已经形成了潜在的左肩（A—B—C）和头部（C—D—E），

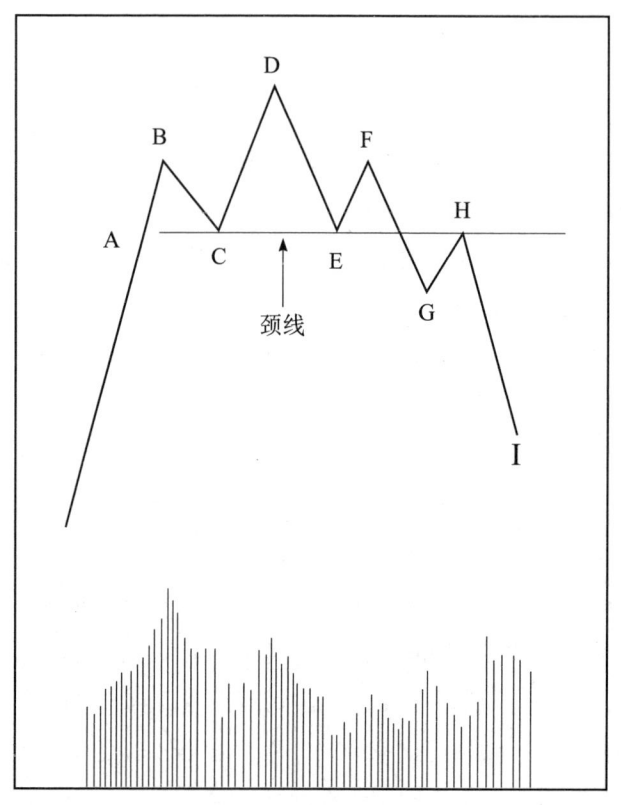

图 7-25 头肩顶形态

同时形成了连接两个调整低点的趋势线（C—E）。这条趋势线是潜在头肩顶的颈线，必须密切关注。如果跌破颈线，就要格外小心了！现在，所有的注意力都集中在下一次上涨上了。是上涨的动力得以继续保持，还是此股票已经疲软，卖方变得焦虑？千万不要下手太早。不要认为所有这些信号出现就是该卖空了。在大约 1/3 的此类情况下，"头肩顶"并没形成，股价又涨上去了。

如果像图 7-25 中一样，下一次上涨（E—F）没有超过之前的顶点（D 点），或者更糟，在左肩顶点（B 点）就结束了，那么你就要注意了。如果股价再次跌回颈线，你将清楚地看到右肩。右肩的成交量通常较低。虽然最大的成交量是在左肩还是在头部出现并不重要，但是**如果右肩的成交量最大，对这个形态要保持警惕**。如果在右肩还有那么大的买入量，这种头肩顶的形态对于卖空者来说很可能是一个陷阱，因此还是另找股票吧。

如果股价在下一个下跌阶段（F—G）跌破颈线，那么一个头肩顶形态就形成了，这是所有形态中最具有空头意义的一种。所以如果你持有一只有这样走势的股票，不要再抱希望和祈祷了——立刻卖了它！如果这时其他条件也合适的话（整个市场和它所属板块都走熊），就卖空它吧！

还有一些需要注意的细节。第一点可以用我多年来常说的一句话总结：头部越大，跌幅越大。形成这种空头形态用的时间越长，最后的下跌就会越有力。如果两只股票都形成了头肩顶的形态，那么在三周内形成头肩顶的股票一定没有那只用九个月才形成的跌得狠。这是因为形成头肩顶的时间越长，在头部买入股票的人就越多，当股价下跌时，他们恐慌性抛售，为下跌的火焰添把柴火。

第二点要记住的是，颈线与头部之间的距离越大，这只股票就越脆弱。股票在高位震荡得越厉害，意味着购买者在高位愿意承受的风险越高，他们真正相信了基本面故事和传言因而在宽幅震荡中买入该股。当熊市事实上降临时，他们巨大的信心便转化为巨大的失望和恐慌。

现在我们来看一下现实中的头肩顶的例子。首先回到图7-1、图7-13和图7-15，提词器、通用医疗和克莱克都是《专业价格分析者》中推荐的在进入第四阶段前就形成头肩顶形态，适合卖空的股票。

图7-26中宏媒体公司的股票具有另一种经典的空头形态。右肩的成交量很小，所属板块也呈现弱势。在宏媒体的股价真正下跌前，

它曾多次跌破颈线又反弹回来。但是，即使这样，你也没有理由放弃卖空它，因为它的均线一直在下降，并且股价也从没有显著高于均线。本章后文中，我会教你保护性止损买单设在哪儿，以锁定越来越多的利润。一旦宏媒体积累好下跌动能，它就成为一个理想的卖空对象。它从31.875元的颈线处一路下跌一直跌到5元。

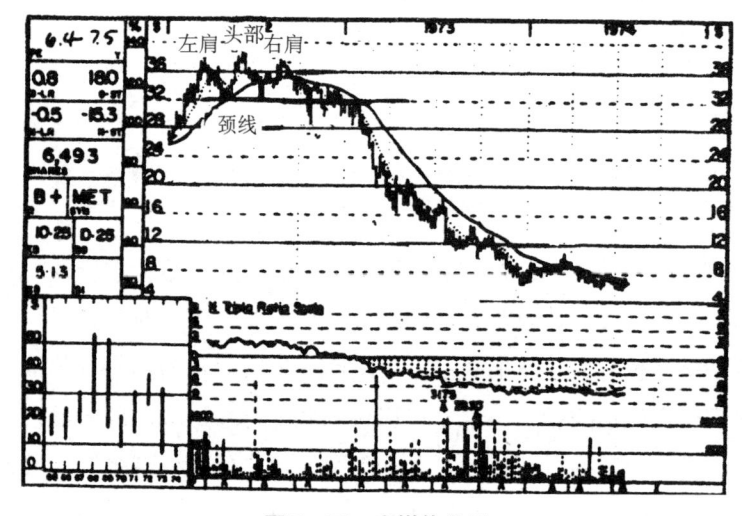

图7-26　宏媒体公司

图7-27中法拉赫公司的股票在1972年形成头肩顶后，就是另外一只适合卖空的股票。自从它突破33元的颈线以后，价格在一年时间内一路下跌到10元附近。

图7-28中DB公司的股票证明了头肩顶的厉害。在1986年这个历史上最大的牛市中，该股用9个月的时间形成了头肩顶。当它跌破24元的颈线后，股价居然在3个月内跌掉了55％！时刻关注这种走势的股票吧，它又猛烈又有利。

最后，如果你发现很多只股票都出现了这种走势（如在1972年底至1973年初），那么这就是整个市场走熊的一个重要信号。很简单，此时你的思维就应该由多转空了。

图 7-27 法拉赫公司

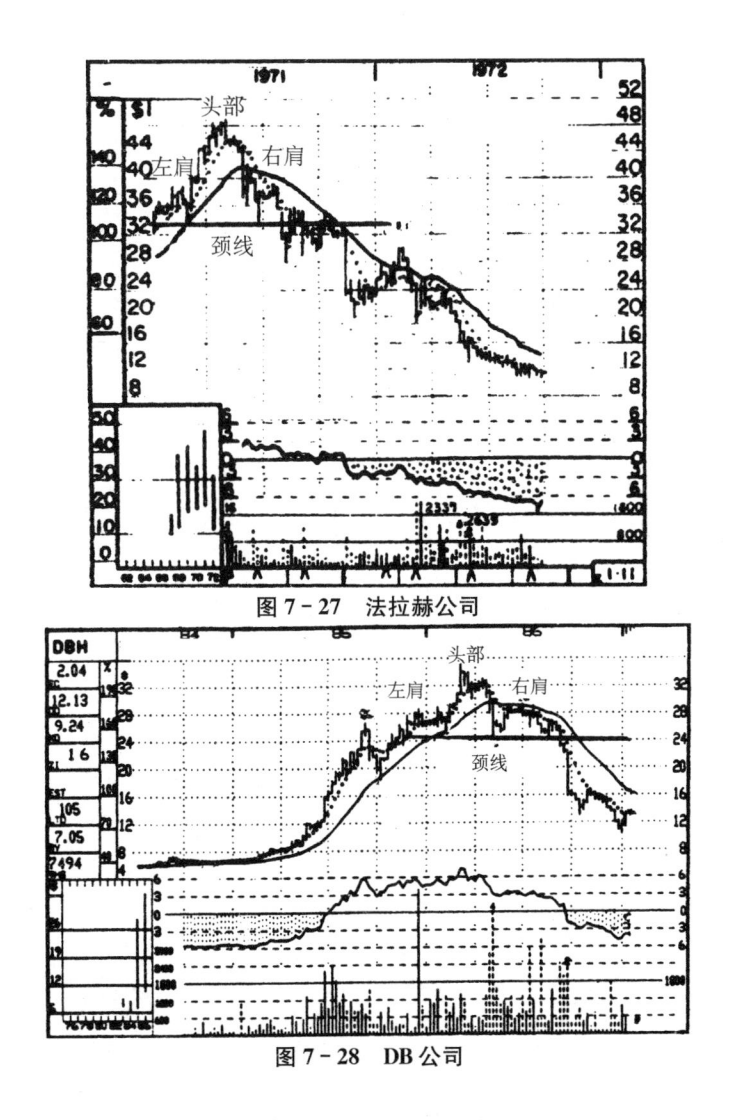

图 7-28 DB 公司

> 测量跌幅

下一节，我会教你如何使用止损买单来锁定你的卖空收益。现在，我先告诉你一个更能盈利的技术。在第 6 章中，我曾向你介绍过

247

如何使用"摆动法则"在买入时对股价涨幅有一个精确的估计。这一规则在股价下跌时也同样适用。

以图7-29为例,股价从高位跌到了一个相对较低的价位(A点),然后达到了顶点(B点)。股价的最高价位为60元(B点),之前的低点价位为40元(A点),那么两者之间的价差为20元(60元减40元)。下一步就是用之前的低点价位(40元)再减去20元。40元减20元等于20元。这一价格水平就是一个潜在的目标价格水平。在做多时,这种估计方法十分准确,在股价下跌的情况下,这一方法也可用来估计价格低点。

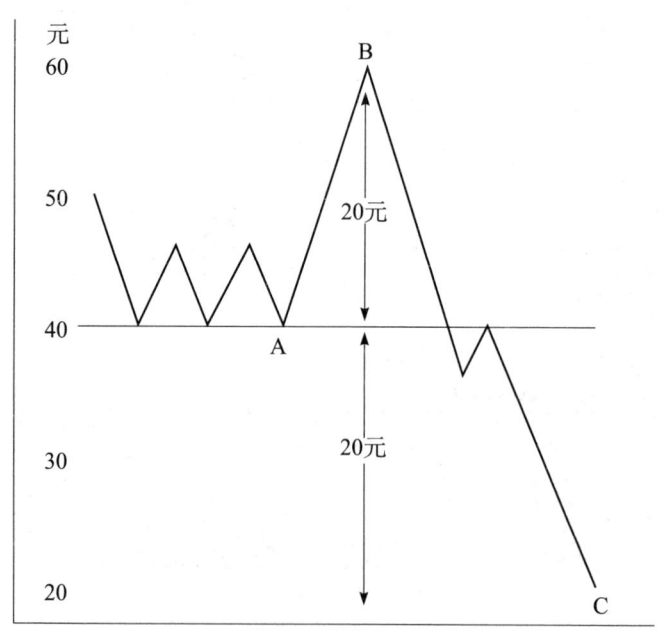

图7-29 股价下跌时运用摆动法则

图7-30中休斯工具公司的股票在1981年末跌到了30元的低点(A点)。之后又反弹至45元的高点(B点)。这两者之间的价差是15元(45元减30元)。因此,一旦该股票跌破30元的支撑位以后,根

据"摆动法则"预测其下跌的目标价是 15 元。几个月以后，这只股票达到了 14.375 元的价格（C 点），事实证明，这一价位是该股票在 1982 年的最低价位。

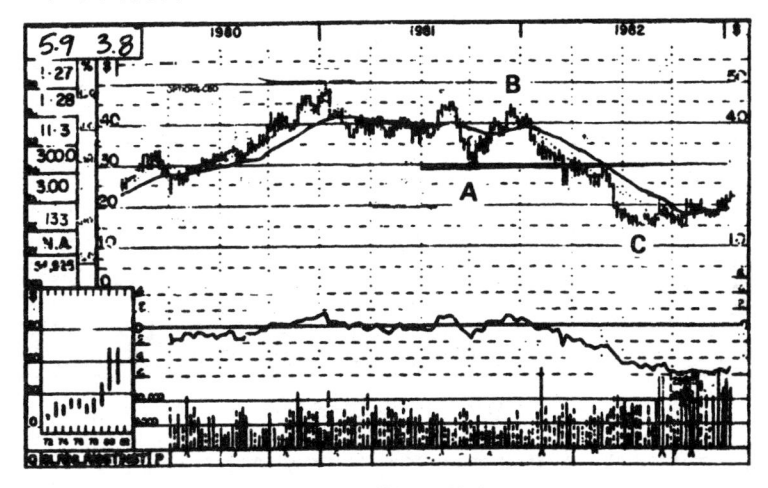

图 7-30 休斯工具公司

图 7-31 中梅厄蒙特公司的股票震荡得十分激烈，它第一次下跌到近 31 元的价位（A 点），然后迅速涨到 59.5 元的高点（B 点）。这一振幅大得不同寻常，预示着如果梅厄蒙特跌破 A 点，将有灾难性的跌幅。59.5 元减去 31 元等于 28.5 元，从 A 点 31 元减去 28.5 元得到一个荒唐的值，2.5 元。实际上，梅厄蒙特跌破 A 点后，它的最低价位是 6 元，距离摆动法则预测出来的价格并不远。

这一方法对预测市场整体波动也有用。图 7-32 显示了用这种方法预测 1981—1982 年熊市底部的情况。在 A 点，道琼斯工业指数为 894 点，在 1981 年春天该指数涨到 1 031 的高点（B 点）。这两者之间差 137 个点。在 1981 年的晚些时候，该指数跌破 A 点，用摆动法则计算出的最低点应该为 757 点。令人难以置信的是，当道琼斯工业指数最终触底结束熊市时，其最低点就是 1982 年 8 月的 770 点！

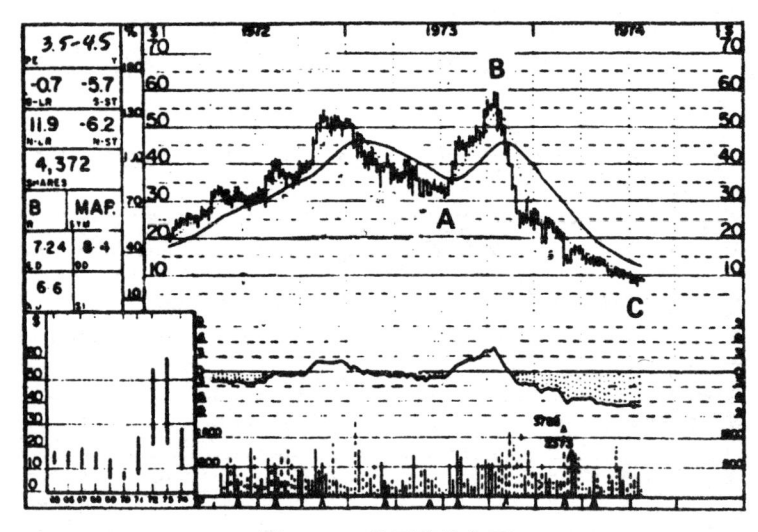

图7-31 梅厄蒙特公司

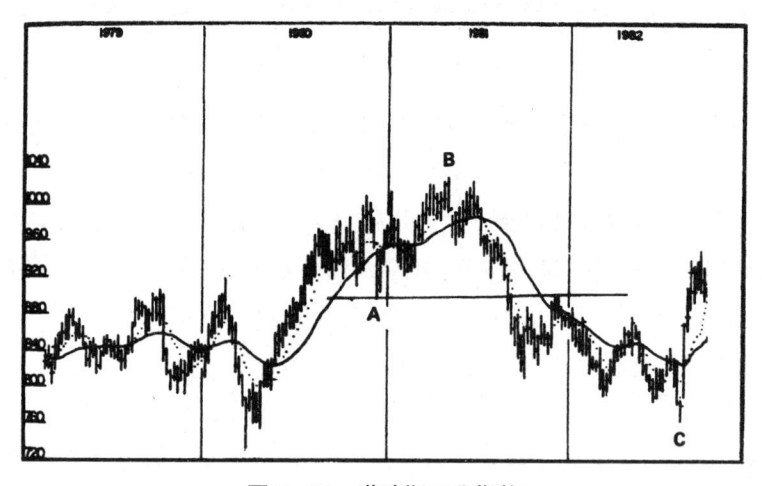

图7-32 道琼斯工业指数

因此,当股市下跌你卖空时,摆动法则是一个很好的工具。一旦股价跌到接近目标区域时,你可以将一半仓位获利了结,另一半仓位继续持有并用止损买入法保护起来。

用止损买单保护空头仓位

现在,你应该很清楚接下来我要讲什么了。只要稍微回忆一下我在第 3 章中教给你的止损买单的概念,就知道在卖空情况下的止损买单是什么样子了。你把第 6 章有关止损卖单的方法掉个个儿,就知道该怎么做了。我举一个理论上的例子和一些真实案例来确保你掌握我要说的。首先,止损买单可以保证你在卖空时心平气和。千万不要低估了头脑冷静的重要性:当市场的走势使你紧张时,你的情绪会一次又一次破坏你对图形的分析理解能力。其次,止损买单可以确保当市场没有按你的预期下跌时,你的损失相对很小。最后,当你的股票开始暴跌时,随着第四阶段下跌的深入,它会保证你的盈利随之增加。

在进一步讨论之前,你必须保证,绝不在没有设定保护性止损买单(撤销前有效)的情况下卖空。和做多一样,下单前要计算止损买点应设在何处。在这个过程中,非常重要的一点就是在理想卖空价位不远处找出止损买点并设下保护性止损单。这一操作完全驳倒了卖空损失会"无限大"的陈词滥调。如果你所选股票满足其他所有的条件,但它的止损买点比卖空价高 30%~40%,那么选别的股票卖空吧。同样道理,如果有两只股票,它们看上去差不多并且都符合其他卖空的标准,但是一只的止损买点比卖空价高 10%,另一只高 20%,那么就选那只风险小的吧。

当你卖空了某只股票,而且也设定了保护性止损买单之后,很重要的一点是要知道在接下来的几周内如何逐步降低止损点以锁定收益。我们来仔细研究一下这个过程。

当你设定保护性止损买单时,前一个反弹的高点和 30 周均线是你应该关注的两个重要指标。当你设定最初的止损买点时,要多关注前一个反弹高点而不用太在意 30 周均线。例如,在图 7-33 中,股票XYZ在经历过第二阶段股价的飙升后，在60～70元高位横盘整理，最终跌破支撑价位60元（C点），继而跌破走平的30周均线。这是进入第四阶段的信号。卖空的价位是59.875元。最初的止损买点应在前一个高点（65元，B点）之上。因此这个撤销前有效的止损买单应该设在65.125元。如果前一个高点是64.625元或者64.75元，你也应该把止损价定在65.125元。这和我之前说的设止损卖点的道理是相同的（但是要反过来）。与买入者一样，卖出者也会受到整数心理的影响。大量的卖单会累积在65元，而不是64.625元或者64.75元。因此，如果算出来的止损价接近一个整数，止损买点**一定要高于那个整数**。

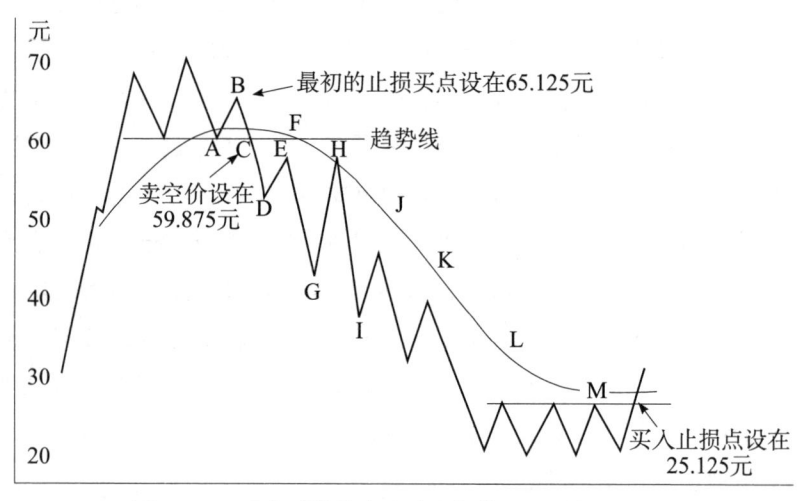

图7-33 卖空时投资者追踪止损的运用（股票XYZ）

下一步要做的就是放松，等待市场自身的变化。如果小概率事件发生，市场并未下跌而是反弹，你的止损买单会使你的损失最小化，你以后还能把这点亏损补回来。更可能的是股价下跌，你的盈利开始累积。下面就告诉你如何在股价下跌的过程中锁定卖空利润。只要你卖空的股票价格低于下降的30周均线，那么就随它震荡去吧。然后按照以下程序追踪止损。卖空后第一个低点在 D 点，然后由于超卖而引起的反弹让价格回升了至少 8%，这便可以降低止损买单的价格了。在股价反弹到 E 点又跌回到 D 点的价位之前，都不用采取什么行动。如果反弹站上了 E 点，并同时站上了 30 周均线，那么投资者应调低止损买点。但如果像例子中这样，反弹的高点低于移动平均线，投资者应该把止损买点定在移动平均线以上（F 点）。在之后的循环里，当股价的短期反弹高点高于移动平均线时，应该将止损买点定在略高于反弹高点的地方。

接下来，像我们通常在第四阶段看到的那样，股价开始猛跌到达 G 点。在迅速反弹到 H 点以后，股价再次下跌。当股价略高于均线时，不必太担心，只有当它远高于均线时才需要注意它。反弹结束，股价又开始朝之前的低点 G 点下跌时，止损买点应该调低到略高于前期反弹高点 H 点附近整数价位的水平。在接下来的几个月内，止损买点依次调低至 J、K、L、M 等点，最终股价来到 25.125 元时买入股票。注意，一旦股票来到第一阶段的底部区域，移动平均线不再继续下降，策略就必须做些调整。保护性止损买点应该调低至明显的阻力区上方的 M 点，虽然该止损买点位于 30 周均线下方。

下面我们来看一下现实中的例子，让你在实践中学习如何设定止损买点。

图 7-34 布莱尔公司的股票在 1972 年时形成了一个小的头肩顶形态，然后在 A 点跌破颈线，卖空价格应该是 19.875 元。最初的止损买点应该设在略高于前期高点 B 点的水平上。该股随后进入第四阶段开始下跌，价格越走越低，止损买点也随之调低至 C、D、E 等点，最后到达 K 点（7.5 元左右）。当布莱尔价格上涨超过 7.5 元时，止损买单被执行，虽然这点不是最低点，但一笔非常可观的利润已经被锁定了。这笔交易很不错，因为我们以理性、守纪律的方式获得了高于 60% 的收益，并且在最低点附近结束了卖空操作。

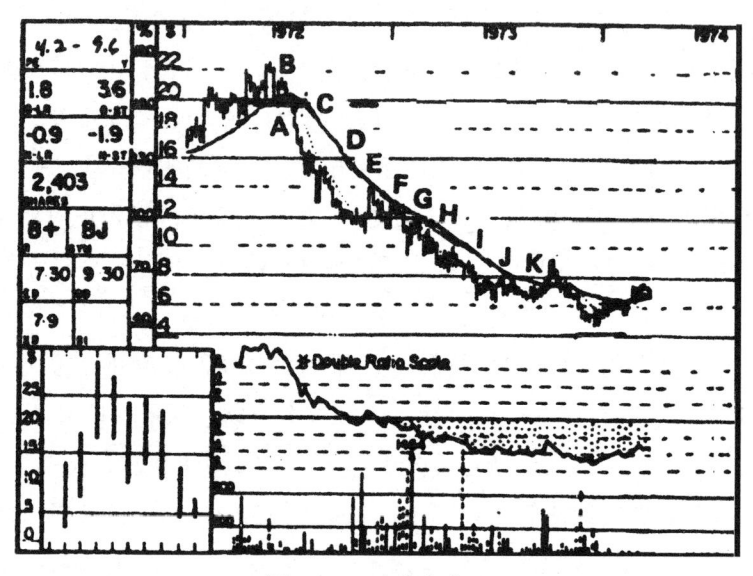

图 7-34　布莱尔公司

1977 年大熊市中陶氏公司（见图 7-35）的走势也很好地说明了这种成功的策略。在完成了第三阶段的头部形态后，陶氏公司在 A 点 53 元左右跌破了支撑位和 30 周均线，进入第四阶段。最初的止损买点应该设在 B 点（略高于前期反弹高点）。在接下来的几个月里，止损买点应该逐渐降低至 C、D、E 等各点，直至最后达到 M 点——25.125 元，在这个价位上你已经获得了难以置信的丰厚利润。注意，接下来几个月，它反弹到 30 多元，如果你不能遵守我教你的纪律，你肯定得回吐好大一截利润。遵守我教你的纪律，你不会有"本可能如何""本应该如何"的挫败感，而且以比最低价仅多 3％的水平出脱了卖空部位，同时在整个下跌过程中你都轻松自如。

虽然市场总是不尽如人意，但是这一规则是纪律性的、理性的、可以赚到钱的。无论是多头还是空头，一定要用止损单来保护你的头寸。不管报纸的头条和电视新闻说什么，一定要百分百机械地操作。

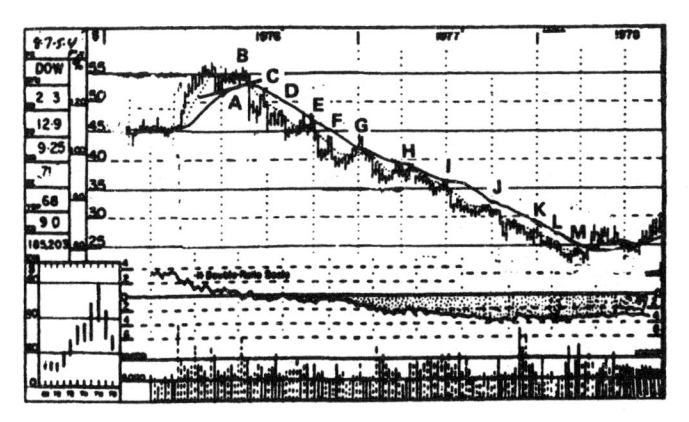

图 7-35 陶氏公司

交易员如何使用止损买单

交易员使用止损买单的方法与他们在做多时使用止损卖单的方法正好相反。与做多时相同,交易员使用止损买单时比投资者更积极。只要震荡不破坏下跌的总体趋势,投资者就会给予卖空的股票更多的空间;而交易员只在走势与自己的预期非常一致时才持有仓位。一旦形势发生变化,他们就退出该交易寻找新的卖空标的。交易员认为震荡要么意味着行情可能逆转,要么就会套住他们的资金。与做多时一样,交易员不会等到反弹站上 30 周均线时才结束卖空。

图 7-36 说明了交易员如何参与卖空。首先,股票 XYZ 进入高位横盘的第三阶段,支撑位为 60 元,阻力位是 70 元。最后跌破 60 元,在 59.875 元(A 点)出现了强烈的卖出信号,应该在这一点上卖空。在这个例子中,交易员最初止损买点的设定与投资者不同。与做多时一样,交易员最重要的就是要确保损失最小,因此保护性止损买单应该按照以下方法设定:如果前期高点与向下突破点靠得很近,那么就将前期高点设为止损买点。但是如果前期高点离向下突破点很

远，那么止损买点就应该高于卖空价10%～15%，也就是高于向下突破点A点4%～6%的B点。确保止损买点略高于一个整数。例如，如果向下突破点是59.875元，高于它5%的价格应该是62.875元。因此，应将止损买点设定为高于整数63元的63.125元。

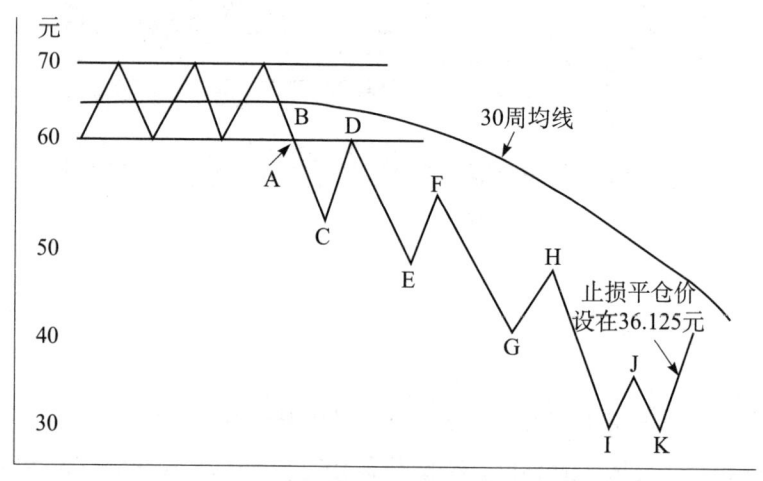

图7-36 交易员追踪买入止损的运用（股票XYZ）

在接下来的几周内，XYZ这只股票在初次下跌没有反弹的情况下跌到了C点。然后股价反弹到D点，又继续下跌，当股价再次跌落到C点以下时，就应该将止损买点调低到D点。同理，当此股票反弹至F点，又继续下跌低于E点时，止损买点需调低到F点。以此类推，止损买点依次调低到H、J点。最后，XYZ形成了一个双重底形态，止损买单在36.125元处被执行，锁定了相当丰厚的收益。永远不要忘记：当股价接近一个整数价位时，一定要将止损买点设定在略高于这个整数的水平上（例如，如果J点的价位是35.75元，那么应该将止损买点设定为36.125元）。最后还有一点非常重要：和做多时一样，不用在意那些幅度在7%以内的超卖后的反弹（对投资者来说，这个数应该是8%～10%）。3%～4%的小幅震荡不足以影响投资策略。你只需时刻牢记：交易员**绝不会**在股价高于30周均线的情况下持有空头头寸，即使只是瞬间。

图7-37中海滨世界公司的例子说明了在现实中交易员是如何使用止损买单的。海滨世界的股票在形成头肩顶以后，在10.875元的价位上跌破了颈线。初始的止损买点设在高于10.75元6%的水平上（高于10.75元6%的价格是11.375元）。根据止损买点应该略高于整数价的规则（20元以下0.5元算整数），止损买点应该为11.625元（B点）。在接下来的几个月里，止损价逐渐被调低到C、D、E、F各点，最后到达G点5.25元。在股价跌到近4元后，海滨世界反弹超过了G点并站上30周均线。交易员在5.25元平仓，获得丰厚的收益。交易员从不关心股票反弹后是否会再创新低。交易员大幅、快速获利是靠纪律来保证的。不过伯纳德·巴鲁克[①]谈及致富秘诀时依然抱怨说："我常犯的错误是过早就平仓了。"

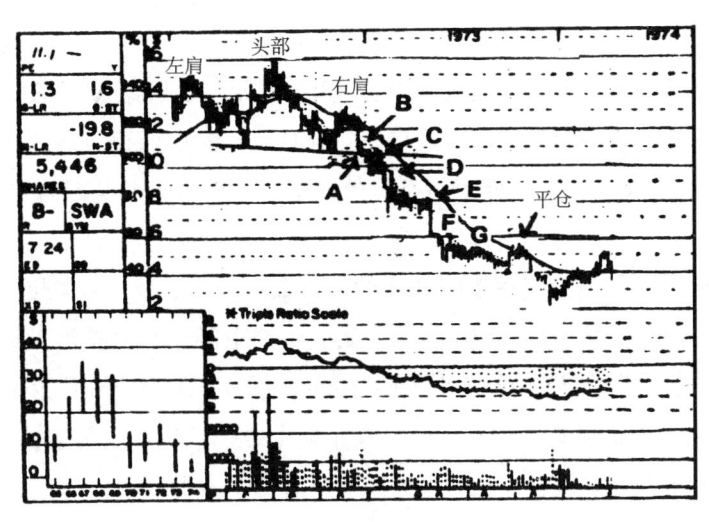

图7-37 海滨世界公司

---

① 美国金融家，股市投机者。商业上成功后，成为伍德罗·威尔逊和富兰克林·罗斯福总统的经济顾问。——译者注

▶ 下跌趋势线

卖空时交易员必须掌握的最后一项获利技巧是运用趋势线。在第 6 章中我介绍了如何在做多时用趋势线进行交易，这在卖空的情况下也是适用的，不过做法刚好反过来。

假如一只股票没有形成有效的趋势线（一条趋势线至少需要触及三个顶点），那么就简单地用前述止损买入的方法进行操作。假如已经形成了清晰的趋势线，就要充分利用它。趋势线被破坏时，至少要平掉部分仓位。剩余的头寸用止损买单进行保护，通常止损买点的价格高于趋势线价格。

图 7-38 显示了如何在熊市的卖空操作中利用趋势线。最初，止损买入点应该设在 53.125 元（A 点）。这点是这样得出的：高于 49.875 元 6% 的价格等于 52.875 元，止损买点要高于整数价格，即要高于 53 元，所以止损买点设为 53.125 元。当股票进入第四阶段后，止损买点应该逐渐降低，首先降到 C 点，然后降到 D 点。连接反弹高点 B、C、D 点形成了一条有效的下跌趋势线。你应该注意到这一点，并把它融入你的操作。在接下来的几个星期里，XYZ 像自由落体一样下跌，你应该逐步降低你的止损买点至 E、F、G 等点，以此类推。一半头寸由趋势线保护。只要趋势线下降，哪怕股票开始震荡（如 K 点后的走势），你仍可以继续降低止损点。另一半仓位由设置在 H 点上方的止损买点保护，紧贴在 J 点上方。最后，股价震荡上升，站上趋势线，触发在 J 点的止损买单，获得了丰厚收益。即使站上趋势线并不意味着上升反转，但至少是进入了一个中立的交易区间。对交易员来说，这是至少获取一半利润的好机会。当真正有力的反弹出现，股价触及第二个止损买点 H，另一半丰厚利润也被锁定，所有仓

位都被了结。

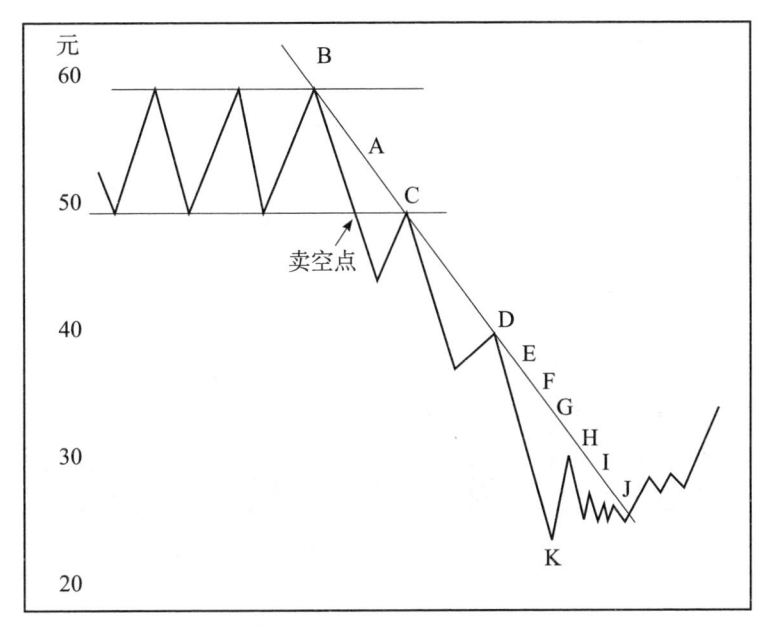

图 7-38　卖空时对趋势线的运用

图 7-39 中博地公司的股票显示出使用趋势线的优势。在跌破上升的趋势线（AB 连线）时，应该将博地卖空。最初的止损买点应该设在略高于 41 元处（下跌突破点 38.875 元的 5% 等于 2 元，那么加上这 2 元，价格为 40.875 元，所以要将止损买点设在高于整数价位 41 元的地方，即 D 点）。该股急跌到 26 元左右，然后反弹到 34 元（E 点），另一波下跌又来了。首先，止损买点应该低于 E 点。但是这时，一条清晰的趋势线已经形成，该线至少触及三个反弹高点，在之后的几周，止损买点依次降低到 F、G、H 点。

最后，博地在暴跌之后，在 H 点站上下降趋势线，反弹超过 22 元。此时，一半仓位的利润被锁定。当博地有足够的动力在 26 元站上均线时，就是另一半头寸被平仓的时候了。有趣的是，虽然第一次

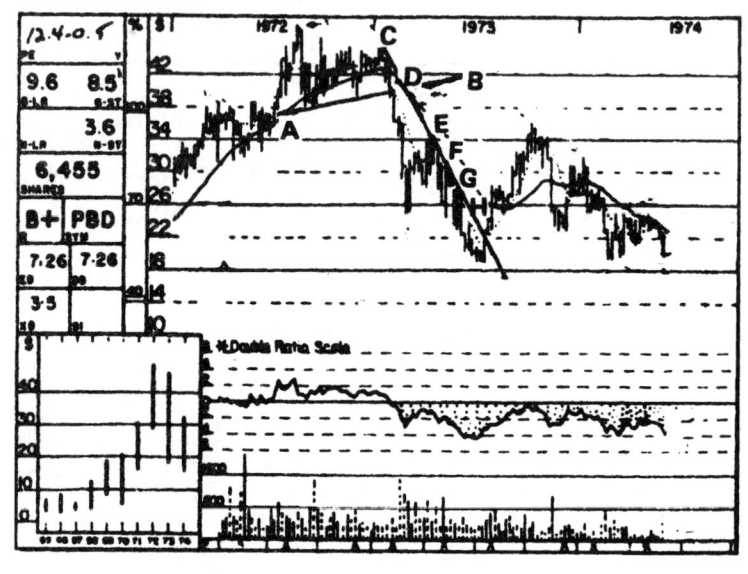

图 7-39 博地公司

平仓的价位不是 1973—1974 年熊市期间该股价格的绝对低点，但一年以后股价仍然徘徊在此价位附近。交易员又再次达到了他们的目标，趋势线让他们在股价暴跌时持有仓位，而在震荡时离场。应该时刻关注重要的趋势线，它们可以使卖空变得又有趣又有利。

➤ 降低风险的另一方法

运用看跌期权也是做空时一种相对低风险的方法。买入看跌期权，你就有权在特定时间以约定价格进行交割。如果你以 250 元的价格买入了某股票的看跌期权，执行价格是 50 元，那么在到期日之前，如果该股票跌到 30 元你就赚美了。在现货市场上以 30 元的价格买入该股，然后以 50 元的价格与看跌期权最初的卖出方进行交割。20 元的价差减去期权的成本就是你的利润（在本例中是 1 750 元，不含佣金)。当你预计股票价格将下跌时,买入股票的看跌期权与卖空一样都是可以获利的。而期权的好处就是你最多赔掉期权费——在这个例子中,是 250 元。

期权的弊端在于,期权费会减少你的盈利,并且如果在期权到期之前市场没有朝着你预期的方向变化,那么你会完全损失掉期权费。对于普通市场参与者来说,卖空已经是熊市中很好的策略。对于老练的投机者来说,买入期权是一种控制风险并提高杠杆率的方法(在第 9 章中,我会向你详细介绍有关期权的知识)。

总之,你应该明白,第四阶段也为你提供了赚钱的机会,只要你按照我的指导,并**务必**使用保护性的止损买单,那么卖空的风险并不比买入的风险大!

测 试

1. 卖空的风险很大，因此只有那些激进的投机者才会使用这一策略。

正确　　错误

2. 当股价高于上升的 30 周均线时绝不要卖空。

正确　　错误

3. 没有用止损买单保护头寸时，绝不要卖空。

正确　　错误

4. 在经历了快速上涨的第二阶段后，头肩顶形态是最具熊市意味的形态。

正确　　错误

5. 只有在股价回拉至向下突破点时才能进行卖空。

正确　　错误

6. 尽管下图中所示的股票市盈率只有 10，但 A 点仍然是一个非常好的卖空点。

正确　　错误

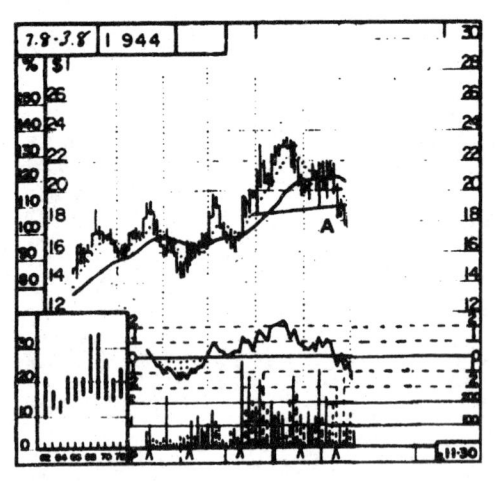

7. 尽管右图中这只股票已经从最高点 40 元下跌了 35%，但在新的下跌突破点 A 点仍然适合卖空。

　　　　　正确　　　错误

8. 下图中这只股票 1973 年从最高点 38 元跌至 20.25 元，然后又反弹至 30.75 元。这时股价遭遇新的卖压，又降至 20.25 元的新低，使用"摆动法则"估计此股票将下跌至何处？

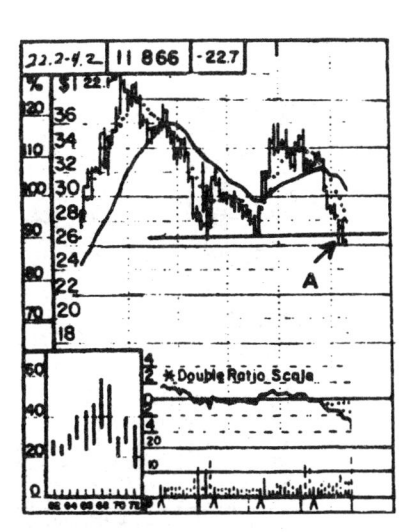

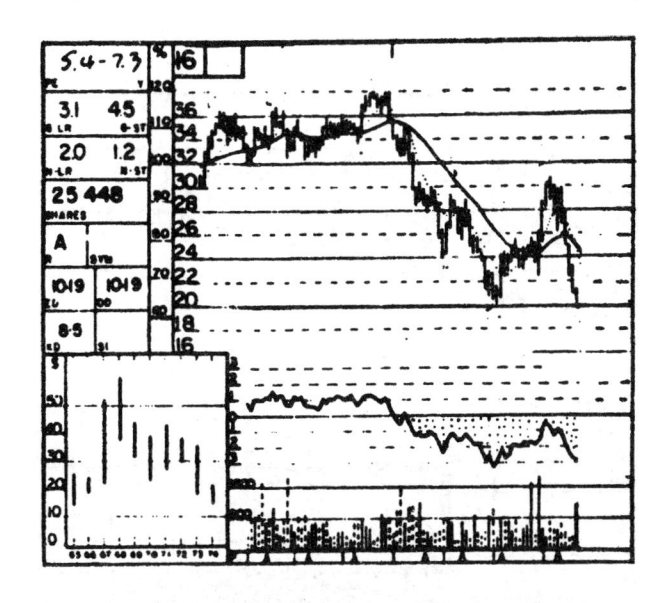

A. 14.125 元　　B. 9.75 元　　C. 2.5 元　　D. 12 元

9. 下面哪只股票最适合在 D 点卖空？

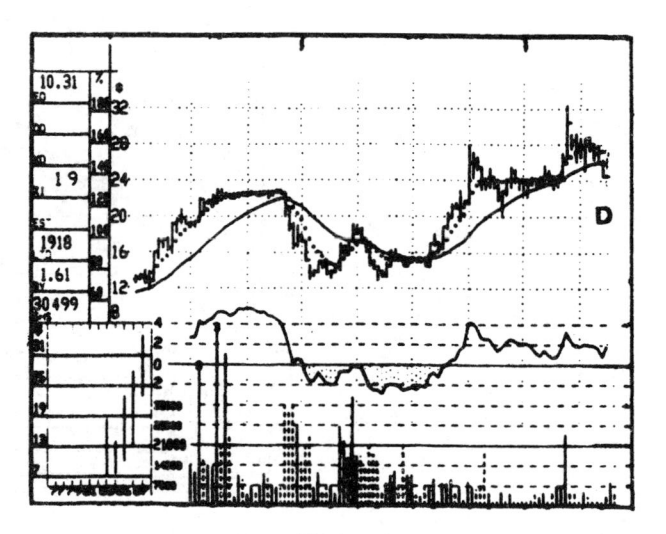

股票 A

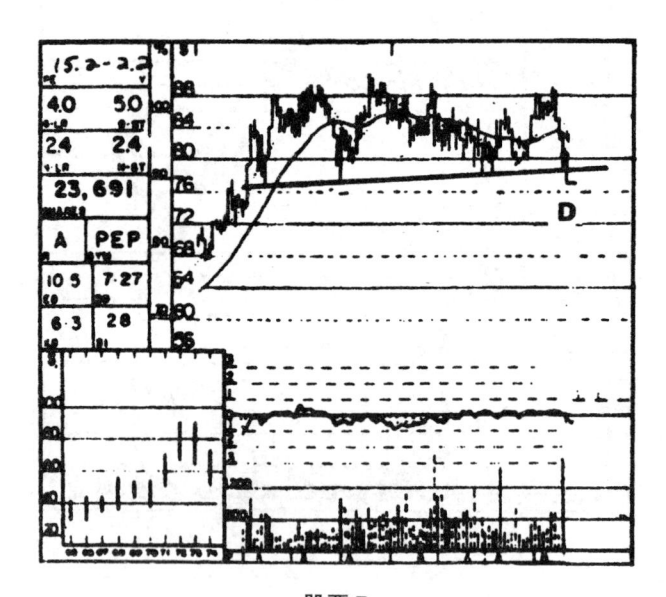

股票 B

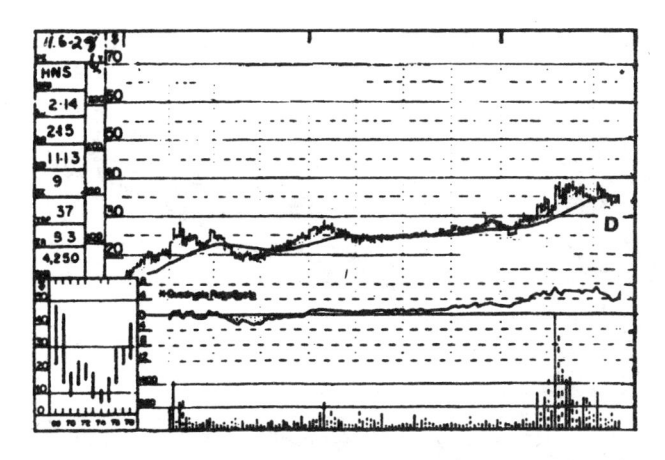

股票 C

10. 股票 XYZ 应该在跌破重要支撑位 30 元时被卖空。当你想卖空 1 000 股该股票时，你该如何下单？

A. 以 29.875 元的价格卖空 1 000 股股票 XYZ。

B. 卖空 1 000 股股票 XYZ，29.875 元止损。

C. 卖空 1 000 股股票 XYZ，29.875 元止损——29.625 元限价。

D. 卖空 1 000 股股票 XYZ，29.875 元止损——29.375 元限价。

11. 以下三只股票中最适合在 D 点卖空的是哪一只？

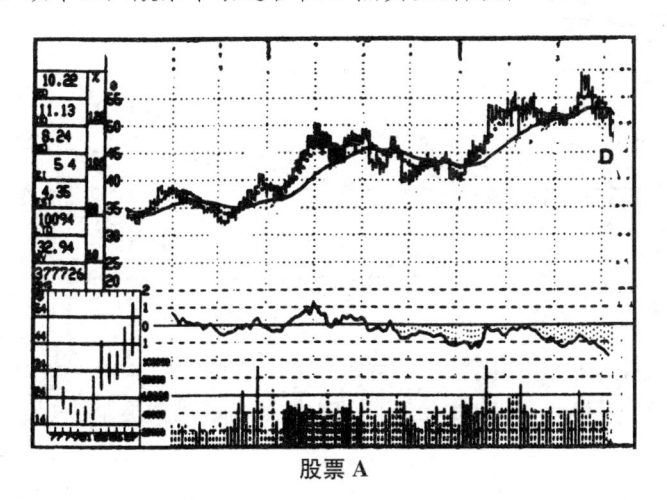

股票 A

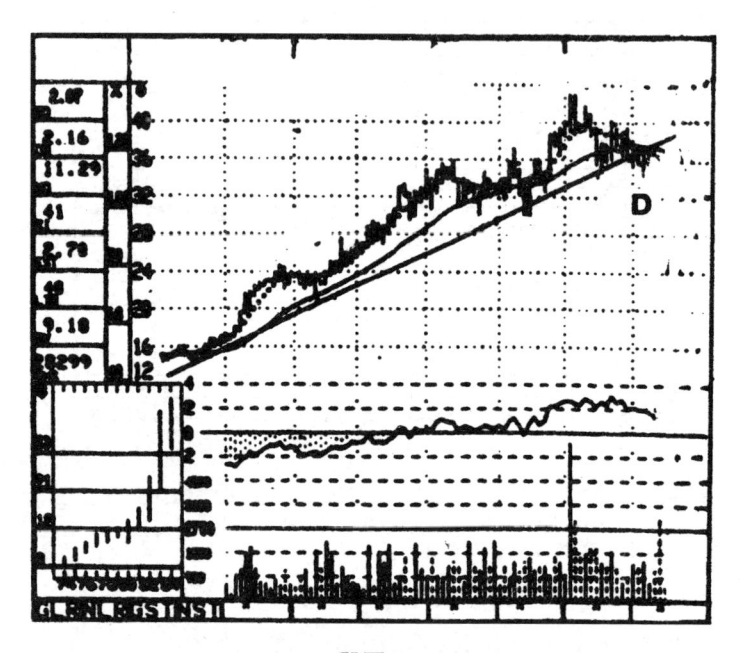

股票 B

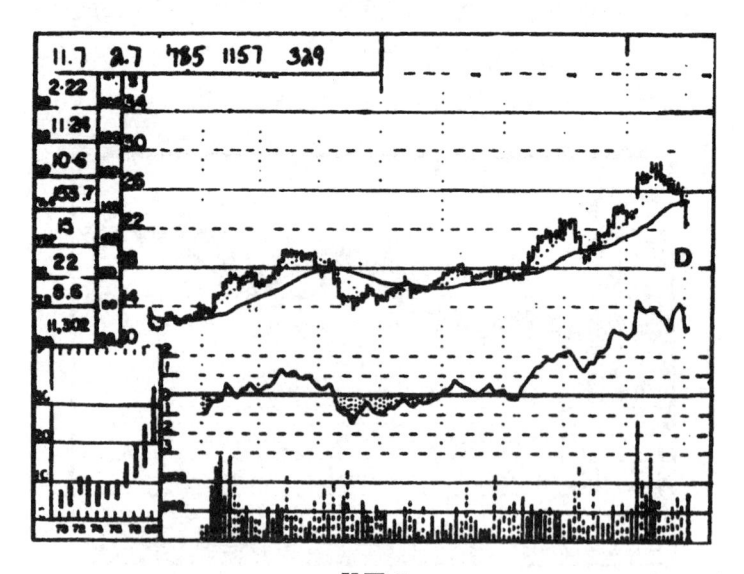

股票 C

答　案

1. 错误。只要合理操作，卖空的风险不会比买入的风险大，每个人都应该在熊市中卖空。

2. 正确。

3. 正确。

4. 正确。

5. 错误。在适合进行卖空的股票中有大约50%不会再反弹回下跌突破点的价位。虽然在回拉时卖空更安全，但你至少要在下跌突破时建立一半的空头仓位。

6. 正确。这张图是1972年曼哈顿工业的走势图。在A点向下突破以后，它进入了第四阶段的主跌浪，并一路跌到了每股2元才停止。虽然它的市盈率很低！

7. 正确。这是1972年格涅斯科公司的股票走势图。尽管在此之前这只股票大幅下跌过，但它仍然是一只可以继续卖空的股票，就像温纳贝戈公司（见图7-24）的股票一样。如果你在A点26元附近卖空它，那么在它到达最低股价3元时，价格跌掉了90%！

8. 选B。此图为1973年天合汽车集团的股票走势图。根据"摆动法则"，此股票下跌至9.75元后会停止下跌（30.75减去20.25等于10.5；20.25减去10.5等于9.75）。事实表明，该股票实际的最低价位为10.125元。

9. 选B。股票B是1973年百事公司的股票，是一只理想的卖空对象。该股票的相对强度线在向下突破时跌入负值区域。此外，均线下跌，并且筑顶过程已经超过一年，"顶部越大，跌幅越大"。此股票一路跌到29.25元才开始回升。

股票A是1987年环球航空公司的股票。不能在D点进行卖空，一是它的30周均线仍然呈上升趋势；二是它的相对强度仍然很高。

虽然在那年该股股价确实下跌了，但在 D 点之后的 3 个月里它上涨到了 35 元，如果在 D 点卖空你将遭受巨大的损失。

股票 C 是 1978 年恒适公司的股价走势图。该股的相对强度太高，不适合卖空。在 D 点后的 3 个月内，该股股价几乎翻了一番，达到 60 元！

10. 选 D。如果要在突破 30 元时卖空一只股票，那么止损买单的价格应设为 29.875 元，由于要等待下次上涨的出现（根据纽约交易所和美国交易所的上涨抛空规则），限价单的价格至少要比止损单低 0.5 元。因此 D 是正确答案。

A 是错的。如果你这样下单，就意味着以 29.875 元或者更高的价格卖空。因此，如果该股票涨到 30.125 元，即使它从没有跌破 30 元，你仍然要在下次股价上涨的时候卖空它。

B 是错的。直接下止损单时，如果该股票向下跌破 30 元并一直跌到 27.5 元才反弹，由于没有限价单，那么你就要在 27.5 元的价位上对它进行卖空。这也就是为什么限价单十分重要。

C 在这四个选项中是次好的答案。但是 0.25 元的价差对于报升原则下的卖空来说太小了。

11. 选 A。A 是 1987 年西尔斯公司的股票。在 D 点适合对它进行卖空，因为它的相对强度已经很弱了，而且均线开始掉头往下。跌破 D 点之后，几个星期内这只股票暴跌至 26 元。

B 是 1984 年美国烟草公司的股票。相对强度太高，不适合卖空。如果你在 D 点卖空，那么 4 个月后你会亏损严重，因为 4 个月后该股票涨到了 40 元。

C 是 1980 年锡奥科尔公司的股票。由于该股票的均线仍然处于上升阶段，并且相对强度也很高，因此不应该对它进行卖空。1980 年，该股票的价格从未曾低过 D 点，反而在 1980 年晚些时候涨到了 38.5 元。

第8章

运用最佳长期指标判断牛市和熊市

如果在1975年1月、1978年3月和1982年8月"贪婪"地买入股票那岂不是太棒了？这些关键时刻都发生在大牛市启动之初。如果可以在1973年1月、1976年底、1981年7月和1987年10月初卖出股票岂不是更好？这些都是大熊市的警钟敲响的时候。《专业价格分析者》做到了——你也可以！

1982年7月，很多经济学家还正忙着写文章称严重的经济衰退还将持续一年或者更久。当时道琼斯工业指数低于800点，很多人相信专家的预测：它还会继续下跌，直到500点。当时，市场已经历了12个月的熊市，我在1982年7月22日写了一篇文章并发表在《专业价格分析者》上，文章中提道："我们正处于一个新牛市的酝酿阶段，这是市场从1981年6月转为熊市以来的第一次，我们推荐各位利用所有回调时机买入。"三个星期以后，市场触及770点这个历史低点，然后，20世纪最大的牛市开始了。

反之，牛市末期公众又过于兴奋。1987年8月，在一本主流的金融杂志上甚至刊出了这样过分乐观的文章:"道指 3 000 点:不是如果,而是何时。"超级大牛市中市场不断创出新高,大家认为道指升至 3 500 点是必然的,涨到 4 000 点也是合理的,因为我们的股价比起日本市场来说便宜多了。在这种疯狂的牛市氛围下,道琼斯工业指数达到历史高点 2 764 点的几天后,我在 1987 年 9 月 17 日的《专业价格分析者》上发表文章称:"有一些不祥的乌云正在地平线上升起。"那时,我就像聚会中最煞风景的人。接下来几个星期,我的技术指标传递出越来越多的利空信息。我建议我的订户更多地持有现金。在 10 月 15 日,我写道:"现在绝不可放松警惕。"在接下来的星期一,10 月 19 日,道琼斯工业指数遭到了有史以来最严重的单日暴挫,一天之内下跌了 508 点!

我是如何预测到的呢?很简单——做好技术分析功课并聆听我的长期指标传递给我的信息。学完本章以后,你也可以准确地识别出重要的头部和底部。我同时观测 100 多个技术指标,并将其中 50 个最好的指标信息发布在每期《专业价格分析者》中。这 50 个指标是我判断的**主要依据**,根据它们我可以从长期、中期和短期这三个方面判断市场运行是否健康。很多分析者只跟踪他们认为不错的几个指标,我跟他们不同,我喜欢同时观测很多指标,因为我发现任何技术工具,不管它有多好,都可能会失灵。如果你只倚重几个指标,你的分析系统迟早会让你"跑偏"。但如果你的决断基于众多好指标的综合表现,你犯错误的可能就非常小。

跟上市场的主要趋势十分重要,当市场运行在高风险区域(如 1972 年底和 1987 年 10 月初)和低风险区域(如 1975 年初和 1982 年夏)时尤为重要。在这样的时期,个股的走势最可能显示出错误的信号。如果你认为市场已经进入了高风险区域,你可以大量持有现金,对于买入操作采取十分挑剔的态度。此外,你可以选一两只股票尝试进行卖空。相反,当指标显示市场进入了一个低风险区域,熊市即将结束时,则应该锁定卖空收益,保有现金,为买入做好准备。

如果整个市场趋势明显,比如,呈现出明显的牛市(如 1982 年 8 月至 1983 年 6 月)或熊市(如 1973 年 1 月至 1974 年 10 月)趋势时,你可以顺应趋势进行激进一些的操作。这就是为什么对市场整体趋势的认识非常重要。在写这一章前,我思考了很久,因为我想从一个最中立的角度来向你说明这个问题。我非常希望你能够对我那 50 个不错的技术指标都有所了解,这样当市场变化时你就会有敏锐的判断。不过,我也知道你不可能像我一样投入这么多的时间和人力来关注这么多指标。所以,我仔细研究了我所有的技术工具,然后选出了几个最能说明市场整体走势的指标。这些指标都很容易掌握,如果你能聆听它们给出的讯息,那么过去几十年的每一个熊市和牛市你都可以轻松地判断出来。

▶ 指标 1:阶段分析与 30 周均线

第一个指标是显而易见的。现在,对于阶段分析,你应该很熟悉了,那么就把它运用到分析市场指数上来吧。阶段分析是最容易掌握同时也是最重要的指标。你无论如何也要掌握它。如果你只能弄明白一个长期指标,那么就弄明白它吧。在周线图中观察它或者自己把它画出来。

与对单只股票进行阶段分析一样,一旦股指进入了第三阶段,你就要提高警惕了。当股指跌破 30 周均线进入第四阶段时,就要采取保护措施了。这时即使某只股票的图形显示出上涨突破信号,你也要特别小心。此时一定要卖出相对强度弱的股票。对于你留下的少量多头仓位,保护性止损卖点应设得尽可能近。最后,开始寻找理想的卖空形态。

这个重要的长期指标当然并非百分之百正确，偶尔它也会发出错误信号，但总体来说它是非常可靠的。在过去几十年里的每一次熊市中，这个指标都有正确的显示。从图8-1中你就能看出我在1987年10月前看空的原因。

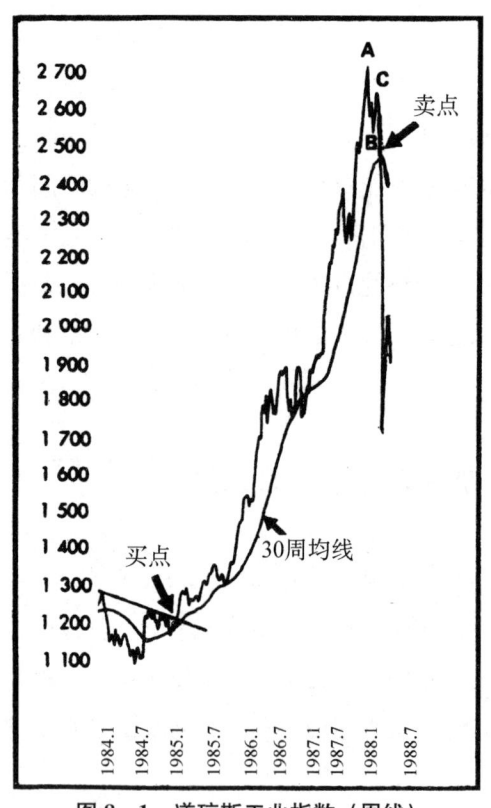

图8-1　道琼斯工业指数（周线）

资料来源：《专业价格分析者》。

道琼斯工业指数在1984年8月超过30周均线以后，在1985年初进入第二阶段，一路飙升。在接下来的两年半中，指数涨啊涨，涨了2倍还多，30周均线也一直上升。其间，唯一一次道琼斯工业指数非

第8章 运用最佳长期指标判断牛市和熊市

常短暂地略低于30周均线发生在1986年底,但此时均线仍然呈上升状态,所以这次并不代表着利空信号。此外,在此期间道琼斯工业指数从来都没有跌破过支撑线。但是在1987年底,一些危险的信号出现了。首先,道琼斯工业指数在1987年8月底时达到了一个新高点(A点),然后大幅下挫(B点),接下来10月初又出现了一次反弹(C点),但C点没到达A点的水平。A、B、C点显示出明显的头部特征,当道琼斯工业指数随后跌破先前低点B点时,至少中期头部的信号已经出现。

当这些带有利空意味的高位震荡发生时,一个更严重的问题正初露端倪。30周均线失去了上涨动能而开始走平。这意味着令人担忧的第三阶段的到来。当道琼斯工业指数在2 450点处跌破30周均线时,给予了市场最后一击。这是第四阶段的强烈信号。盛宴结束,新一轮熊市开始了。接下来的一段时间内,市场下跌动能不断累积,并经历了有史以来最大的单日跌幅!当其他人大感"晴空霹雳"时,你的理解应该完全不同。

1929年,情况极其相似。很多人对那次股灾进行了分析,但是鲜有分析正确的。我看到有些人断言要躲过1929年那场股灾的唯一的途径就是在1928年股价刚开始被高估时就卖出离场。还有一些人称那次股灾是完全无法预测的。胡说八道。历史和周期都在不断自我重复,那些不能从历史中吸取教训的人注定会重蹈覆辙。

不管是在1928年还是1986年,你完全没有必要在股价刚出现高估时就离开市场。如果你在那时就离开了,那么你就错过了两次绝佳的上涨机会。只需简单地关注第三阶段头部的形成并在股价跌破30周均线的第四阶段做出反应,就可以使你在股市中停留到安全的最后一刻,这足以使你在华尔街大量"踩踏"(见图8-2中1929年股灾示意图)发生之前安全离开股市。

273

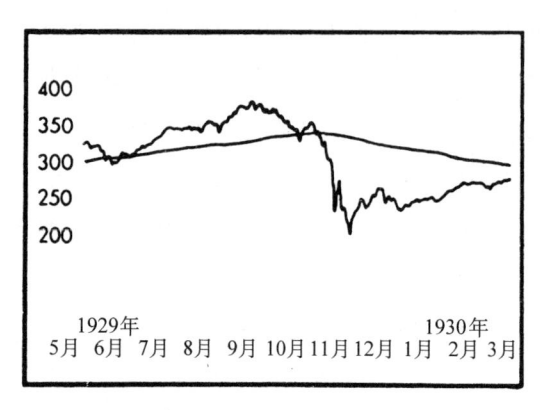

图 8-2 道琼斯工业指数（1929—1930 年）

资料来源：《道氏理论》。

现在我们来研究一下图 8-3，在这张图中显示了道琼斯工业指数在几次熊市中处于第三阶段头部和破位下跌进入第四阶段的情况。在每一个例子中，都上演着同样的剧情。一旦第三阶段头部形成，并且移动平均线停止上升，就要开始小心了。最后的危险信号就是股价显著跌破 30 周均线。一旦均线开始下跌，你就要规避在熊市中的风险，直到均线显示走平迹象时再入市。记住，如果股指持续下跌，即便它

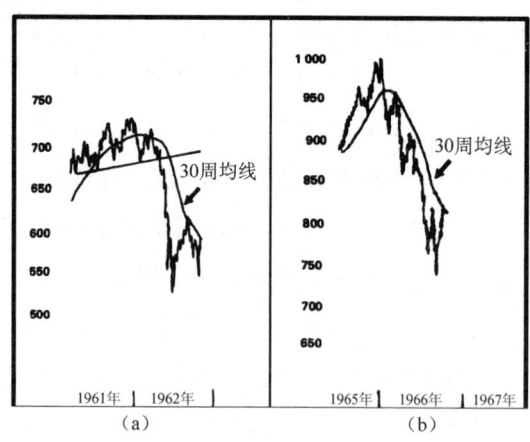

图 8-3 熊市顶部

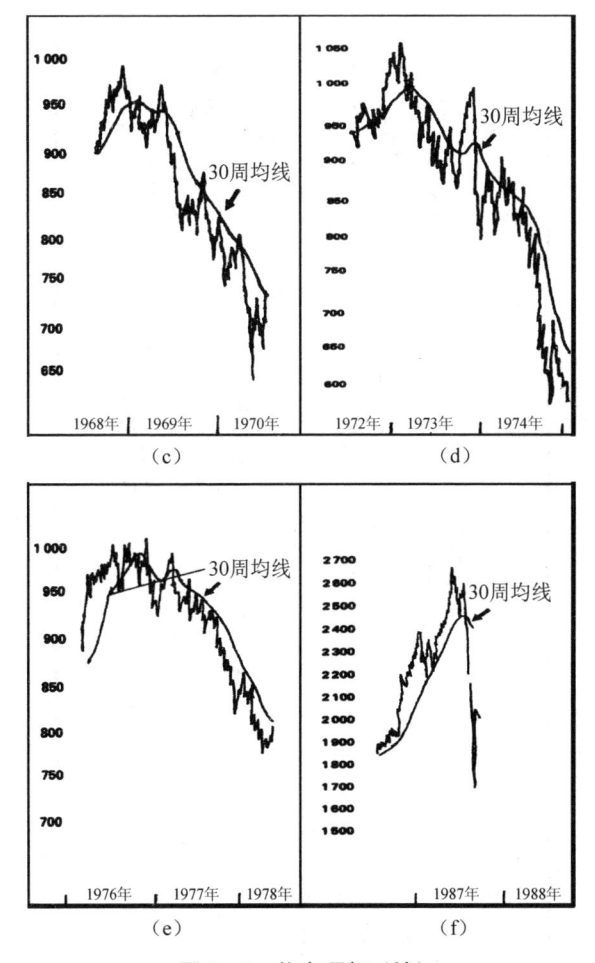

暂时高于均线（就像 1969 年末那样）也不足以说明什么。

图 8-3 熊市顶部（续）

不同于其他很多我一直研究的指标，阶段分析不是只能显示利好或利空，它在判别熊市和牛市开始时都非常有效。在大跌之后，一旦第一阶段的特征开始形成，就该开始为下一个牛市做准备了（见图 8-4）。一旦指数向上突破 30 周均线，就应该积极寻找买入标的了。

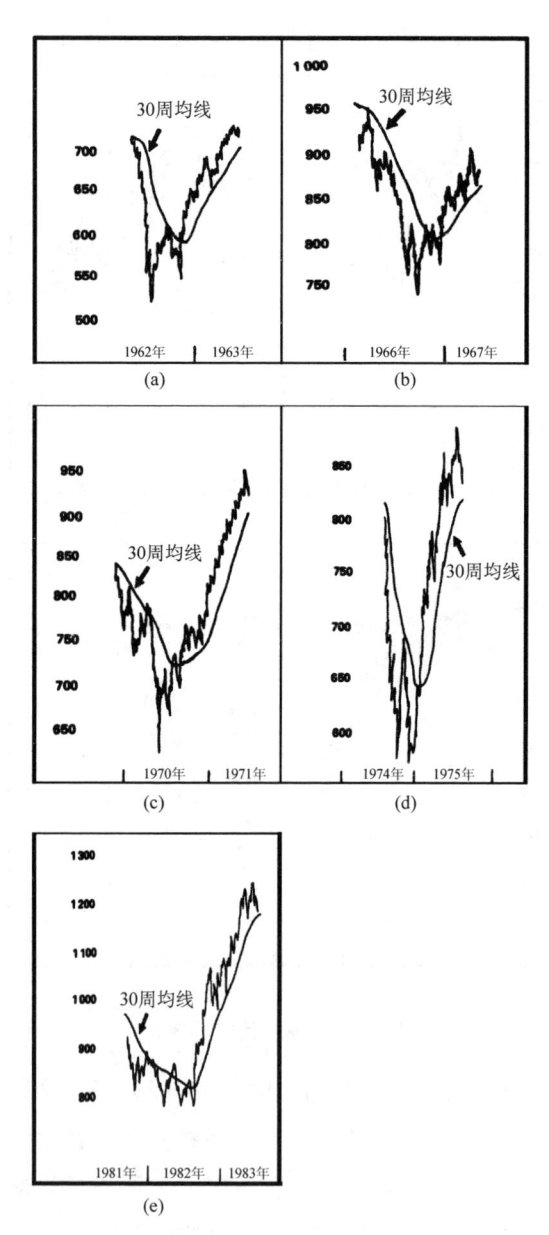

图 8-4　牛市的底部

指标 2：腾落线

另一个需要密切关切的重要市场指标是腾落线。腾落线记录了在某一天价格上涨的股票只数（计为一个正数）和价格下跌的股票只数（计为一个负数）的差额。下面就向你介绍如何逐日查看腾落线从而在市场整体趋势明显的情况下找对方向。你可以在任意时刻任意选择一个较大的基数，例如+50 000来进行计算（由于腾落线的范围是任意的，因此开始选定的数字无关紧要。腾落线是一个累计值，如果某天价格上涨的股票比下跌的多，那么就加上一个值；如果价格下跌的股票比上涨的多，就减去一个值）。然后你来计算每天上涨和下跌的股票数之差。例如，如果有692只股票上涨，912只股票下跌（见表8-1中所示《华尔街日报》中的市场日志，不考虑股价不变的股票），那么净数值就为-220。从你最初设定的数字50 000中减去220，等于49 780。如果第二天上涨的股票比下跌的股票多，那么就在前一天的数字上加上一个数。

表 8-1 市场日志

纽约证券交易所	周五	周四	11/13
总的交易股票只数	2 004	2 015	2 175
上涨只数	692	1 296	820
下跌只数	912	386	1 135
不变只数	400	333	220

资料来源：《华尔街日报》，1987-11-16。

只要腾落线和道琼斯工业指数在交错上升，那就没什么好担心的，市场大幅调整的可能性很小。但是，如果腾落线已经失去了上升的动力而指数却还在继续上行，那么这就是一个**负背离**信号，显示市场可能要面临麻烦。当指数达到一个新高时，如果腾落线或者其他市场指数并没有随之到达新高，那么这种不确认就是一种负背离。此时有必要保持谨慎。如果这样的负背离只发生在很短的时间内（几周），那么可能只是牛市中的回调。但如果这样的负背离持续了一段较长的时间（几个月），那么就很麻烦了。如果道琼斯工业指数和腾落线都从一个较重要的头部下跌，那么一个新的熊市即将来临。在过往的交易历史中，这种信号一次又一次出现，一次又一次被验证。你经常发现腾落线比道琼斯工业指数更早见顶。这是因为此时资金要从二线股票转移到蓝筹股。从历史上看，纽交所的腾落线通常在蓝筹股见顶前5～10个月时就见顶了。一旦腾落线停止上涨，牛市还能涨多久就值得怀疑了。

当市场大底形成的时候，很可能出现这种情况：道指达到一个低点后拒绝继续下跌，但此时腾落线还在继续降低。正如许多市场参与者相信的那样，这不是一个利空信号，而是一个长期的积极信号。这种背离与第三阶段头部形成的负背离正好相反，因此称为**正背离**。这样的背离表明，虽然一些股票还在下跌，但市场上已经开始有一些股票上涨了。不管是熊市还是牛市，记住，背离持续的时间越长，市场最终反转时威力也就越大。

只需要花一点时间追踪这一指标，便能大幅增加你获利的可能性。

市场上，腾落线在市场指数见顶之前见顶的例子很多。无论指数再上涨多少，腾落线就是不再上涨了，这一现象表明市场变得很危险了。越来越多的资金从大部分股票中撤出，剩下的资金只聚焦于那些最优质的公司。这是牛市即将结束的重要早期预警信号。此时，你必须密切关注图表和指标以判断牛市究竟何时结束。

图8-5很好地说明了这种情况。当纽交所的腾落线在1961年5月（见A点）见顶时，道琼斯工业指数并没有停止上涨，直到那年年末才达到顶点（见B点）。两个顶点之间时隔近7个月。在这个过程

中，道指的上涨有几次都没有得到确认：1961年的8月、9月、11月、12月四个月中，道指不断创出新高，而腾落线却拒绝跟随。这充分说明了严重的风险正在累积。1962年初当道指跌破主要的支撑线及30周均线时，熊市开始了。

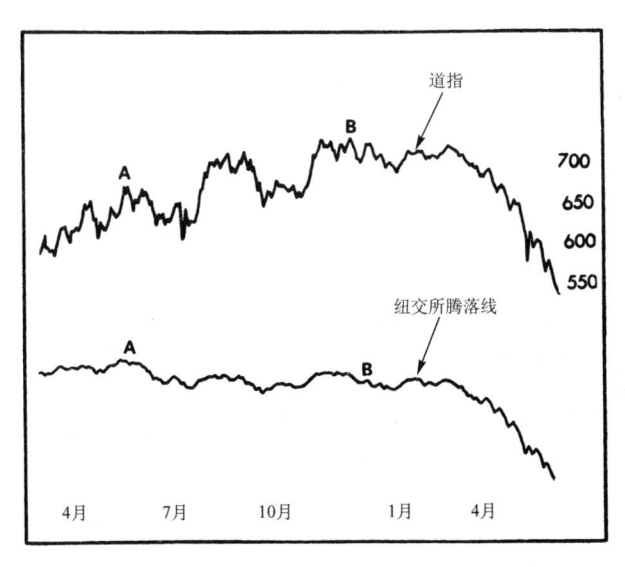

图 8-5 道指和腾落线（1961—1962 年）

资料来源：《道氏理论》。

同样的熊市信号1965年也出现了。腾落线在1965年5月首先见顶，而道指在此后9个月继续上涨。道指在1965年的10月、1966年的1月和2月不断创新高，但都没有得到腾落线的确认。在1966年3月，道指跌破主要支撑位和30周均线时，熊市到来了。

可能腾落线和道指最大、最重要的背离要算1972年3月到1973年1月的那一次。腾落线比1973年道指提前10个月见顶。在那段漫长的时间内，道指四创新高，但都没有得到腾落线的确认。这是一个非常强的警告，所以当1973年道指跌破支撑位和30周均线，开始了近40年来最大的熊市时，没什么可奇怪的。

最后一个类似的例子发生在 1987 年有史以来最糟糕的单日下跌之前。很多人忙着分析说这次下跌是由于我们过高的财政预算和贸易赤字引起的，了解腾落线的人知道情况不是这样的，预算和赤字只是愚蠢的借口，1987 年前 8 个月股价上涨的时候，这两点也曾被当成上涨理由。

实际上，市场下行的原因是相同的——从技术上讲，都是因为市场动力不足，不能再上行了。无论何时发生这种情况，阻力最小的路径就是下跌。从图 8-6 中可以看到，在 1987 年腾落线又起到了不可估量的作用。纽交所的腾落线在 1987 年 3 月（A 点）见顶。在这个点上，道指正在挣扎着达到 2 400 点。在接下来的 5 个月，腾落线指标明显显示出空头意味。腾落线起起落落，但都没有超过 3 月的高点。而与此同时，道指超过了 2 700 点。在 4 月、6 月、7 月和 8 月，道指四次刷新纪录，却都没得到腾落线的确认。当道指到达 2 746 点

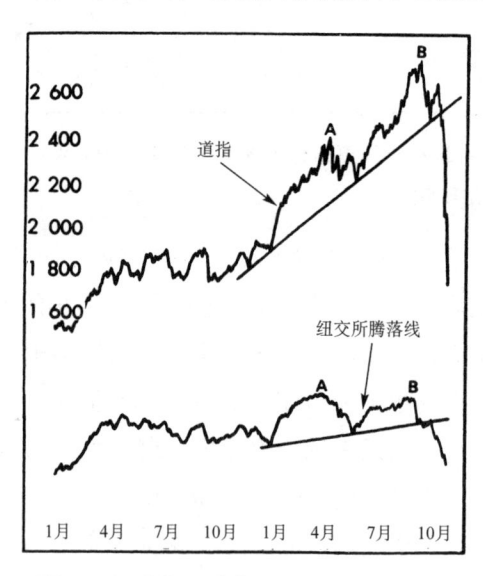

图 8-6　道指和腾落线（1986—1987 年）

资料来源：《专业价格分析者》。

时，大多数市场参与者争论的只有一个问题：市场何时能到达 3 000 点。但市场本身的信号已经非常明显——几个星期以后，道指跌破了 2 490 点附近的主要支撑位和 30 周均线，熊市开始了。唯一出乎意料的是，一般需要几个月才能完成的走势仅仅在几个星期里就完成了，这是因为计算机程式卖出程序加速了走势。

你必须要知道，牛市中的背离与熊市中的很不一样。在 1929—1932 年的熊市中，纽交所的腾落线和道指都不断下行。在 1932 年 7 月，这两个指标都创出新低。大约 8 个月之后，在 1933 年的 2 月底，一个非常有趣的现象发生了。道指触底反弹，而腾落线却完全不一样。腾落线在道指反弹的整个 3 月一直在下降。这是底部的典型特征。在漫长的低迷之后，一开始人们都信心不足。买方重新回到股市时对他们的第一笔买入都是非常慎重的，他们更倾向于那些质量好的股票而会避开投机性的股票。因此，腾落线滞后于道指见底并不奇怪，这种现象在过去的几次大底形成的时候都发生过。

1957 年底又发生了一次这样的现象，给我们提供了教科书一样的例子（见图 8-7）。道指在这年的下半年开始下跌，并在 10 月见底（见 A 点）。接下来的两个月中，道指守住了这个低点，第一阶段开始形成。但是同一时期腾落线却依然承压，并创出新低（见 B 点）。这种背离之后很快出现了 1958—1959 年的牛市。

这种情况在 1962 年熊市之后再次出现（见图 8-8）。当时华尔街处于古巴导弹危机的恐慌中，而技术分析者已经知道这是该买入股票的时候了。道指在那年的 6 月到达了低点（A 点）。在接下来的 8 个星期中，这两个指标都出现了技术上的反弹。9 月、10 月，受古巴导弹危机和苏联军舰的影响，道指跌至 B 点的低点。有趣的是，在一片恐慌中，腾落线再创新低，而道指却没有跌破 6 月的低点。这是一个非常有力的正背离。当赫鲁晓夫把军舰开回去的时候，股市就开始了长达 3 年半的壮阔牛市。

图 8-7　道指和腾落线（1957 年）

资料来源：《道氏理论》。

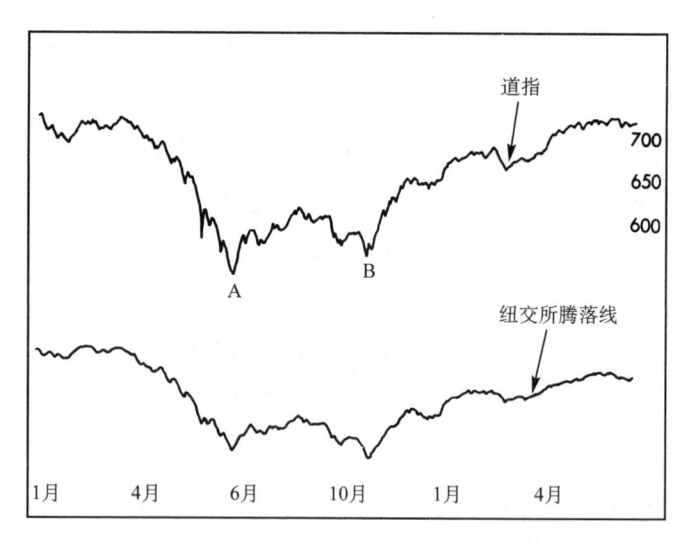

图 8-8　道指和腾落线（1962—1963 年）

资料来源：《道氏理论》。

这种预示着牛市的情况还出现在 20 世纪 70 年代中期。在经历了 1969—1970 年的大熊市后，道指在 1970 年 5 月见底，而腾落线却继续下跌直到 7 月。这一背离有力地标志着 1970—1973 年的牛市拉开序幕。在 1984 年 6 月至 7 月的图形中也出现了这种情况。经历了 1 月至 7 月的熊市后，在这种情形出现后不久，1984 年 7 月至 1987 年 8 月超级牛市的帷幕就拉开了。

▶ 指标 3：动力指数

不同指标用处不同。周线数据提供了一种长线分析视角。日线数据可以绘制成点数图的形式，而不用绘制成我前面教你的条形图形式。另外短期震荡还可以用来分析交易目的等。每一种指标都为我们洞察市场提供了重要的参考。在《专业价格分析者》中我使用了所有这些指标，因为我认为这些重要的统计数据是技术分析的基础。不过只要你跟踪日线，留意我教你的背离分析，辅以其他长期指标，用腾落线也可以进行长线分析。我把腾落线的 200 日平均数称为**"动力指数"**，这个指标有几个好处：（1）非常准确；（2）易于解释；（3）可以快速算出。

要测量市场的动力实际上就是在运用物理学中的牛顿定律，只是在进行股票交易时我们要把说法改变一下：**趋势会一直持续直到它反转**。换句话说，就是要忽略小波动，把精力集中在大趋势上。这就是动力指数（见图 8-9）可以帮你的地方。

第一步就是要收集市场上最近 200 个交易日的腾落线数据。最简单的办法就是从今天开始记下那些数据，40 个星期以后你就有完整的数据了。第二步就是把所有这 200 天的正数和负数加在一起，得到总数以后，把总数除以 200。结果就是当天的动力指数。

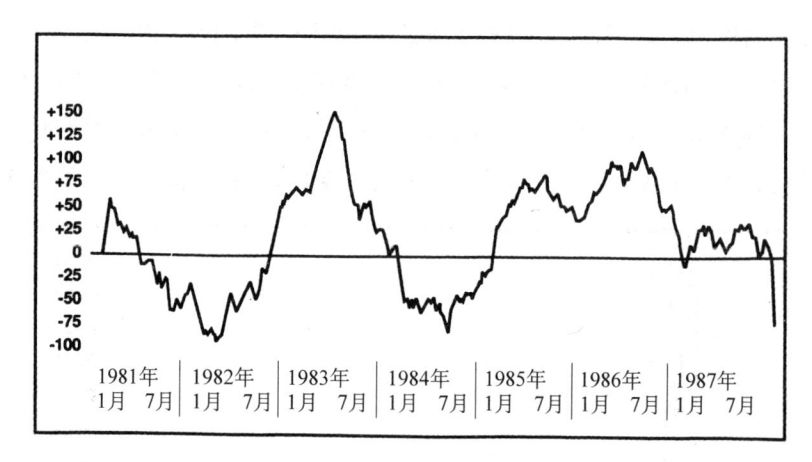

图 8-9 动力指数

资料来源：《专业价格分析者》。

在收集到 200 天的数据并算出当天的指数以后，用下述方法可以让该指标很容易更新。没有必要每次都把 200 天的数据重新加在一起。和计算任何移动平均值一样，只要添加新一天的数据，并减去从当天往前数第 201 天的数据即可。下一个步骤就是用这两天的差值（新的一天和往前数第 201 天）除以 200，当你得到答案时，将它加在前一天的动力指数上，这样你就得到了新的动力指数。

这里有一个在现实中如何完成计算的例子。在 1987 年 11 月 11 日，动力指数是 -63。当已知这个数据时，让我们来看看如何计算出下一日的动力指数。在 11 月 12 日，纽交所股价上涨的股票比下跌的多 941 只。因此在计算器中输入 941。下面查到第 201 天（1987 年 1 月 29 日）的数据是 -82。记得改变符号，在计算器中输入加 82，然后在数据单上划掉第 201 天的数据。82 加 941 等于 1023，将 1023 除以 200 等于 5.1。最后一步就是在昨天的动力指数上加上 5.1。-63 加 5.1 等于 -57.9，这就是 11 月 12 日的动力指数。

经过多年的研究，我得出了解释这个重要指数的几点规则。

1. 最重要的信号是动力指数符号的改变。如果动力指数一直为负，某一天变为正值，那么这是一个长期的利好标志。而如果动力指数由正变为负，那么这就是一个熊市的预兆。

2. 这个指数在负值或正值区域停留的时间越久，当它符号改变时指示性就越强。

3. 如果这个指标的符号改变之前，其数值偏离零值很远，并且偏离时间很长，这种情况下符号的改变，指示性最强。这种符号的改变比在零值线附近波动而偶然改变符号更有说服力。

4. 如果动力指数长时间为正值，而且远离零值，一旦该指数变为负值，那么这是一个最明显的熊市信号。

5. 在所有牛市中，这一指标总是先于股指见顶。尽管牛市后期，它仍会在正值徘徊，但它从高位的下跌已发出了牛市结束的预警信号。

来看一下图 8-9。1987 年的下跌像教科书一样说明了这种情况。动力指数在 1986 年中见顶，而道指又继续涨了一年。虽然仅凭动力指数下跌不足以做出卖出决策，但该指数下跌说明牛市已接近尾声，市场已变得危险。在 1987 年的前 8 个月，市场还沉浸在牛市的狂热中，这个指标那时已变得相当疲软，道指上涨几百点而这个指数却止步不前，这实在是一个重要的预警。在 10 月 19 日黑色星期一**之前，这个指数变为负数**。与当时大多数市场参与者的观点相反，这预示着一个大熊市的开始，而不是牛市中的回调。

这个长期指标很多次都成功、及时地预见了熊市。在 1962 年 1 月、1969 年初、1972 年初、1981 年春和 1984 年 1 月，该指标都给出了非常明显的卖出信号。

用这个指标识别顶部比用它识别底部更准确。在顶部，它能比较早地给出卖出信号，提前预警，但在底部它则出现得较迟，更多地扮演确认信号。只要你明白这点，动力指数就可以在你做多时帮上大忙，它可以帮助你区分哪些是昙花一现的反弹，哪些是真正的牛市。在 1961 年 2 月、1963 年春、1967 年 4 月、1971 年 1 月、1975 年初、1982 年 8 月和 1985 年 1 月，该指标都显示出强烈的买入信号。

多年来，这个长期指标成功地预示了许多重要的市场转折。如果把它和本章中提到的其他长期指标结合在一起，你就拥有了强大的技术工具，可以拨开华尔街和媒体造成的迷雾，看清市场的真面目。

➤ 指标 4：新高和新低

下一个长期指标在衡量市场的技术状况方面非常有效，但千万**不要单独使用它**，而应该把它作为一组指标中的一个来使用。把道指和 30 周均线结合起来，会得出一些非常明确的信号，这个指标可不行。当其他所有的情况表面看上去都很好时，这个指标**可以**告诉我们从技术角度来说，市场的健康状况什么时候开始变坏。而当道指还在继续下跌时，这个指标却又会显示出敏感而精确的利好信息。它提供的信息经常来得非常早，可以给你充分的时间来为市场的转向做准备。当其他大部分长期指标确认这个早期信号时，你就知道做重要操作的时刻到来了。

我想要强调一下关注新高和新低数据的重要性。实际上，有各种不同类型的高低点数据，每种都有不同的作用。最常见的高低点数据是市场的每日数据，这些数据是以所有股票为基础的，包括优先股在内。虽然这些数据十分有用，但我更倾向于使用仅包含普通股的数据。这些数据不太容易获得，但仍然可以在《投资者日报》（*Investor's Daily*）中找到。这些数据是交易员每天追踪行情很好的依据，经常预示着有意义的短期到中期波动。我在《专业价格分析者》的众多指标中也记录了这个指标。你应该用最有限的时间获得最大的投资收益，因此我建议你关注这个指标的周数据，而不是日数据。每周的新高和新低数据排除了一些投资者无须关心的干扰，能指出一些更有意义的动向。同时，你也会节省很多追踪这一指标的时间。

现在我们已经决定用周数据了（当然也可以有其他选择）。和日数据一样，大多数报纸所刊登的周数据以所有股票为基础，包括优先股，也有只包含普通股的数据。它们都很有用，我都会给予关注，但我还是更倾向于用只包含普通股的周数据。

为了了解这两种数据的细微差别，让我们来看看到1987年10月23日为止的那一周的数据。这周是股价大跌的一周，其中包括10月19日的黑色星期一。常规的纽交所周线数据显示，这个星期中有12只股票创新高，1 516只股票创新低。要计算这个指标就要计算新高的数量和新低的数量之差。因此本周的净值是－1 504。这是有史以来周数据中最大的负数。

同一周，只包含普通股的数据是8只创新高、1 058只创新低。净值是－1 050。可以发现，除去优先股、认股权证及其他类似东西，虽然在整体趋势上两种数据是相同的，但在数值上它们有明显差别。虽然我倾向于用仅包含普通股的数据，但在不得不使用传统数据时，该指标仍然有效。由于利率对优先股有较大的影响，因此当利率变动时这两种数据的差别就会比较大。

你已经看到了，这个指标的计算方法是十分简单的。

现在我们来解释这个指标。虽然有许多种方法可以使用这个指标，但我总结出两种最简单、最有效的使用方法。

首先，如果这个指标一直处于正值区域，那么这表明长期趋势良好。如果这个指标长期处于负值区域，则说明你身处的这个市场不健康。

其次，当重要的背离形成时，说明趋势的反转开始出现。图 8-10 中 1982 年（E 点）的情况很好地说明了这一点。尽管当时这个指标还在负值区域里，表明主要趋势依然是熊市，但是一些激动人心的利好迹象已经开始出现。在 1982 年的前 8 个月中，尽管道指继续走低，

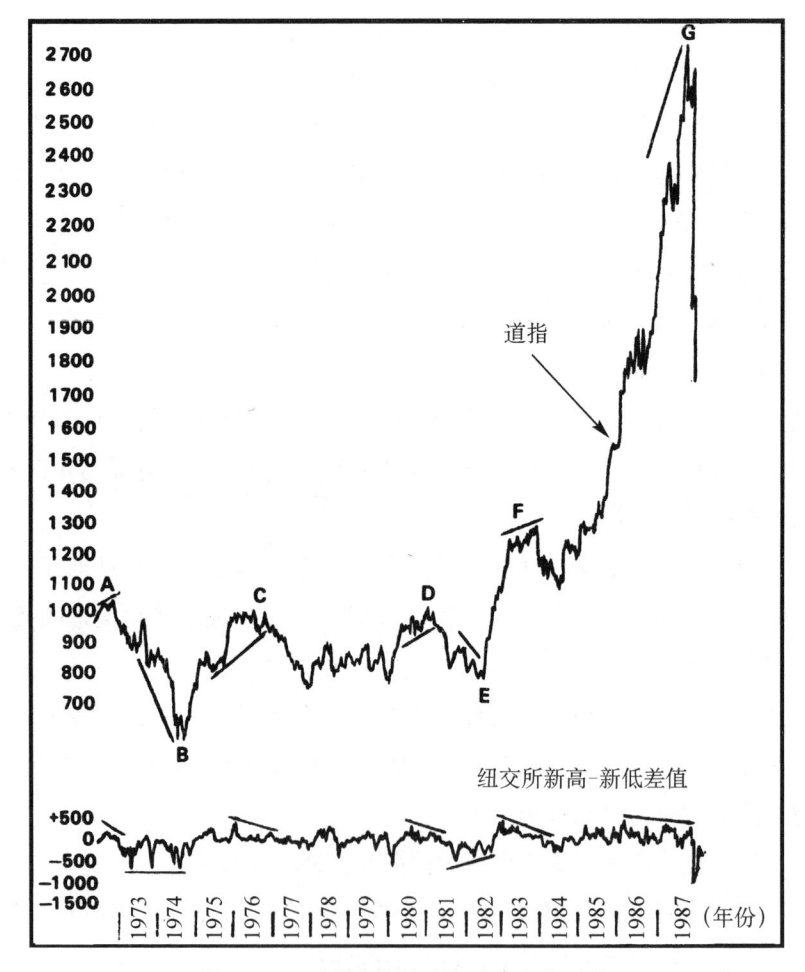

图 8-10　道指与纽交所新高与新低差值

资料来源：《专业价格分析者》。

但这个重要的指标同期已经悄然上行。这表明越来越少的股票跟随市场下行，这是一个潜在的技术上走强的标志。1982年8月牛市开始之前，正背离以及其他指标帮助我在7月就看到了牛市的来临。同样地，1974年底市场还在继续下跌时，这个指标开始温和向上。这极好地预示了1975—1976年的大牛市。

当道指在1972年底1973年初不断上行时，这个指数开始下降（A点）。这一背离清楚地预示了1973—1976年的熊市。同样的情况还出现在1976年底（C点）、1981年初（D点）和1983年底，大熊市开始之前这个信号都给出了明显预示。

现在我们来看一下1987年空前的高点（G点）。当市场还在继续上涨时，这个指标拒绝跟随，反而有下降的兆头。这表明表面的繁荣背后，一些事情正在酝酿。当这个指标以及其他指标在10月份变得越来越弱的时候，我们知道大麻烦就要来了。1987年10月的大跌是可以预测的。因此，这个十分简单就可以得到的长期指标是你必须关注的。

指标5：市场间的相互联系

当今全球通信发达，美国所有贸易伙伴对美元汇率都有影响，国际股市间的相互联系比以往任何时候都强。只要善于分析，这种市场间与日俱增的相互关系对我们来说是一个非常有用的长期指标。

从《巴伦周刊》等众多媒体的国际版（见图8-11）中可以轻易知道全球股市在发生什么。它们报道世界各国的股票市场情况。其他股票市场的价格会以本币和美元两种方式标价。由于美元近年来汇率不断波动，因此我发现分析以本币标价的价格更有意义。你要做的所有事情就是每周观察这些市场的走势图，获取有用的信息。

全球股市

指数	涨跌幅	以本币计 11/12	52周变化范围	涨跌幅	以美元计[1] 11/12	52周变化范围
全球	−2.0	312.1	410.2- 295.9	−2.2	390.9	495.9- 334.1
E.A.F.E.[2]	−2.0	438.2	574.5- 412.5	−2.3	703.6	876.1- 550.0
澳大利亚	−2.2	234.7	433.2- 222.2	−1.1	143.0	285.3- 135.0
奥地利	−4.6	202.0	270.2- 197.8	−5.2	441.8	532.2- 421.6
比利时	+1.1	270.0	395.0- 261.5	+0.6	380.2	514.1- 339.6
加拿大	−0.9	330.7	460.4- 316.3	+0.0	271.4	374.5- 252.2
丹麦	−1.1	339.2	417.5- 334.9	−1.5	390.0	463.5- 345.2
法国	−2.5	301.7	467.6- 278.3	−3.1	292.1	427.4- 271.9
德国	−2.9	164.8	264.0- 147.3	−3.3	357.2	505.4- 326.7
香港	+7.2	1517.5	2803.4-1415.0	+7.3	1080.0	1994.1-1006.6
意大利	−1.4	387.4	598.9- 370.4	−1.7	194.7	290.0- 187.8
日本	−4.5	1047.8	1360.1- 835.0	−4.8	2782.1	3439.2-1831.5
墨西哥	+6.1	36186.4	78086.-7592.2	+4.5	269.2	618.2- 115.2
荷兰	+4.6	229.2	332.5- 199.8	+4.4	436.7	567.3- 389.8
挪威	−3.9	426.8	728.5- 370.4	−4.7	474.0	784.3- 417.6
新加坡/马来西亚	−1.9	454.3	848.3- 442.8	−1.8	682.3	1236.4- 666.7
西班牙	−3.5	198.1	284.6- 163.0	−4.6	121.6	163.7- 84.2
瑞典	−4.8	689.8	1058.3- 655.2	−5.4	585.3	857.3- 560.7
瑞士	−0.5	150.3	220.7- 138.6	−1.1	464.4	619.6- 440.5
英国	+3.6	509.8	736.2- 469.5	+3.1	374.8	500.7- 280.8
美国	−2.2	232.8	313.9- 210.5	−2.2	232.8	313.9- 210.5

说明：1. 根据其他国家货币对美元汇率调整。
2. 欧洲、澳大利亚和远东国家指数。

图8-11 《巴伦周刊》刊登的全球股市状况

资料来源：《巴伦周刊》，1987-11-06。

我的研究使我确信，美国股市最有利可图的波动发生在世界上主要的股票市场同方向变动时。无论是熊市还是牛市都是如此。1973年初，《专业价格分析者》中曾提道："伦敦工业指数经历了史上最大幅度的单日下跌……一个大的头部已经形成，下跌趋势已经形成……不是要大家对英国人的损失感到焦虑，而是要提醒大家，对于我们自己的市场来说，这是一个非常重要的预警信号。"在此之后，很快美国股市和英国股市同时出现了下跌。

当时，并不只是伦敦（见图8-12）有麻烦。所有其他国家的股票市场都有麻烦。澳大利亚、法国、英国、日本和德国下跌最为严重，从第三阶段头部向下突破。1972年底，法国股市（见图8-13）跌破主要的支撑线，完成头部构筑时，给出了非常及时的卖出信号。这一时间比1973年1月道指见顶早了几个星期。

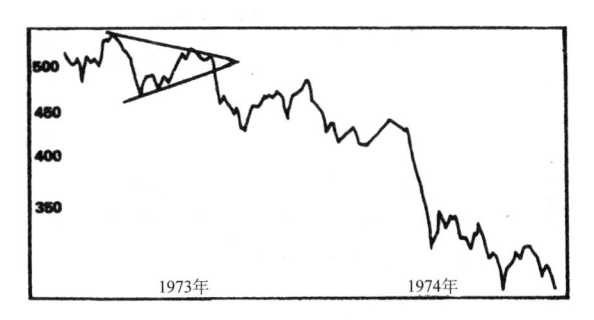

图8-12 英国股市（1973—1974年）

资料来源：《专业价格分析者》。

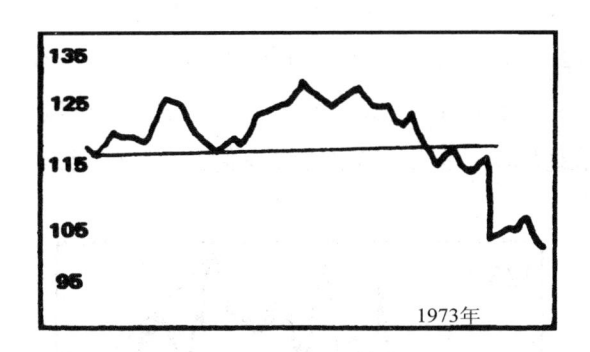

图8-13 法国股市（1972—1973年）

资料来源：《专业价格分析者》。

在1981年4月至1982年8月熊市笼罩华尔街之前的1981年初，也出现了类似的情况。在美国股市大跌之前，奥地利股市（见图8-14）于1981年初先行进入熊市。此外，法国股市（见图8-15）又一次先于美国股市见顶，向我们发出了熊市信号。这两个早期的预警信号清楚地告诉我们该谨慎些了,熊市很快就要来了。同期,澳大利亚、加拿大、中国香港和新加坡都以各自的形态传递出了熊市的信号。随之而来的是1981—1982年长达16个月的熊市。

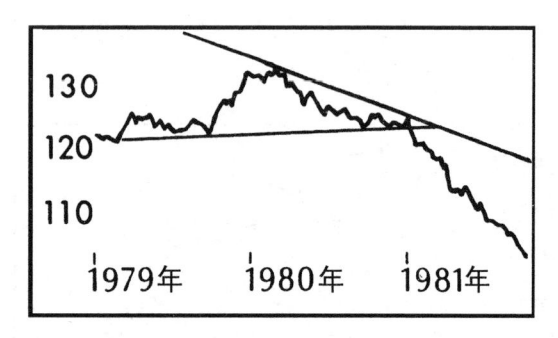

图8-14 奥地利股市(1979—1981年)

资料来源:《专业价格分析者》。

值得一提的是,这个长期指标在预测牛市到来时同样有效。在1982年的上半年,当华尔街还笼罩在阴郁和黑暗中时,这个指标早早地就放出一丝光芒。英国股市在1981年底开始走高,荷兰和德国股市形成了坚固的第一阶段底部(见图8-16)。在美国股市于1982年下半年开始回升时,这三个国家的股市都已经突破上行,确认了美国市场的牛市趋势。

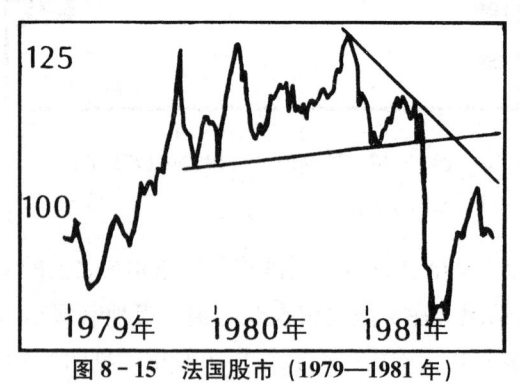

图8-15 法国股市(1979—1981年)

资料来源:《专业价格分析者》。

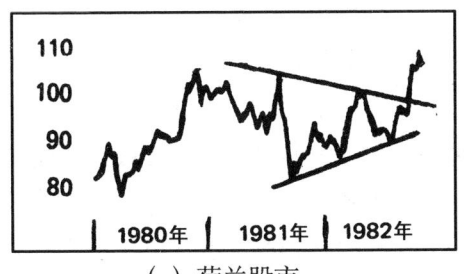

(a) 荷兰股市

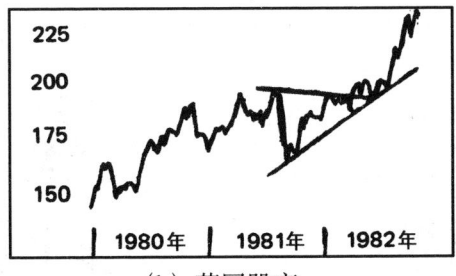

(b) 英国股市

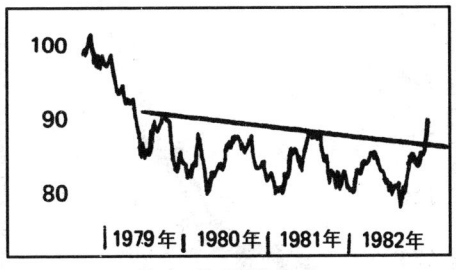

(c) 德国股市

图 8-16 荷兰、英国、德国股市（1980—1982 年）

资料来源：《专业价格分析者》。

这个指标显然是你应该密切关注的。但是，要关注它确实需要花费一些时间。追踪这个指标简单的方法是只观察周数据。这样既可以比较密切地了解所有其他国家股市的情况，又只需要每周观察一次。此外还要查看全球各市场的 30 周均线。

正如你在图 8-17 中看到的那样，1982 年夏（见 A 点）全球股市的平均指数这一重要长期指标站上 30 周均线，给出了重要的买进信号，此后这一形态保持得很好，直到 1983 年底第三阶段顶部形成时。此后，这项指标在 1984 年初走弱，跌破其均线（见 B 点）。这个利空走势与 1984 年 1 月至 7 月的小型空头市场准确地匹配。这项指标在 1984 年底领先美国市场而向上突破时（见 C 点），预示美国市场即将迎来 1985—1987 年的牛市。后来，市场经历了近 3 年的强劲上

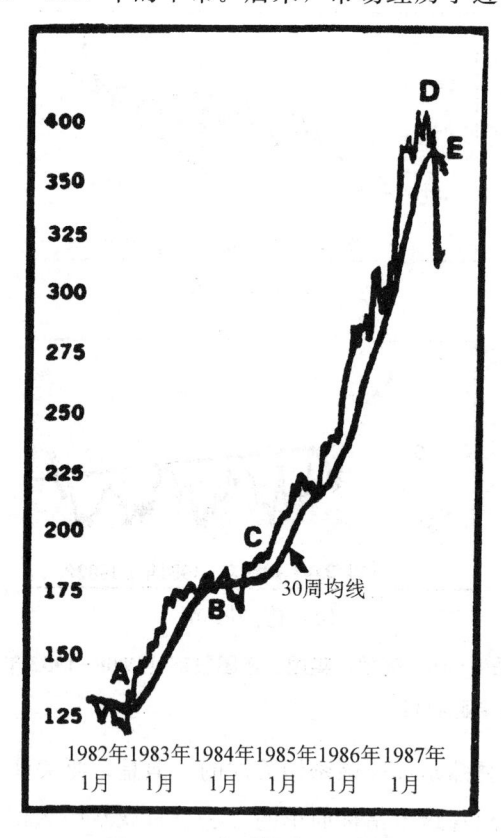

图 8-17　全球股市平均指数

资料来源：《专业价格分析者》。

涨，1987年全球股市平均指数形成了清晰的第三阶段的头部（见D点）。这是美国投资者在1984年8月的高点以后要转而防守的原因之一。最后，当主要的支撑线和30周均线被跌破时，你就会清醒地认识到那时梦想道指达到3 000点完全是一种自杀行为！

▶ 指标6：通用汽车的走势

20世纪50年代末，通用汽车总裁查尔斯·威尔逊曾说过："对通用汽车好的东西就对美国有好处。"今天，通用汽车已经不再拥有当时那样的地位，但仍然具有广泛影响。股票市场并不民主。每只股票都给熊市或者牛市投票，但是每一票的作用并不一样。那些交易量最大和最受机构投资者喜欢的股票要比其他股票更有影响力。在所有这些股票中，你始终要关注的一只就是通用汽车。不要单凭这只股票的走势对整个股市做出什么判断，但一旦通用汽车给出了重要信号，并且与本章中提到的其他指标变化相互呼应，那么**千万不要忽视它**！

这个指标的好处是，你只需要花很少的时间来追踪它。只要在浏览走势图时，留心通用汽车的就可以了。这里有一个很多人用来衡量这只股票是否健康的方法。这个方法被称为"四月法则"。简单说就是，如果通用汽车的股价在四个月内没有出现新的高点或低点，那么这预示着它的走势即将改变。在过去的50多年里，运用"四月法则"盈利的成功率高达70%。更值得一提的是，即使"四月法则"判断失误，也没有一次失误的损失超过10%。牛市中，这一指标带来的预示信号经常给投资者带来丰厚的收益。

我在《专业价格分析者》中跟踪过"四月法则"这一指标，你也应该这样做一做。但是我发现对通用汽车股价的走势进行阶段分析更有利于把握市场时机。如果阶段分析法和通用汽车的走势不能相互印证，那么就遵从我们的技术图形传达的信息。如果第三阶段已经结束，向下突破进入第四阶段，即使不久前通用汽车创下了新高，也应该谨慎小心。反过来也成立。另一个需要考虑的因素是你已经不陌生的背离概念。当通用汽车的股价拒绝跟随道指以及其他领先指标到达新高或新低时，这就是一个你要注意的早期预警信号。

图 8-18 中显示的是用通用汽车走势帮助辨认重要底部的一个绝佳例子。1973—1974 年，股市屡创新低，证实熊市的主要趋势没有改变。但是在 1974 年中期，通用汽车的走势改变了。首先，通用汽车突破了下降趋势线，然后形成了双重底，最后向上突破了 30 周均线。这是确认 1975—1976 年牛市开始的非常可喜的信号。

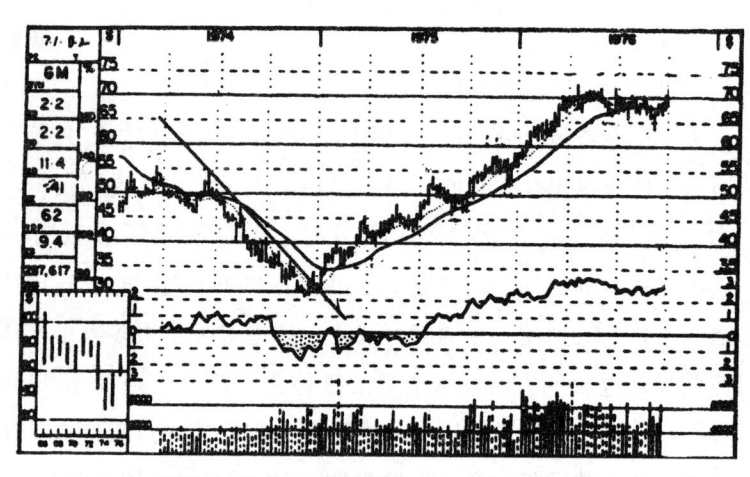

图 8-18　通用汽车走势（1974—1976 年）

1981—1982 年的熊市不再那么难以捉摸（见图 8-19）。整个市场还在下跌时，通用汽车在 1982 年 1 季度进入了第一阶段。在那年的 3 月，通用汽车进入了第二阶段，这是熊市结束的早期信号。有趣的是，我监测的大部分指标在 7 月呼应着通用汽车，显示出牛市信号，我转为看多。而股指直到 8 月才跌至最低点，并开始上行。不要相信大多数市场参与者说的熊市反转得太快，你都来不及捡便宜。这绝对不是真的！在整个市场开始上行之前，有很多技术指标都会给出预示。只要你做足功课，你就会发现。

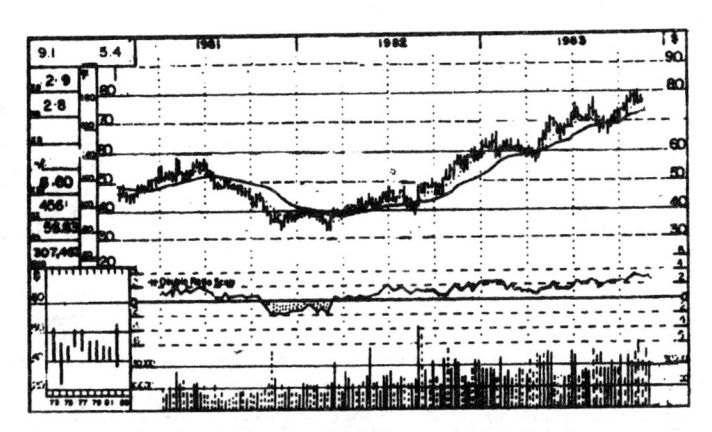

图 8-19 通用汽车走势（1981—1983 年）

与动力指数等一些指标不同的是，通用汽车在头部与底部都能做出及时预警。在 1966 年初，虽然道指又创新高，但通用汽车没能达到 1965 年的高点，这显示出危险的信号。这种背离是一个非常严重的警告。另外一个利空信号是相对强度线走弱，1966 年初表现出第三阶段特征。最后，当股指跌破支撑线和移动平均线时，乌云压顶，之后，伴随着急剧的下跌，1966 年的熊市来临了。

1969—1970 年熊市来临时，这一指标并非轻声透露信息，而是大声宣布它的到来！在 1968 年 12 月道指升至 1966 年的高位时，通用汽车却出现大跌。它没有接近 1966 年的高点，反而在 1969 年初跌破了 30 周均线。熊市再次来临。

1973—1974 年熊市到来之前，通用汽车也成功地发出了警示。1973 年 1 月，道指再创新高，而通用汽车非但没有再创新高，而且都没能接近 1971 年的高点。这种背离很吓人。在 1973 年初通用汽车跌破 30 周均线时（见图 8-20），你应该知道市场转向了，是抛出股票的时候了。

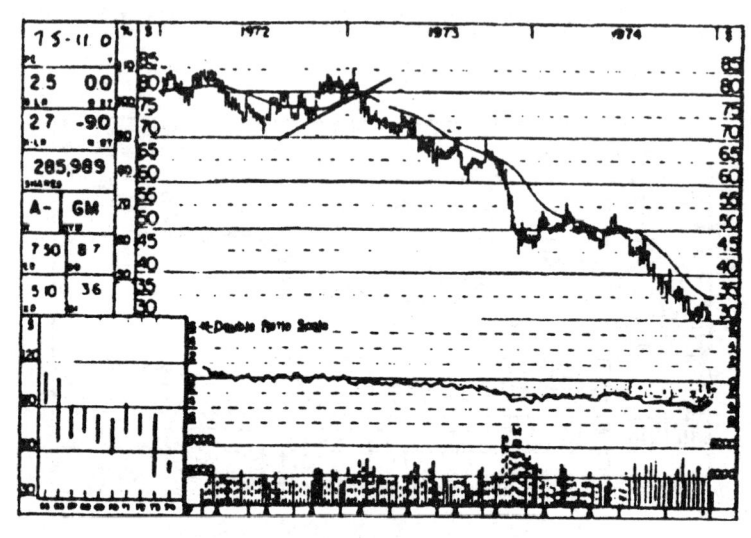

图 8-20　通用汽车走势（1972—1974 年）

最后，让我们来看一下 20 世纪 80 年代发生的事情。在 1987 年 10 月股市暴跌前，通用汽车发出卖出信号了吗？当然！和本章提到的其他指标一样，通用汽车在 1987 年的大跌之前确实给出了预警（见图 8-21）。虽然通用汽车在那年 8 月创下了新高，但几个星期之后麻烦就来了。这就是我为什么强调像阶段分析法这样的柔性分析法，而不太强调像四月法则这样的刚性分析法。那些盲目遵循四月法则的投资者认为 12 月以前都没有什么好担心的。但是，当你查看走势图时就会发现 9 月底 10 月初有多么危险。通用汽车突然反转，先是跌破了它长期上行的趋势线，继而跌破了 30 周均线。与此同时，道指从接近 2 500 点涨到了 2 650 点左右。这就是需要提高警惕的原因。如果你刚学到的其他指标情况都还不错，你可能还不用太担心。但是，当时**每一个**指标都很糟糕。因此，我在《专业价格分析者》中提醒大家要高度警惕。记住，对于任何一个牛市来说，如果通用汽车这只股票与大盘走势不同，那么市场很难持续上涨。同样，如果通用汽车拒绝下跌，大盘也很难一直下跌。因此，这个简单指标是你应该密切关注的。当它和本章中其他重要的长期指标一起发出明确信号时，你如果视而不见就会面临巨大风险。

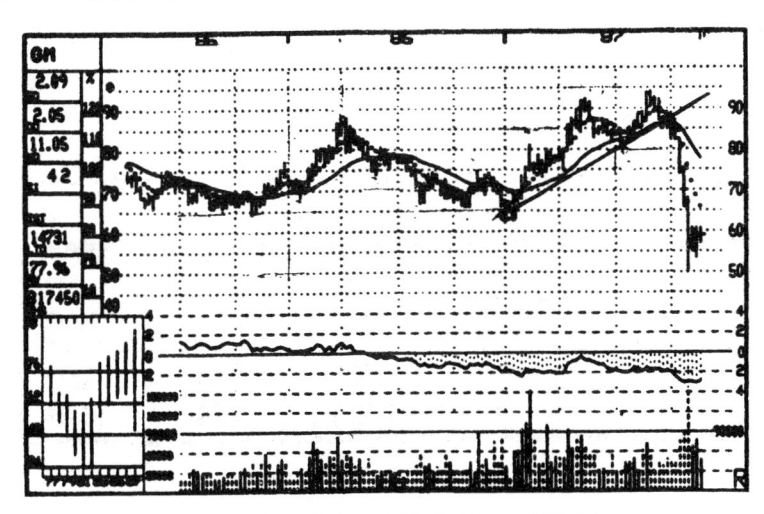

图 8-21　通用汽车走势（1985—1987 年）

▶ 指标 7：市息率

下面要介绍的长期指标说明我实际上是一个实用主义者。虽然我非常相信技术分析法，但是我也一直尽量做到尽可能客观。我做讲座的时候，常开玩笑说，如果掷飞镖选股票可以达到 80% 的正确率的话，那么在《专业价格分析者》的指标分析中就会将其增加为第 51 个指标。技术分析也好，基本面分析也好，我最想做的就是更好地预测明天市场的走势。可惜的是，根据我的验证，基本面分析指标不够可信。其中只有少数指标不错，其中最好的一个指标是市息率（P/D）。这个长期指标表示了以股息来衡量的股票价格。换句话说，要获得这些股息需要支付多少股价。

在深入分析这一理论之前,我们先看如何计算市息率。每个周末在《巴伦周刊》的"市场实验室"专栏里都有一个标题为"指数的市盈率及股息率"的表格(见图8-22)。例如,在1987年11月23日的《巴伦周刊》中能查到:按11月20日道指收盘价计算,股息率为3.58%。股息率的倒数就是市息率。于是我们得到了27.9%的市息率(保留一位小数)。

	上周	上上周	一年前的这周
市盈率和股息率(%)	15.2 3.58	15.3 3.54	15.9 3.64

图8-22 指数的市盈率及股息率

资料来源:《巴伦周刊》,1987-11-23。

现在我们可以来分析了。这个指标是一个长期指标,用它辨认重要的头部和底部非常有效。每个人都在谈论股价是便宜还是贵,但那都是主观的。而这一指标则提供一种客观的评价。如果市息率为14%~17%,就说明股价相当便宜。如股价相对于股息来说偏高时,就应该小心了。如果这个指标高于26%就非常危险了,如果超过30%则表示价格已经被严重高估。

在进一步深入分析之前,首先要认识到,这个指标不那么精确,**只有**与本章中的其他指标一同使用时,它才能充分发挥作用。要清楚地认识到,无论是好的还是坏的信号,它们的出现距离我们应该采取行动的时机通常还有一段时间。熊市信号意味着市场正在进入一个高风险区域,可能会大跌。但真正的熊市也许一年或更久以后才来到。所以,如果这个指标显示出利空信号,但其他的长期指标还很健康,你继续做多好了，但心里应该有那么一根弦。反过来，当这个指标显示出利好信号时也要注意。图 8-23 是个很好的例子。1932 年市息率降到一个很低的水平，预示着大牛市的到来。但是只有当我们有关时机的其他指标——例如道指和 30 周均线——也发出同样的信号时，你才能进行积极的牛市操作。

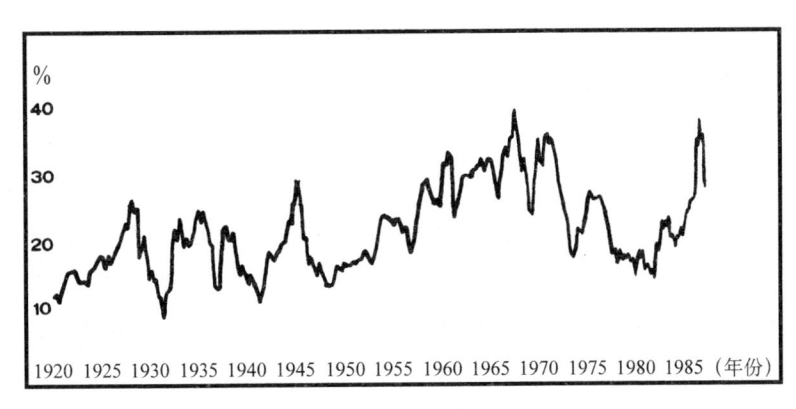

图 8-23　市息率

资料来源：《专业价格分析者》。

1932 年、1937 年、1942 年、1949 年、1974 年和 1980 年，市息率都处于有吸引力的水平。每次这个数值发出预示之后，都跟着一个牛市。但其中有的出现在牛市到来前一年，如 1932 年、1942 年和 1980 年。所以这个指标可以被视为牛市或熊市正在形成的标志，而真正的牛市或熊市要等其他指标（如本章提到的其他指标）印证之后才会来临。

在 1929 年、1936 年、1939 年、1959 年、1961 年、1965 年、1968 年、1972 年和 1987 年市息率数值达到了高风险的水平。这一指标的作用在 1987 年尤其明显。1987 年，市息率接近 40，这是 20 年间最危险的水平，它表明市场已经被过度高估了，因此 1987 年的暴跌一点都不令人感到奇怪。这个比率在 1987 年初就显示出熊市的迹象，而我们的其他指标直到 8 月份高点之后才发出同样的警示。

➤ 指标8：与大众观点相反

我们之前谈到的所有指标都至少有一个共同点——它们都是客观的衡量指标。它们都基于特定的统计数据，如上涨和下跌的股票数量，价格或指数的新高和新低等。接下来要谈的是一个主观的、不依赖于任何特定信号的指标，但它同样非常有用。它就是**相反观点理论**。

这个理论与投资者的群体本能有关。这一理论的基本假定是说当人们处于主流群体中时往往感觉最安全。出于这个原因，投资者形成了一致的观点。他们加强彼此的信心，屏蔽支持其他结论的证据。在市场上，这种行为导致了在大跌之前的过度乐观和底部的普遍悲观。运用相反观点理论的人就要找到大众的一致观点是什么，然后进行与之相反的操作。

在进一步深入探讨之前，我想要提醒你：只要使用得当，相反观点理论是十分有价值的，但遗憾的是，只有不到1％的人真正理解它，虽然每个投资者和他们的经纪人都想好好利用这一理论。不要犯这样的错误：认为每个星期或者每个月都可以从相反观点理论中找到如何操作的答案。没有一年或更长时间，不会出现真正的相反观点。只有某一个论调被媒体广泛地宣传，并且被从华尔街到缅因街的人都接受时，相反观点理论才有作用。不要以为相反观点理论就是给你的经纪人打电话，发现他看涨，于是你就决定自己应该看跌。运用这个指标的诀窍在于等待明显的一边倒观点形成，这时候所有人突然觉得自己知道点什么并且对传统智慧产生了怀疑。我完全同意那句话："当所有人都知道某件事情时，这件事就不值得知道了。"

当一个真正的一致观点占领大街小巷时，对你来说要独树一帜是非常困难的。有种说法认为："我不同意那些只根据相反观点理论便做出判断的人。"是的,我认为相反观点理论实际上表明了一种潜在心理,就像市盈率表明了一种潜在价值一样。当所有的指标并未相互验证时,任何单一指标都不足以使你做出买入或卖出股票的决定。当相反观点理论与其他技术指标显示的结果相同时,才表明市场将有较大的变化,你应该抓紧时机进行操作。

下一个问题是:你应该如何判断相反观点呢?大多数分析师选择使用由投资者服务部门编辑的牛市或熊市情绪数据。我追踪这些数据,发现它们虽然有用但波动得相当厉害。我将财经媒体作为真正主要的信息来源。报纸和杂志头条新闻的作者并不存心想成为我们的一个指标,但事实上他们就是!因为他们想卖掉报纸,所以他们想抓眼球。如果他们感到公众战战兢兢,那么他们就会渲染恐惧;如果公众信心满满,他们就会推波助澜。

报纸的头条新闻和杂志封面是最能让你做出"形势不对"这样判断的东西。当你的其他指标也显示出同样信号时,你就会知道市场要产生真正的重大变化了。1974年底就是一个很好的例子。在经历过1929年以来最大的熊市后,一家有影响力的金融杂志把一只可怕的黑熊照片放在了杂志的封面上。为了强调,照片上的熊撞倒了华尔街的大柱子。由于那时我的其他所有指标都显示出积极征兆,所以我认为应该克服恐惧开始买入股票了。

另一个比较经典的相反观点理论的信号出现在1978年夏天。一家重要的商业杂志的封面文章的标题是"证券之死"。结果,市场从那时开始了长达3年的上涨。更难以置信的是同一个杂志在5年后又就股市做了一篇封面文章。这次他们在封面上画了一头牛,标题是"证券重生"。有趣的是,这篇文章发在1983年春末。几个星期之后,也就是6月,题材股价格蹿到高点后快速下跌。蓝筹股又支撑了几个月,1月达到高点后便进入一个小型的熊市直到7月。

我不是说要选某本特定的杂志或报纸，媒体只不过代表了当时的心理而已。你需要清楚地认识到，这些观点会出现在媒体，你应该学会正确地运用它们，而不是让它们误导你。

比单个头条新闻效果更好的是，许多头条都在同一时间表达同一种观点。看看1974年底的《专业价格分析者》中的集锦图片（见图8-24），你就会明白我的意思。在经历过1973—1974年的熊市之后，报纸头条都在讨论大量的失业、收入的下降和世界范围内的大萧条。我们知道，或者应该知道，市场因利好而见顶、因利空而见底。太多的投资者忘记了这一真理而随着新闻而动。报纸头条中这些令人恐慌的言辞使大家一致认为市场会进一步下跌，而这恰是一个重要底部形成的时候。在这些头条新闻发布几周后，市场便停止了下跌。

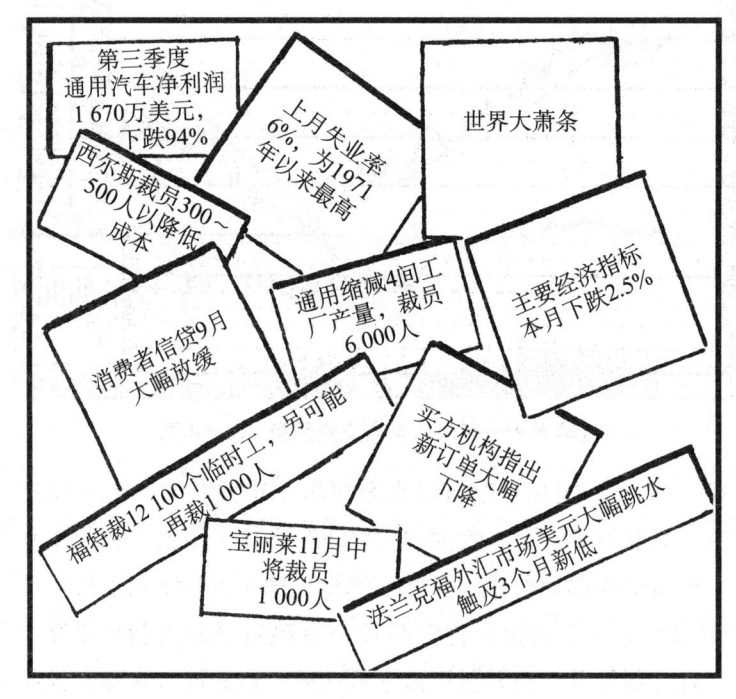

图8-24　新闻集锦（1974年11月）

第8章 运用最佳长期指标判断牛市和熊市

现在把注意力转移到图8-25上来。当我登出这个过于乐观的集锦图片时，市场正进入牛市的癫狂中。美国最有声望的一家报纸写道"牛市进行中！"此外，利率下降，收入增加。而在这之后的几天里市场便达到了1976年的最高点1 026点。由于许多长期的指数已经开始变得不好，因此完全可以预见到1976年9月至1978年2月熊市的开始。

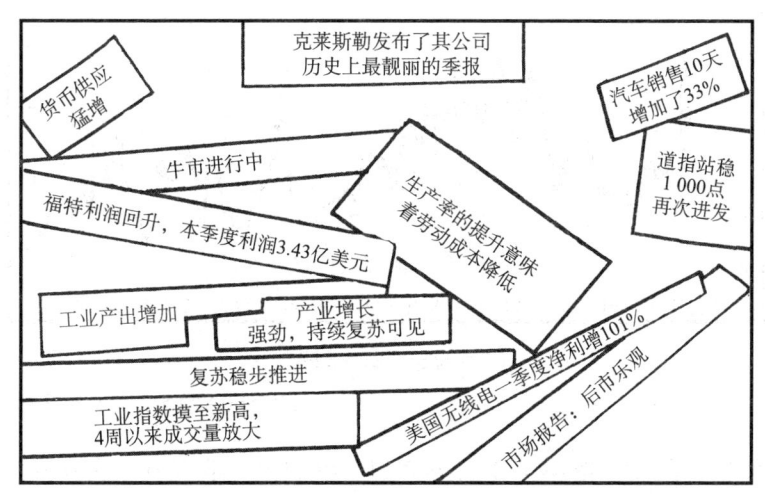

图8-25 新闻集锦（1976年9月）

类似的事情总是重复发生。另一个相反观点理论的好例子发生在1982年夏（见图8-26）。当时许多分析师和投资者深信我们身处严重的萧条中，道指上涨无望，我却认为买入时机到了。因为我的所有关键指标在利空消息中却显示出了上涨的迹象。

最后，让我们来看看一下在1987年股市顶部形成时的心理环境。从相反观点理论的角度来看，最恐怖的一条新闻应该是我在8月底引用的"道指3 000点：不是如果，而是何时"（见图8-27）。当一本重要的财经杂志如此强烈地认为上涨是唯一可能时，便是一个非常明显的相反理论信号。此时我的其他技术指标全部走弱，这使我在操作上转为防御，并帮助《专业价格分析者》的订户避开了1987年的大跌。比没有预见到下跌更糟糕的是，当市场开始崩塌时，很多投资者因为新闻的原因平静接受了市场的下跌而没有能够迅速逃生。

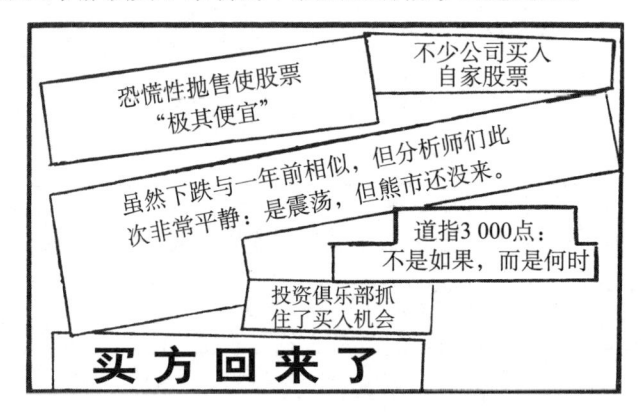

图8-27　新闻集锦（1987年9月）

从现在起，要非常留意头条新闻。当这项指标起作用时，如果它与我们的其他指标相互呼应，你必须倾听它所发出的声音。

第 9 章

胜算、结局与获利

你就快学完了。如果你除了我教给你的技巧外，没有学过其他任何市场投资策略，只要你严格地运用我的技术分析方法，你在市场中的表现仍然会非常好。现在我们将学习本书的最后一部分内容。如果用网球选手来比喻，你已经足够厉害，可以成为一名不错的网球选手了，下面要学习的进阶内容将使你成为网球冠军。目前你已经掌握了阶段分析法的要领，除了股市之外，阶段分析法还能应用到其他的一些投资领域中，同样会为你带来丰厚的回报。

▶ 买基金的乐趣

基金的转换

首先我们来看针对共同基金的投资。投资共同基金既容易掌握，风险又相对较低。大多数投资者把共同基金看作一种长期投资工具，买入之后就可以束之高阁了。这种想法是愚蠢的，主要有以下几方面原因。第一，如果你知道如何把握市场主要趋势变动的时机，你为什么还要留在第四阶段的熊市中呢？第二，越来越多的基金实行无佣金或低佣金的规定。（无佣金基金对于买入或卖出基金都不收取费用，以其净资产价值交易。低佣金基金对买卖基金收取相对较低的费用，一般是2%～3%。）第三，现在的基金种类很多，既有激进的股票型基金，也有稳健的货币市场基金。为了使投资者将其资金留在基金池里，各基金公司允许投资者在旗下不同基金之间转换，通常只需要一个电话就可以实现。这样，就立即产生了可盈利的交易和投资机会。我们需要做的就是当市场明显转为牛市时（如在1982年中期和1986年末）买入激进的股票型基金，而在市场进入第四阶段时（如在1984年1月和1987年10月初）卖出股票型基金，转投稳健的货币市场基金。多年前当我第一次推荐共同基金转换的时候，只有少数基金可以提供这样的机会。但现在随着整个共同基金行业的发展，这样的做法已经很普遍了。

斯坦罗基金（见图9-1）的周线图表明运用这样的基金投资策略相当简单。在1982年夏天，在下行了14个月后，这只基金的30周均线最终走平。接着，当这只基金在13.50元处站上其30周均线时，低风险买入时机出现了。因为投资共同基金不能设置止损卖单，所以你必须在自己心里设置一个止损点，当基金价格跌破你心理上的止损点时，你就必须卖出这只基金。在这个例子中，止损卖点最初应该设置在低于A点的水平上。如果走势向好，这只基金一路飙升，你所要做的很简单：持有它。一年之后，当这只基金向下跌破其移动平均线时，便是回收100%获利并将激进的股票基金转为货币市场基金的时候了。

用基金来把握市场周期的优点是，你不用挨个钻研众多的个股，你要做的就是追踪一些表现不错的基金，以及它们的30周均线。这

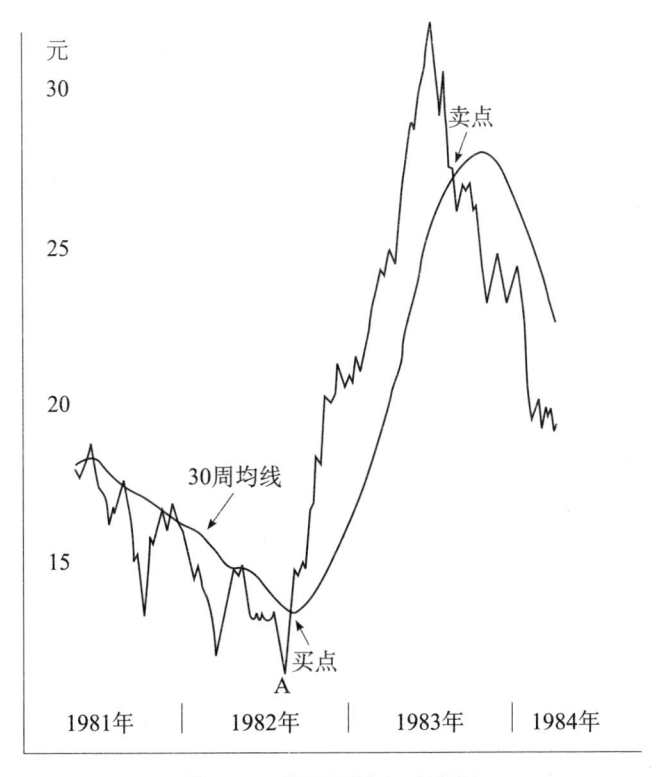

图 9-1　斯坦罗基金（周线）

只需要花费每周末几分钟的时间，回报却会很丰厚。

如果你不熟悉如何计算 30 周均线，不用担心。首先，请重新阅读本书第 1 章中关于移动平均线的描述。接着回到本例中，你就会轻松地掌握。

价值线特殊投资基金（见图 9-2）的周线图显示，1986 年底，该基金出现买入信号，1987 年 10 月初历史性崩盘之前，该基金又出现了一个及时的卖出信号。接下来数周该基金遭到重挫，这在意料之中。只要遵从我们的操作系统，你就能够在货币市场基金的保护中冷眼旁观这次历史性的下跌了。

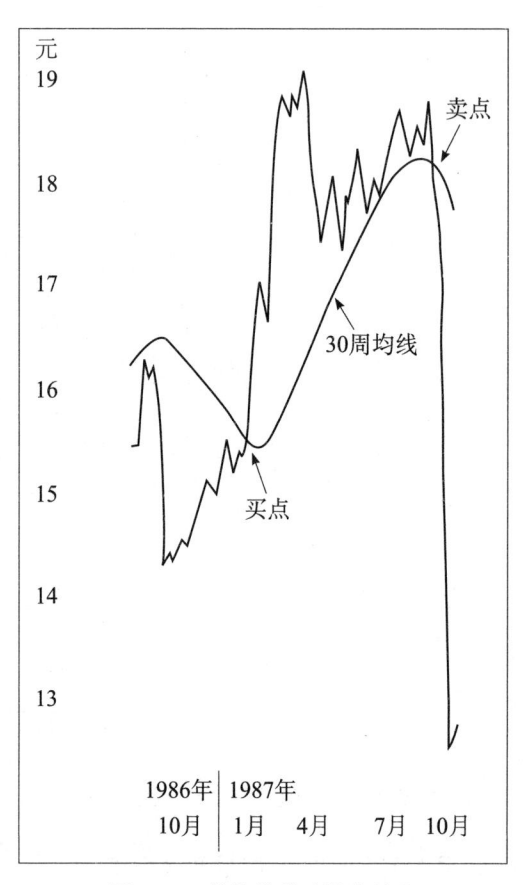

图 9-2 价值线特殊投资基金

现在你可能想问,既然这种令人兴奋的投资基金的方法看上去简单又赚钱,那为什么不离开股市,只投基金呢?我的回答是:对大多数人来说,别这样!个股的上涨要比基金更加强劲有力,如果你完全忽视了股票投资就是一个错误。但你可以根据你的个性和可利用的时间在基金转换和股票买卖之间找到平衡。如果你对投资兴趣浓厚,愿意每周花好几个小时来分析图形,你就应该将投资重点放在股票上。但即使是这样的投资者也应该在可转换基金上配置一定的资金。我特别推荐你用退休账户上的钱买基金,同时将大部分希望获得丰厚利润的资金投资到股票上面。如果你没有时间研究市场,显然,你就应该多投些资金在基金上。

我刚才教给你的关于向上或向下突破 30 周均线时进行买卖的策略对投资者很有用处。根据图形中给出的少量信号,投资者就能够把握市场的主要动向。不过,对于交易员来说,则必须在使用 **30 天**均线时结合**日线**。这样做获利潜力更大,要付出的精力也更多,但可能因信号噪声而两面挨耳光,这也是为什么你得判断自己是更适合做投资者还是交易员。

基金买卖

图 9-3 中斯卡德国际基金显示出我们的交易系统是多么精确。这只基金在 1986 年末到 1987 年 5 月经历了一波大幅上涨,然后价格跌破了其 30 天均线,发出了短期的卖出信号。结果这个卖出信号是个假信号,一部分利润应该于此处锁定,这只基金再次向上突破时应该再次买入,它在 6 月末(B 点)达到新高。第二次上涨也令人兴奋并且利润丰厚。1987 年 10 月初,这只基金出现了及时的卖出信号,正好在 10 月的大跌开始之前。

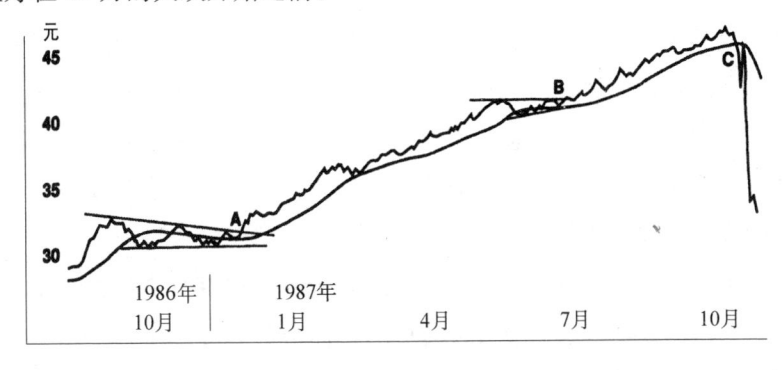

图 9-3 斯卡德国际基金(日线)

要注意的是，当你研究基金的日线图时，你应该对形态和 30 天均线给予同样的关注，以此来把假信号的影响限制在最小范围内。在基金跌破其 30 天均线时你应该卖出，而只有当基金向上突破短期均线，同时向上突破其阻力区域时，才能买入，就像图 9-3 中的 A 点和 B 点。

接下来的问题就是当几只无佣金的基金同时显示出买入信号时，如何决定买哪一只。如果看上去这几只基金都可能涨，但在同一时间段中基金 A 上涨了 15％而基金 B 上涨了 30％，很明显 B 才是我们要买入的那只。当你学会了一些秘诀之后，你就能轻松地决定哪一只基金才是我们的买入对象。这个秘诀并不在基金的募集说明书中，从这只基金具体投资的股票和行业上也看不出来。第一，这样做非常耗费时间，也很荒谬。第二，基金经理们常常快速调整他们的投资组合，你读到信息时，这些信息通常已经过时。有一个简单并且成功率高得多的方法，就是比较备选的几只基金在显示出买入信号之前的 60~90 天内各自的相对强度线。第一，计算它们从其低点到显示出买入信号的这段时间里，价格上涨的幅度。第一阶段时就有着最大涨幅的那只基金往往会在第二阶段中依然领先。第二，如果某只基金的向上突破比另一只基金提前了几天，就为我们提供了又一个有帮助的线索。率先向上突破的那只表现出更好的相对强度。第三，看均线的变化。如果一只基金向上突破了其仍在下降的均线，而另一只基金向上穿越了其水平的均线，那么第二只基金就是我们更好的选择。如果这三个判断标准都指向了某只基金，不要犹豫——买入它！而如果这些判断标准各自指向不同的基金，没能给你明确的答案，那么很有可能这些基金的表现大体上相似。

不要认为这种方法是专门为厌恶风险的人和因循守旧的投资者准备的。用纪律性方法来投资可转换的无佣金基金可以使你获得惊人的利润，同时将风险控制在最小范围内。为了说明我的意思，请看

第9章　胜算、结局与获利

图 9-4，它呈现了《专业价格分析者》在 8 年内所有的成果。尽管使

投资区间	基金	持有期损益	总计
4/2/79 – 6/4/79	Money Fund	+ 1,764.25	$101,764.25
6/4/79 – 9/10/79	100%Drey 3rd Cent	+ 15,468.90	117,233.15
9/10/79 – 11/12/79	Money Fund	+ 2,278.78	119,511.93
11/12/79 – 2/19/80	100%Drey 3rd Cent	+ 34,192.60	153,704.53
2/19/80 – 4/21/80	Money Fund	+ 3,816.82	157,521.35
4/21/80 – 9/26/80	100%Drey 3rd Cent	+ 49,294.25	206,815.60
9/26/80 – 1/14/81	Money Fund	+ 8,250.54	215,066.14
1/14/81 – 5/1/81	100%Drey 3rd Cent	+ 3,492.88	218,559.02
5/1/81 – 6/5/81	Money Fund	+ 3,342.76	221,901.78
6/5/81 – 7/2/81	100%Drey 3rd Cent	- 3,289.33	218,612.45
7/2/81 – 8/14/81	Money Fund	+ 4,455.25	223,067.70
8/14/81 – 8/28/81	100%Drey 3rd Cent	- 11,056.66	212,011.04
8/28/81 – 10/16/81	Money Fund	+ 4,810.04	216,821.08
10/16/81 – 12/18/81	100%Drey 3rd Cent	+ 10,607.06	227,428.14
12/18/81 – 3/19/82	Money Fund	+ 7,422.57	234,850.71
3/18/82 – 5/21/82	100%Fidelity Fund	+ 11,978.73	246,829.44
5/21/82 – 7/2/82	Money Fund	+ 3,889.04	250,718.48
7/2/82 – 8/6/82	100%Fidelity Fund	- 1,602.61	249,115.87
8/6/82 – 8/20/82	Money Fund	+ 1,287.18	250,403.05
8/20/82 – 10/1/82	100%Fidelity Fund	+ 14,210.73	264,613.78
10/1/82 – 10/15/82	Money Fund	+ 1,047.34	265,661.12
10/15/82 – 11/16/82	50%Drey Growth	+ 6,354.03	272,015.15
11/16/82 – 1/3/83	Money Fund	+ 4,561.93	276,577.08
1/3/83 – 3/11/83	100%Drey Growth	+ 45,700.47	322,277.55
3/11/83 – 5/2/83	Money Fund	+ 2,397.40	324,674.95
5/2/83 – 7/13/83	80%Drey 3rd Cent	+ 9,068.40	333,743.35
6/2/83 – 9/12/83	Money Fund	+ 7,891.66	341,435.01
9/12/83 – 10/19/83	50%Drey Growth	- 7,620.88	333,814.13
9/12/83 – 11/21/83	Money Fund	+ 4,100.37	337,914.50
9/26/83 – 10/3/83	100%Drey Growth	- 6,691.27	331,223.23
11/21/83 – 12/19/83	50%Fidelity Fund	- 4,635.53	326,687.70
11/21/83 – 1/9/84	Money Fund	+ 2,931.73	329,619.43
1/9/84 – 1/30/84	50%Fidelity Trend	- 10,235.34	319,384.09
1/9/84 – 5/1/84	Money Fund	+ 8,417.88	327,801.97
5/1/84 – 5/21/84	33%Price New Era	- 4,409.07	323,392.90
5/1/84 – 5/21/84	Money Fund	+ 984.10	324,377.00
5/7/84 – 5/21/84	33%Price New Era	- 2,991.60	321,385.40
5/21/84 – 8/6/84	Money Fund	+ 7,135.98	328,521.38
8/6/84 – 10/2/84	25%Nicholas Fund	+ 2,222.47	330,743.85
8/6/84 – 10/9/84	25%Nicholas Fund	+ 1,587.67	332,326.52
9/17/84 – 11/19/84	25%Nicholas Fund	+ 98.65	332,221.87
8/6/84 – 1/21/85	Money Fund	+ 8,062.66	340,290.53
11/5/84 – 3/11/85	25%Nicholas Fund	+ 11,223.39	351,513.92
11/6/84 – 3/11/85 and 5/6/85	25%Nicholas Fund	+ 12,277.42	363,791.34
1/10/85 – 5/6/85 and 7/29/85	25%Nicholas Fund	+ 16,315.78	380,107.12
1/21/85 – 7/29/85 and 7/30/85	25%Nicholas Fund	+ 13,928.42	394,035.54
5/10/85 – 8/7/85 and 9/13/85	25%Nicholas Fund	+ 3,704.20	397,739.74
5/22/85 – 9/13/85	15%Nicholas Fund	+ 632.56	398,272.30
3/11/85 – 10/31/85	Money Fund	+ 10,663.08	408,935.38
11/4/85 – 1/22/86	25%Drey Growth	+ 9,470.44	418,405.82
12/2/85 – 1/22/86	15%Price New Era	+ 2,710.02	421,115.84
2/7/86 – 4/6/86	25%Quasar	+ 10,669.00	431,784.84
11/1/85 – 8/31/86	Money Fund	+ 20,981.04	452,765.88
5/27/86 – 7/9/86	25%Quasar	- 1,659.60	451,106.28
8/31/86 – 12/2/86	Money Fund	+ 4,138.81	455,245.09
12/2/86 – 3/30/87(½) 4/1/87(½)	20%Neub.Man.	+ 11,200.07	466,445.16
12/2/86 – 4/1/87(½) 4/15/87(½)	20%Price New Era	+ 20,163.78	486,608.94
1/12/87 – 3/30/87(½) 4/14/87(½)	20%Nicholas Fund	+ 5,230.74	491,839.68
8/31/86 – 11/6/87	Money Fund	+ 17,222.43	509,062.11
6/8/87 – 6/26/87	10%FinDynamics	- 626.05	508,436.06
6/10/87 – 8/31/87	10%Twen.Cent.Grth	+ 6,591.11	515,027.17
6/12/87 – 9/1/87	10%Neub.Man.	+ 3,147.14	518,174.31
6/15/87 – 9/2/87	10%Fid.Freedom	+ 4,031.80	522,206.11
6/15/87 – 9/4/87	10%Twen.Cent.Grth	+ 4,172.03	526,378.14
6/15/87 – 9/3/87	10%Fid.Contra	+ 3,112.75	529,490.89
9/28/87 – 10/12/87	20%HartwellGrth	- 3,746.00	525,744.89
9/28/87 – 10/9/87	20%USAACornstn	- 1,788.83	523,956.06
10/9/87 – 12/14/87	Money Fund	+ 6,529.46	530,485.52

图 9-4　《专业价格分析者》成果展示

313

用的方法有一定差别（大多数交易信号基于我专用的行业强度交易指数，该指数会在每一期的《专业价格分析者》中公布），但通过我教给你的这种简单方法，你就能获得非常接近于这张表里的投资成果。请注意，在这段时间里 10 万元的投资额增长到 53 万元，上涨超过 5 倍！年复合收益率高达 23％，远远高于同时期 5.5％的银行存款利率，而很多人却将他们个人退休账户中的钱白白存放在银行里。

尽管投资基金获利的把握较大，但也要留神一些交易规则。很明显，假信号总会出现——对股票也一样。还需要注意的是许多基金对于一定时期内的转换次数有所限制。而另外一些基金非常合理，它不限制你的转换次数或者允许每年有很多的转换次数（只要你不滥用这种权利，过于频繁地买入或卖出）。有一些基金会在你超出了一定转换次数之后收取少许的惩罚费用。因此，仔细阅读基金说明书，弄清它们的规则很重要。只买那些允许合理转换次数的基金。

行业基金

如今可转换基金的投资有了更多的选择。以前当你买入一只基金，你就相当于买入了基金经理当时青睐的若干个行业（如汽车、化工、技术或者其他）里的多只股票。但是假设你的技术分析显示某个行业很快就会脱颖而出，你该怎么办？你现在可以买入仅仅投资于某个行业的基金。尽管投资范围狭窄使得这样的基金比传统的投资于不同行业的基金风险更高，但潜在的回报也要大得多！一些基金公司现在已经推出了这样的行业基金。这些行业基金通常会收取一小笔费用，但只要投资得当，得到优异的回报是没有大问题的。

第 9 章 胜算、结局与获利

不止一家基金公司提供了这样的行业基金，但在我看来富达基金有着最好的、最完善的整体计划。首先，该基金公司有很多可选的行业基金（最近的统计是 35 个行业）使你可以投资于非常特定的行业。此外，尽管最初有 2% 的申购费用和 1% 的赎回费用（如果你不再投资这家基金公司旗下的任何一只基金），但这是一次性的费用。只要你的资金仍然投资于这家公司的基金，那么从一个行业转换至另一个行业，如从黄金行业转换到科技行业，或者你觉得市场不好，转投货币市场基金，都不用再付这 2% 的费用。你所需要支付的就是当你清算这些基金时的 25 元的交易费用，对较大额的投资来说，这算不了什么。另外，富达基金公司以小时为单位计算价格变化。因此，如果你一早发现某只基金要涨，不必像其他大多数基金那样等到收盘后才能买入（收盘价已经高得多了）。所以这是你的个人退休账户、养老金以及一部分交易型资金的另外一个不错的投资渠道，特别是当你没有时间去关注个股的时候。如果你瞄准了一个不错的行业，像 1986—1987 年的能源行业，你的回报就会高得令人难以置信。1986 年中期，当富达能源精选基金向上突破其 30 周均线时，显示出了强烈的买入信号（见图 9-5 中 A 点）。它向上突破了 10.40 元处的阻力区域，进入了第二阶段。在接下来的 14 个月里，这只基金始终处于第二阶段的上涨通道中。最后，1987 年 10 月初，在市场大跌开始之前，它给出了一个及时的卖出信号。

除了有 35 只不同的行业基金可供选择之外，富达基金还提供了 8 只（在未来还会增加）可以进行卖空操作的行业基金。投资行业基金本身能带来利润，除此之外，跟踪这 35 个行业还能帮助你发现一两个好的行业，从中你可以重仓买入个股。从这两个方面来说，你都应该对这些行业基金给予密切关注。

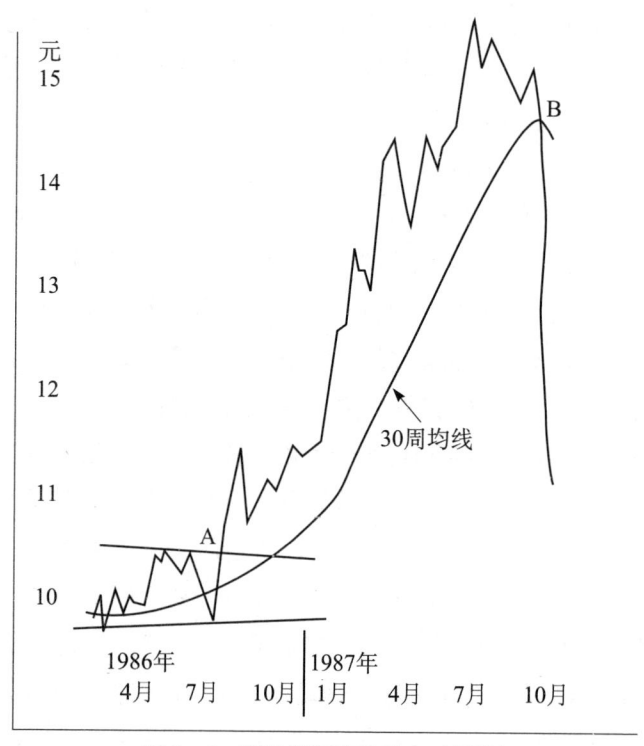

图 9-5　富达能源精选基金（周线）

▶ 期权：刺激但危险的游戏

我们要讲的下一个投资工具是期权。如果说投资"不适合寡妇和孤儿"的话，期权更是如此。期权是职业投资者和爱冒风险的玩家参与的游戏！即使在最好的情况下，期权的风险程度也很高。当然，正如硬币的两面，如果你判断正确，收益会是惊人的！尽管我不能教你如何将期权的风险水平降低到跟股票一样，但我有几个诀窍可以使得期权的风险稍微小一些。更重要的是，这些窍门将会提高你投资期权的成功率。

第9章 胜算、结局与获利

对于不熟悉期权的读者，下面是关于看涨期权和看跌期权的简要描述。（交易所期权是金融市场的一个独特领域，有自己的交易术语和交易规则。我假设你了解这些基础知识。）拥有看涨期权意味着你有权在特定时间内（期权有效期内）以某一个确定的价格（行权价格）买入一只股票。你为期权所支付的价格叫作期权费。当你买入一份看涨期权，你希望这份期权所对应的标的股票能够迅速上涨，这就是期权这个投资工具有意思的地方。也许你经常能够正确预测股票的上涨，但是如果上涨没有发生在期权的有效期内，你就不走运了。如果你买入了一份有效期限是90天的看涨期权，标的股票在第91或92天大涨，那么它不能给你带来任何利润。你可以买入有效期限为3个月、6个月和9个月的看涨期权，买入的期权有效期越长，期权费越贵。与短期期权相比，长期期权缺乏流动性。因为大多数期权玩家都喜欢较短的期限，所以到期日在3个月以内的期权交易最为活跃。

当你买入一份以XYZ股票为标的、行权价为25元的3个月看涨期权时，如果目前标的股票的交易价格是26元，那么这份期权的内在价值就是1元（标的股票的现价减去行权价就等于期权的内在价值，如26－25＝1）。这不是什么离奇的公式，而是市场的现实。如果你愿意，你可以立刻行权，以25元的价格买入标的股票，并在市场上以26元卖出。在现实世界中，期权总会以高于其内在价值的价格销售。如果期权即将到期，或者标的股票的现价与行权价的价差非常大以至于几乎没有交易者来参与这个期权的买卖，这时期权通常会以非常接近内在价值的价格交易。在本例中，如果标的股票的价格是26元而执行价格是25元，这份看涨期权将会以1.875元而不是其内在价值1元交易，0.875元是时间价值。时间价值就是看涨期权的市场价格中超过内在价值的那部分（对看跌期权来说也是一样的）。

如果在期权到期前最后一个星期，标的股票价格上涨至35元，则看涨期权的价格将可能上涨到 10 元左右。如果在到期前还有足够的时间，这个期权价格还可能涨得更高。在这段时间里，标的股票价格很不错地涨了 40%，而你的看涨期权获得了超过 400% 的收益！就是这种极强的赚钱效应吸引期权玩家前赴后继，尽管从长期来看大多数期权买入者都是亏损的。

看跌期权与看涨期权正好相反，它跟卖空有点类似。如果你预测某只股票会下跌，买入一个看跌期权，那么你就有权在一段特定的时间内以某个确定的价格卖出一只股票。如果看跌期权的行权价是 50 元而目前标的股票的价格是 49 元，那么该期权的内在价值就是 1 元。你可以以目前 49 元的价格买入这只股票，然后立即行权，以 50 元的价格卖出标的股票。在接下来的几个星期，如果这只股票价格下跌至 40 元，这份看跌期权的市场价值至少会涨到 10 元，这是看跌期权的内在价值（看跌期权至少会以内在价值减去佣金成本的价格卖出，因此在这个例子中它不会以低于 10 元的价格交易）。如果在这段时间，标的股票的价格下降了 20%，假定你进行了卖空操作，你的回报会很不错，但是如果你买的是看跌期权，其价格从 1.875 元上涨至 10 元，你的收益率超过了 400%！

买入看涨期权和看跌期权的好处显而易见。如果你的判断正确，你将大获全胜！投资期权的另一个好处在于你能确定自己承担的风险。一份看跌期权代表卖出 100 股标的股票的权利。如果每份看跌期权价格为 200 元，你买入 10 份，在这次交易中，你的损失不会超过 2 000 元。看涨期权也是一样。最后一个好处就是你可以用少量投资博得较大收益。

可是，硬币有它的另外一面。假定你以 2 元的价格买入一份行权价为 50 元的看跌期权，如果在到期日你仍然持有它，而此时标的股票的市场价格为 51 元，那么这份期权将毫无价值，你将会损失全部 2

第 9 章　胜算、结局与获利

元的投资。同样的道理，如果你买入 10 份行权价为 25 元的看涨期权，投资额为 2 000 元，但到期时标的股票的价格为 24 元，你也将损失所有的投资，因为执行价格是 25 元，看涨期权毫无价值。

另外一个风险是如果你支付了过高的期权费，即使你对于标的股票价格走势的判断是正确的，但它的价格变动可能不够大，你最终依然亏损。例如，你在标的股票价格为 50.5 元时买入执行价格为 50 元的看跌期权，期权费为 6 元。标的股票至少要下跌到 44.5 元，你才能够保本。

还有一个风险就是市场的凉薄特性。当买入看涨期权或看跌期权时，一定要确保你使用的是限价指令而非市价指令。如果你没有这样做，做市商们该乐坏了，而你会发现在这个市场上挣钱会更加困难。

很明显，投资期权并不适合每个人。如果你是一个保守的长线投资者，根本不要考虑进行期权交易。保守一些的投资者使用套期保值可以大幅降低风险，但同时获利的机会也相对较小。套期保值是为那些不知自己应该看多还是看空的投资者准备的。对我来说，这样的策略是获得普通收益的折中办法。我实在不同意在第四阶段持有股票，同时卖出以此股票为标的的看涨期权以降低损失的办法。我也不赞成为了多挣几块钱，卖出以第二阶段的股票为标的的看涨期权，却丢掉了这只股票在第二阶段上涨的利润。我认为，如果你看涨，应该买入股票和看涨期权；如果你看跌，应该卖出股票，买入看跌期权。

即使你是一名激进的市场玩家，我也不同意将期权交易作为主要的交易活动。保持平衡是在市场中和生活中取得成功的关键。如果你对期权有兴趣，可以将你的很小一部分资金配置到这个高风险领域。即使是小小一点仓位也会让你看到比在拉斯维加斯赌场里更多的变化。在赌场的赌博与根据我的方法从事期权交易最大的不同就在于我的方法会使你——而不是庄家——成功的概率更高。

以下是提高成功率的方法：

1. 只买入标的股票已经处于第二阶段或正在进入第二阶段的看涨期权，并且只买入标的股票已经处于第四阶段或刚进入第四阶段的看跌期权。

请看1987年IBM公司股票的日线图（见图9-6）。在IBM公司的股票向下突破A点之后，它的技术图形很糟糕，几乎没有上涨的可能。然而，在它向下突破后，每天都有大量的看涨期权被买入。毫无疑问，绝大多数看涨期权到期时毫无价值，大部分期权投机者损失惨重。

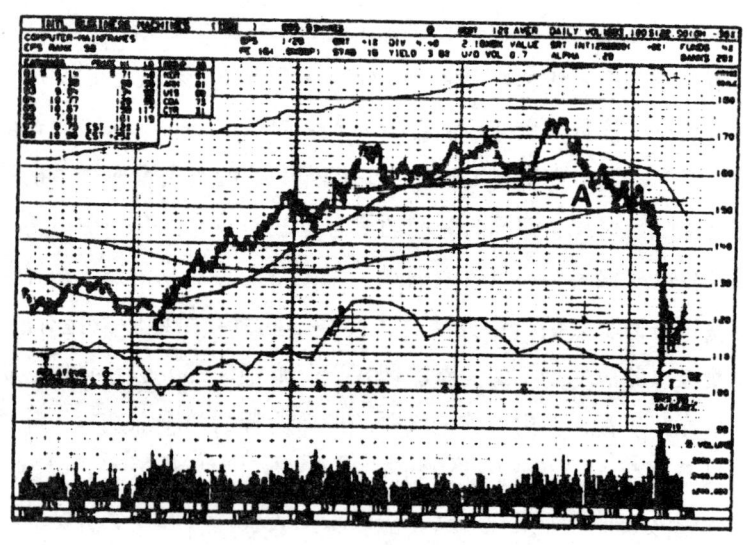

图9-6 IBM公司

2. 只买入有很大潜力的期权。在实际操作中，投资期权时，你出错的概率要比投资股票时更大。这不是说你就挣不到钱。实际上，如果你严格按照我的方法投资期权，你的资金回报率可能比投资股票更大。但要达到这种水平，你必须确保：只买入A^+级、有巨大上涨潜力的看涨期权或看跌期权。如果你严格遵守这条纪律，就算你的赢面不到50%，也还能够获得一小笔财富。只有当你将损失控制在较低水平，并且你投资的期权相当棒时才能做到这一点。不要掉入大多数期权交易者所掉入的陷阱：赌这个赌那个，只是为赌而赌。**选择绝对至关重要！** 只选择最好的期权进行投资。

3. **买入在合理时间后到期的期权。** 在期权市场上要看对很难，尤其是在有限的时间内，而要看对几天内的走势，则几乎不太可能。因此让自己休息一下，保证你买入的期权在其到期之前有足够的时间。理想的时间是3个月，绝对不能少于45~50天。期权玩家们经常选择距离到期日仅剩下1个月或更短时间的期权，因为便宜（时间价值溢价较少）。不要买便宜货。就快到期时，期权价格自然就便宜，你永远不可能不花代价就得到什么东西。期权是一项不断消耗的资产，离到期日越近，其价值越低。因此，期权费用越来越便宜不足为奇。如果你买入即将到期的期权，看到损益表上的数据不断减少，你肯定高兴不起来。

4. **买入标的股票现价与行权价接近的期权，如果可能的话，买入价内期权（内在价值为正）。** 这是很有意思的地方。我们想尽可能投入少量资金，如果判断错误，我们希望只损失投入资金的一小部分。这就是为什么如此多的期权玩家都买入价外期权（期权的内在价值为负）。如果你买入一份行权价为50元的看涨期权，但目前标的股票价格为45元，此时你的看涨期权就没有实际价值。它是一个-5元的价外期权。如果这个期权到期时标的股票的价格仍是45元，你就会损失掉花在这个看涨期权上所有的钱。还有许多投机者买入极价外期权，因为它们很便宜，一旦其中某个期权成功了，就会得到丰厚的回报。在上面的例子中，如果标的股票开始上涨，在到期日之前股价变为55元，那么当初以0.5元的价格买入的看涨期权现在至少值5元，上涨了1 000%。因此，一笔只有1万元的投资就会迅速变为10万元。

这样成功的例子确实发生过，这也成为引诱投资者进入这个领域的原因。但是很显然，这种成功的可能性不比在拉斯维加斯的赌场里玩双零轮盘游戏获胜的可能性更大。我不希望你在期权上进行长期的投资，但参与一些盈利概率较高的期权投资还是可以的。

有的人为了所谓的投资安全，买入极价内期权。如果标的股票现价50元，你以10元的价格买入一份行权价为40元的看涨期权，你就为这份期权支付了过高的成本，并且失去了一旦股价上涨便会出现的较高的投资杠杆率。此外，这个投资的回报/风险比率并不好。如果标的股票从50元上涨至60元，这份看涨期权的价格就从10元上涨至20元。但如果标的股票下跌，在到期之前股价跌到40元以下，你就会损失全部10元的投资。在这个例子中，你的回报/风险比率只有1：1，这可不行。

那么，应该怎么做呢？理想的办法是买入一份内在价值稍微大于0的看涨期权或看跌期权。例如，如果标的股票的现价是50.5元，只要期权费不太离谱，那么一份行权价为50元的看涨期权就是不错的选择。如果期权的价格过高，你就应该放弃这份期权或者等待市场热情减退、期权价格下跌之后再买入。如果你为这份期权支付了2元的价格，当标的股票的价格上涨至60元时，你的投资就会获得400%的回报，因为期权价格至少会涨到10元。如果到期时股价没有上涨，期权没有价值，你只损失2元的期权费用。这个例子中的回报/风险比率是4：1，大大高于上面例子中的回报/风险比率。期权投资本就困难，不要再为自己增加难度，买轻度价内期权，是各方面比较平衡的一种选择。如果买入价外期权，要保证标的股票的现价非常接近执行价格。另外，要记住离行权日还应该有2~3个月的时间。

5. **对你的期权仓位使用严格的保护性止损。**当你买入一份看涨期权，不要像投资性止损那样设置你的止损点，而应该使用交易性止损的方法，如果可能的话，可以再激进一点。不要对你的期权设置实质性的止损卖单，因为期权的交易量很小。应该对标的股票设置一个心理上的止损点，如果标的股票的走势对你不利，立即通知你的经纪人将你的看涨期权卖出。看跌期权也一样。

数码设备公司的日线图（见图 9-7）显示了如何有效设置看涨期权的止损点。因为随着一份看涨期权到期日的不断逼近，任何利空信号都会成为卖出这份期权继而锁定利润或将损失最小化的理由。如果你操作合理，你就不太可能将投资在期权上的资金全部亏掉。还有一个大多数投机者常犯的错误。假设他以 3 元的价格买入一份看涨期权，但接着标的股票下跌了，离这份期权的到期日还有不少时间，期权价格还能维持在 2 元。但那些倒霉的期权参与者认为 60~90 天的时间已经足够让情况发生变化，于是他们什么也不做。结果标的股票并未如期上涨，他们赔光了。如果标的股票开始显示出弱势，哪怕是短期的弱势，你都应该尽快卖出以该股票为标的的看涨期权。在数码设备公司的例子中，当这只股票在 A 点向上突破其下降趋势线时，你应该买入。A 点对应的止损卖点应该设在 B 点，并且止损点应随着股价上涨迅速调高到 C 点、D 点、E 点等。在接下来的几个星期，股票在 160 元的 F 点处向下突破。如果当标的股票的价格涨到 108 元时，你买入了在 4 月到期、行权价为 105 元的看涨期权，你支付的期权价格大约是 9 元。当 3 月股价跌至你的心理止损点时，就该卖出这份期权了，此时你的回报颇丰，这份行权价为 105 元的看涨期权现在已经价值 55 元了。第二个股价上涨带来的投资机会出现在 8 月初，当数码设备公司的股票价格超过 169 元（G 点），再次向上突破重要的趋势线时，你应该以 9 元的价格买入 10 月到期、行权价为 165 元的看涨期权。当 10 月初这只股票在 190 元处向下跌破其上升的趋势线时，你就应该卖出这份看涨期权，再次收获丰厚的利润，这份看涨期权已

经涨到差不多 26 元了。但如果你没有卖出它，很快这些期权就会一
文不值。

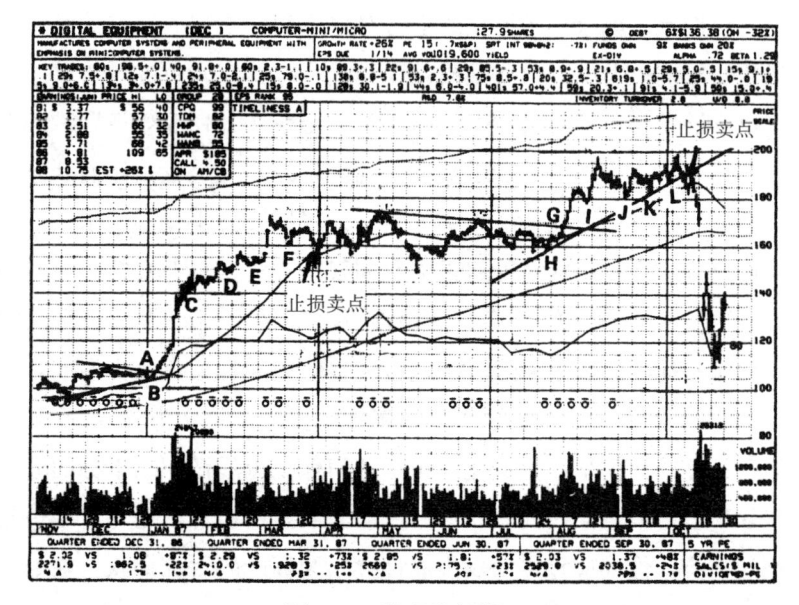

图 9-7 数码设备公司

真实的案例

  为了搞清楚这些投机工具的获利能力究竟如何，让我们来看看我
在《专业价格分析者》中推荐过的几份期权的走势。1987 年 1 月初，
我建议《专业价格分析者》的订户们一旦得州仪器向上突破 125 元处
重要的阻力区就买入以得州仪器（见图 9-8）为标的的看涨期权。当
这只股票确实上涨超过 125.5 元时，你就应该以 7 元的价格买入一份
4 月到期、行权价为 125 元的看涨期权。在 4 月初，当得州仪器的股
票达到 203 元的高点（B 点）时，这份看涨期权的内在价值已经是 78
元了。这就是强大的杠杆效应。当标的股票很不错地上涨了 60% 时，
看涨期权上涨了 1 000%！

第 9 章　胜算、结局与获利

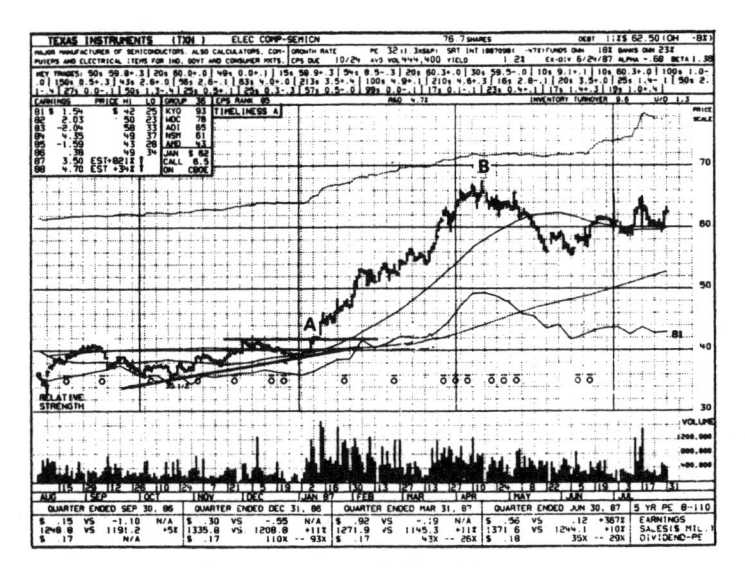

图 9-8　得州仪器

买入看跌期权时，计算方法也是一样的。1987年10月，我推荐买入以施乐（见图9-9）股票为标的的看跌期权，当时这只股票在 A

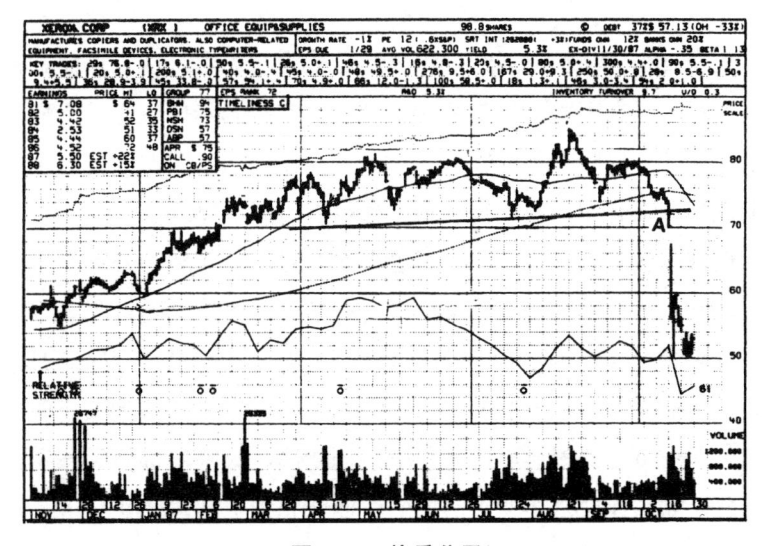

图 9-9　施乐公司

点形成了重要的头部，你应该以 4.5 元的价格买入 1 月到期、行权价为 75 元的看跌期权。在接下来的一段时间里，这只股票急剧下跌至 50 元，对于空方来讲，快速获得了 30% 的盈利。但这份 1 月到期、行权价为 75 元的看跌期权的利润更让人咋舌，它的价格从 4.5 元飙升至 27.5 元，收益率超过了 500%。

很显然，如果你是一名激进的交易员并且喜欢高风险的投资工具，那么你就应该在期权市场精选交易机会，做一些交易。然而，即使是最激进的投机者也绝对不应该将他的全部资金放在期权市场上。期权交易极具诱惑，一些成功的操作可以使得交易员对期权交易上瘾。不要让这些发生在你的身上。记住，如果你想要在这片投机的丛林里生存并且获得成功，你就一定要按照我在本章中教给你的规则进行期权操作。

期货交易

现在，当新趋势出现时，你已经有能力辨识了。这与培养其他任何能力没有什么不同。你下的功夫越多，就会越精通。通过读懂走势图来获利并不局限于股票领域。我已经向你展示了图形分析对于基金和期权都非常有用。在期货交易中也可以用图形分析。

稍微改变一下方法——运用更短期的时间框架和均线系统，你就可以非常好地交易任何期货合约，无论是橙汁还是股指期货。

看一看图 9-10 的橙汁期货图形，注意在 1987 年 6 月至 8 月这段时间，1988 年 1 月交割的期货合约价格形成了一个小型的头肩底反转形态。期货市场的图形形态与股票市场相同，只是期货的形态变化要快得多。如果你想留在期货市场中，你就必须更加敏感并且培养自己的短线感觉。这不是一个你只在周末关注一下价格就可以取得成功的市场，每天的接触至关重要！如果当期货价格向上突破颈线（A 点）时你买入了橙汁的期货合约，就会得到不错的回报。

图 9 - 10　橙汁期货

如果你打算以交易员的方式来交易，初次的止损点应设在位于头肩底右肩略下方的位置，然后将止损点依次调高到 B 点、C 点、D 点和 E 点。接着你应该在这个期货合约价格向下跌破 E 点这一止损点时，卖出合约，带着丰厚的利润离场。

如果你想以投资者的方式进行操作，只要价格还在图 9 - 11 中 40 天均线（虚线）上方。你就应该持有这份期货合约，你完全不需要了解橙汁或者铜、大豆等其他商品的基本面就可以进行期货交易，你还能够比那些整天阅读农业部的各种报告的人预测得更准确！

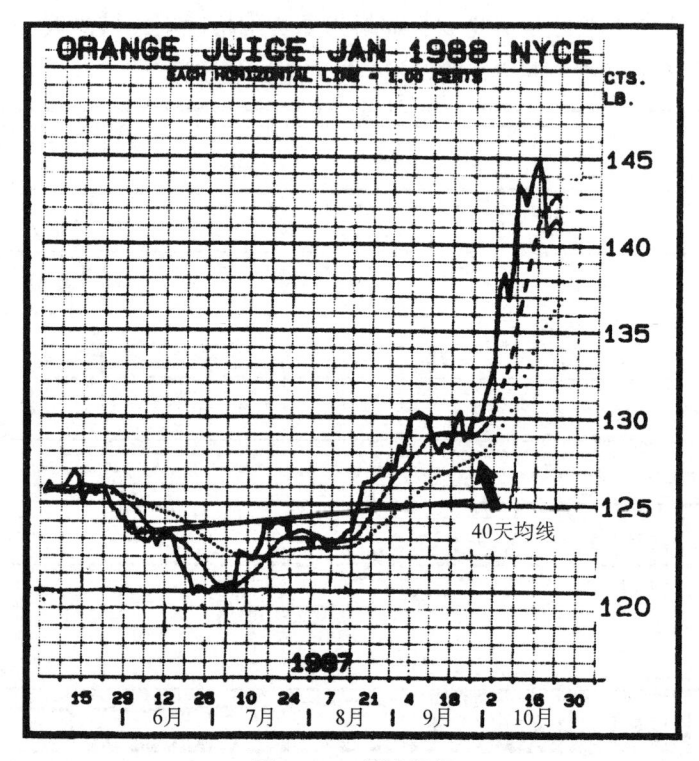

图 9-11 橙汁期货

另一个高风险但令人兴奋的投资工具就是股指期货合约。现在有几种不同的股指期货合约，每一种都是以一篮子股票为基础的。其中最有名、交易量最大的是标普 500 指数合约，它为机构投资者所钟爱。价值线期货合约的交易不如标普 500 指数合约那么活跃。跟标普 500 指数合约不同，它不是对蓝筹股赋权，而是对二线股票赋权计算得到的。

许多市场参与者和分析者在 1987 年 10 月的历史性暴跌中被套牢，他们认为这次大跌是晴空霹雳，但是看看图 9-12 就知道事实绝对不是这么回事。在 6 月至 10 月初这段时间形成了一个明显的头肩顶形态。一旦颈线被向下突破，真正的大跌就开始了！从图 9-13 以周为基础的标普 500 指数合约图形中可以更加明显地看到这种情况。因此,如果你做了技术分析的功课,你就完全没有理由被套在这次历史性的大跌中。

我不断强调,本节介绍的是职业投资者与交易老手的高风险游戏。高风险往往意味着高回报。当向下突破颈线时买入一份空头合约(此时每份期货合约仅需要 7 500 元的保证金),几天后市场暴跌就能获得超过 6.6 万元的利润(在大跌之后,每份合约的保证金上升至 2 万元)。

我们要学习的课程已经完成了。从现在起,如果你想预测价格,无论是 IBM 的股票、基金、股票期权,还是黄金期货或是大豆期货,不要再阅读金融版了。抓住图表,仔细研究它吧!

图 9-12 标普 500 指数合约

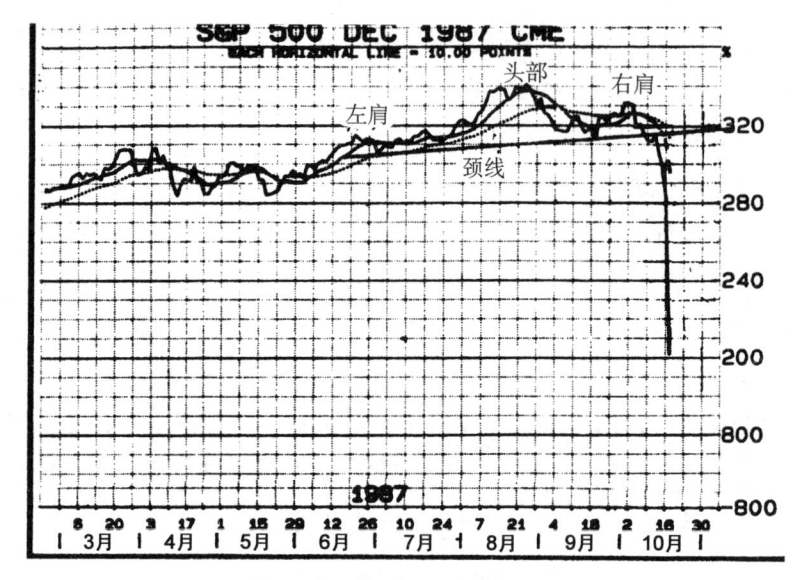

图 9-13 标普 500 指数合约

第 10 章

总　结

在学习了前面9章之后，你就应该明白中国古代哲人非常著名的那句"千里之行，始于足下"确实是真理。当你刚开始接触第2章时，阶段分析图（见图10-1）可能看起来像是与罗夏测验类似的性格测试。但如果你已经一步步学习了技术分析的课程，一块砖一块砖地垒起来，那么现在技术分析语言对你而言就非常易于理解。我在本书前面提到的高买高卖之类的说法，在当时听来也许让你觉得不可思议，现在你应该可以理解了。

要保证自己永远不会持有处于下降中的第四阶段的股票，无论传言是如何动听。还要保证，当看到令人激动的公司盈利报告时，不会改变自己的看法。决定买入和卖出时机依据的是图表形态，而不是媒体报道。对于类似西尔斯公司在1985年盈利减少股价却上涨、在1987年盈利增加股价却大跌的情况（见图10-2），你再也不会感到惊讶。

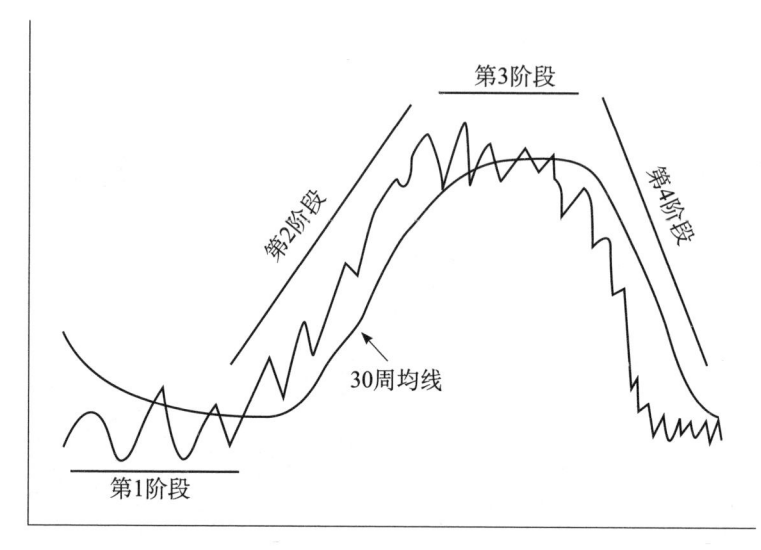

图 10-1 阶段分析图

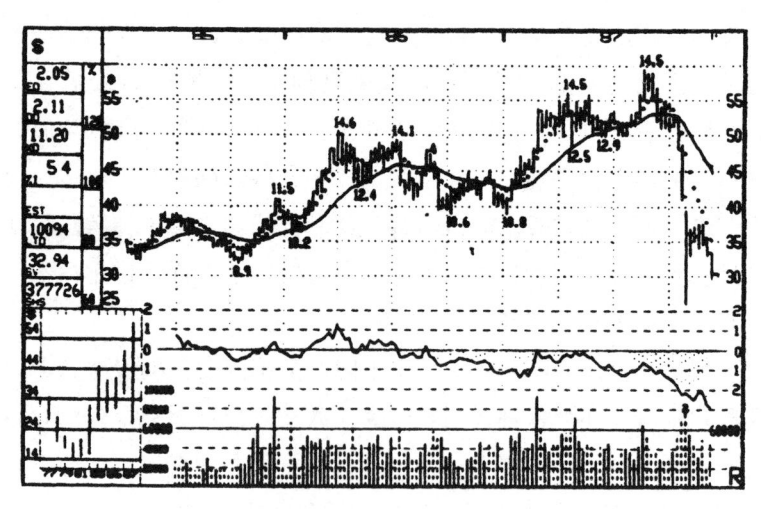

图 10-2 西尔斯公司

现在你有了操作规则。不要低估它的重要性。如果你遵守纪律，遵循我的策略，你就绝不会再像众多的投资者和交易员那样处于险

第 10 章 总 结

境。虽然偶尔还是会出现两面受损的情况,但你永远不用担心判断完全失误造成满盘皆输的结果。通过在股票种类和所投资行业上运用多样化策略,同时明智地设置保护性止损点,我就能保证你的亏损会很少,顶多会有点烦恼,但不可能产生财务危机。更重要的是,你的投资将会获得丰厚回报,而不是普通的收益。

最后,你将永远不会像大多数市场参与者那样,为不能确定的上涨而迷惑。即使他们正确地判断了上涨,仍会满心焦虑,通常会过早卖出,错失真正的巨额利润。而在一些他们一直坚守的例子中,他们持有的时间又过长,将大部分或全部利润在第四阶段的大幅下跌中吐了回去。这些情况再也不会发生在你身上了。从现在起,无论你是一名投资者还是交易员,请承诺你一定会坚持自己的投资体系。没有任何例外!千万不要相信"这次会有不同"。永远遵循下述步骤:

1. 检查市场指标以判断整体趋势。
2. 浏览各个行业以确定你将投资哪几个行业。
3. 从表现最好的行业里精选出拥有最大上涨潜力的股票。

一旦你完成了上面的步骤,就要遵从下面的一些规则:

● 如果你是一名投资者,当重要的底部形成之后,在第二阶段早期完成大部分买进。

● 如果你是一名交易员,将你大部分买进集中在第二阶段的追加买入形态中。

● 在下达买入指令前,设置好保护性止损点。如果它距离买入价格太远,放弃这只股票寻找另外的投资机会,或者等到一个更加安全的止损价格水平形成后再买入。卖空也是同样的道理。

● 绝不要在第一或第二阶段卖出股票(尤其是在第二阶段)。

● 绝不要在第三或第四阶段买入股票(尤其是在第四阶段)。

● 绝不要在没有设保护性止损的情况下持有多头或空头仓位。

- 在整个市场趋势走熊时，不要害怕进行卖空操作。只要确保已经设置了保护性止损就没问题了。

- 要意识到阶段分析可以应用到以供求关系为基础的所有投资类型上，包括股票、基金、期权、期货和大宗商品。

- 绝不要猜测底部。这一点极其重要：宁可买得晚一点，买到已经进入到第二阶段的股票，也别买那些看上去便宜但在第四阶段后期还会下跌40％～50％的股票。

- 不要以为你必须一直满仓操作。要合理区分所有的指标和图形都强烈显示应该全仓买入的时候和市场亮起红灯的时候。

- 在第二阶段强势时买入；在第四阶段弱势时卖出。换句话说，你的操作始终要与价格的变化一致。

- 不管什么时候，如果价格和成交量的表现与每股盈利的变动发生冲突，遵从技术分析释放的客观信息。

虽然我不能保证你在市场上获利上百万元，但我可以向你保证：

- 不会再有任何一次交易让你输得精光。

- 你的资金绝对不会被高度套牢，使得你不能参与反转、赶上新的上涨趋势。

- 你总是会理智地做出决定，理智的情绪会使你心平气和，明显提高投资成功率。

- 你总是能够客观地判断应该在何时何处买入或卖出一只股票。

所有这些重要的优势应该能够大大提高你的投资收益。

▶ 最后的一些建议

许多市场投资的书籍建议你在进入市场用自己的资金开始真正的投资以前，首先进行模拟操作。我不同意这样的建议！许多运动员在热身赛中表现得极其出色,而在正式比赛中却发挥不好。投资也是这样。在没有压力时,模拟操作非常容易。在应对现实情况下因市场波动所造成的压力时,能否坚守纪律又是另一回事了。因此,应该用你的部分资金进行真实的操作而不是模拟操作,直到你熟练地掌握了技术分析方法,自信与能力都提升到较高水平时,你再全仓操作。

当我刚开始投资时我的办法就是写日记。我强烈建议你也这样做。在这本日记中你只记录失败的交易。除了使你的口袋和自信膨胀以外,成功的交易不会教给你什么。而如果能够合理地分析失败的原因,失败能够成为你最好的老师。失败的教训往往会带来日后的成功。记下你做出错误操作的日期以及你操作的原因,诚实地分析它为什么没有如你所料。如果只是虚假信号导致你两面受损,可以理解。但如果在后面的检查中发现成交量放大得不够,或者相对强度表现不佳,或者行业不怎么样,或者你受到了传言的影响,就要记录下这些错误。几个月之后,看一下你所犯错误的共同特征。我们都有心理上的各种模式,当你发现自己特定的心理模式弱点后,你就能比较容易地约束自己,应对自己的心理模式弱点,这会使你的投资获得更好的收益。

我还想强调,你完全不应该害怕那些大的机构投资者。许多投资者都认为在今天的市场上他们不可能与那些所谓的"金融巨人"竞争。这是完全没有道理的!实际上你有一个大机构所缺乏的优势,而大多数投资者没有意识到这点。机构投资者就像恐龙,身体庞大且行动缓慢。而你,却能迅速掉头,行动敏捷。另外,大多数追逐热点的基金经理长期业绩并不好。因此,你应该对自己的投资负责,而不是不动脑子地犯懒,让其他人来管理(有时是错误地管理)你的资金。

最后一个需要澄清的谬论就是你需要有很大的本金才能在市场上获得成功。尽管当你的资金量大时更容易采取多元化的投资策略,但即使是数千元,只要你将这些钱与投资工具以及常识结合起来,也能在市场中干得不错。如果你的初始资金很少,就投资于无佣金的共同基金,它们会帮助你实行多样化的策略,并且没有佣金花费。当你的资金开始累积,就可以将一部分资金投资于个股。

在本书结束时,我要再次使用相反观点理论。不要认为现在是结束,而要把当下看作一个新的开始。很多年前,当我阅读第一本技术分析书籍《股市趋势技术分析》时,它让我眼界大开,看到了一条崭新的道路。经过这么多年,当我越来越精通图形分析时,我仍时常回头重新阅读这本书。每一次阅读都能带给我更深的理解,因为我能够带着更丰富的市场感觉和经验来看它。所以,去实践我所教给你的知识吧,然后在一年半到两年后回来,当你第二次阅读时,看看你是否有了更深的理解。

请记住——"走势说明了一切"。

Stan Weinstein
Stan Weinstein's Secrets for Profiting in Bull and Bear Markets
1556236832
Copyright © 1988 by McGraw-Hill Education.

All Rights reserved. No part of this publication may be reproduced or transmitted in any form or by any means, electronic or mechanical, including without limitation photocopying, recording, taping, or any database, information or retrieval system, without the prior written permission of the publisher.

This authorized Chinese translation edition is jointly published by McGraw-Hill Education and China Renmin University Press. This edition is authorized for sale in the People's Republic of China only, excluding Hong Kong, Macao SAR and Taiwan.

Copyright © 2015 by McGraw-Hill Education and China Renmin University Press.

版权所有。未经出版人事先书面许可，对本出版物的任何部分不得以任何方式或途径复制或传播，包括但不限于复印、录制、录音，或通过任何数据库、信息或可检索的系统。

本授权中文简体翻译版由麦格劳-希尔（亚洲）教育出版公司和中国人民大学出版社合作出版。此版本经授权仅限在中华人民共和国境内（不包括香港特别行政区、澳门特别行政区和台湾）销售。

版权© 2015 由麦格劳-希尔（亚洲）教育出版公司与中国人民大学出版社所有。

本书封面贴有 McGraw-Hill Education 公司防伪标签，无标签者不得销售。

北京市版权局著作权合同登记号：01-2013-3748

巴菲特幕后智囊：查理·芒格传

【美】珍妮特·洛尔（Janet Lowe） 著

邱舒然 译

国内唯一芒格本人及巴菲特授权传记

股神巴菲特、全球首富比尔·盖茨、迪士尼传奇掌门迈克尔·艾斯纳
睿远基金总经理陈光明、金石致远 CEO 杨天南、东方港湾董事长但斌

— 倾力推荐 —

查理·芒格是巴菲特的幕后智囊、杰出的投资思想家、伯克希尔的灵魂人物、51年年复合增长率19.2%的投资奇迹创造者。

本书通过对芒格本人、家人及密友长达三年的近距离了解和访谈，重现了芒格从律师成长为具有深刻洞见的投资家的人生经历，全面展现了芒格的投资和人生智慧，对于投资者来说是不可不读的经典之作，对于普通人来说也是全面提升思维决策水平的必读书。